图书在版编目（CIP）数据

质疑克里希那穆提 /（印）克里希那穆提等著 ；Sue
译. -- 北京：九州出版社，2024.5
ISBN 978-7-5225-2919-6

Ⅰ．①质… Ⅱ．①克… ②S… Ⅲ．①克里希那穆提（
Jiddu Krishnamurti 1895-1986）－哲学思想－研究 Ⅳ.
①B351.5

中国国家版本馆CIP数据核字(2024)第096202号

版权合同登记号：图字01-2023-2317
Copyright © 1995 Krishnamurti Foundation Trust, Ltd. and Krishnamurti
Foundation of America
Krishnamurti Foundation Trust Ltd.,
Brockwood Park, Bramdean, Hampshire, SO24 0LQ, England.
E-mail: info@kfoundation.org Website: www.kfoundation.org
And
Krishnamurti Foundation of America
P.O. Box 1560, Ojai, California 93024 USA
E-mail: kfa@kfa.org. Website: www.kfa.org
想要了解克里希那穆提的更多信息，请访问：www.jkrishnamurti.org。

质疑克里希那穆提

作　　者	［印度］克里希那穆提等 著　Sue　译
责任编辑	李文君
出版发行	九州出版社
地　　址	北京市西城区阜外大街甲 35 号（100037）
发行电话	（010）68992190/3/5/6
网　　址	www.jiuzhoupress.com
印　　刷	三河市东方印刷有限公司
开　　本	880 毫米 ×1230 毫米　32 开
印　　张	12.5
字　　数	280 千字
版　　次	2024 年 6 月第 1 版
印　　次	2024 年 6 月第 1 次印刷
书　　号	ISBN 978-7-5225-2919-6
定　　价	68.00 元

在我们开始之前，我认为首先应当明确我们所说的探讨是何含义。在我看来，探讨是将自己暴露于事实面前的一场发现之旅。换言之，我在探讨中发现自己，发现我的思维习惯、我的思考方式、我的推理方式、我的各种反应，不仅包括理智层面，也包括内心层面……我认为，如果我们可以在一个小时左右的时间内保持认真，尽我们所能真正地去探索、去深入，那么无须借助任何意志力的行为，我们就应该能够释放某种始终觉醒的、超越思想的能量。

   克里希那穆提，新德里，1961 年 1 月 8 日

我们是人，而非标签。

   克里希那穆提，科伦坡，1957 年 1 月 13 日

前　言

———————

　　吉度·克里希那穆提（1895—1986）的生平与教诲引发了相当大的争议，从"世界导师""20世纪的弥勒佛"或者"弥赛亚"这样的溢美之词，到"尽管非同寻常，但他仍是个错漏百出的人"这样的看法，各种评价不一而足。很多认识他的人，都被从他身上涌出的一股神圣感和无条件的爱所深深折服，甚至颇感敬畏。另一些人只有些许类似的感受，还有少数人则感觉受到了严重的不公正待遇或者轻慢，进而怀着一种痛苦的矛盾心理做出回应。对于那些多年来与他关系密切的人而言，他的性格甚至在某些方面依然是个谜。然而，无论关于此人有着怎样在所难免的神秘感，毕竟有大量的书籍、视频和录音带可以向世人表明，半个多世纪以来，克里希那穆提是如何饱含激情地大声疾呼：我们所面临的诸多问题，亟须人类意识发生彻底的转变。

　　他是在提出不可能实现的要求吗？克里希那穆提本人历经了这样的转变吗？如果是的，那对我们其他人来说又有什么意义？

　　本书由他生命最后20年中的14场对谈集结而成，上述问题在对谈过程中得到了充分辩论。参与谈话的人包括数名科学家、哲学家、艺术家、一名佛教学者和一名耶稣会教士。他们当中没有一个人可以被称作"信徒"，他们只是前来提问、澄清和质疑的人。而这正是克里希那穆提毕生一直在敦促他的听众和读者去做的事——只不过也许并非每次都很奏效。

　　书中有一个如同脉搏般跳动着的问题：人类能否毫无冲突地活着？贯穿这些对话的始终，克里希那穆提坚持认为，只有看清了外在的冲突——无论是与他人的冲突还是战争中的集体冲突——都源自个人内在的冲突，只有看清了这一点，那样的生活才可能实现。这种冲突的根源，乃是错误地将重点放在了"应当如何"而非"现在如何"之上，无论对我们自身还是对待他人。或者换言之，人们潜移默化地认为，理想和目标比观察和了解事实更具吸引力。通常情况下，如果事实——即实际发生的事情——是令人不快的，我们的倾向便是去抗拒、逃避或者压制它。但这种"对事实的逃避"——这是克里希那穆提给它的称谓——是危险的。他坚称，通过做出这样的反应，我们便从我们实际的经验中，分裂出了一种虚假但强烈的自我感，将"观察者"从"被观察者"中分裂了出来。这个具有分裂性的自我，是思想基于必定有限的经验虚构出来的产物，是一个精神上的傀儡，在克里希那穆提看来，它即是暴力的核心，无论是人与人还是国与国之间的暴力。他主张，这并非只是少数精神失衡的人才有的问题，而是整个人类都身陷其中。

　　"观察者即被观察者"这一关键而又艰深的概念，在这里只是非常粗略地勾勒了出来，其丰富的内涵在与大卫·博姆（David Bohm）的对谈中得到了深入的探讨。大卫·博姆是英国皇家学会的会员，同时，就像另外几位杰出的理论物理学家一样，他也是位哲学家。

　　那么我们能做些什么呢？克里希那穆提并没有给出行动方案，而是邀请听者在自己的生活中不做评判地"与事实共处"，去检验当下一刻的经历是否会揭示并澄清它自身的意义。他坚称，在这么做的过程中，我们探索的不仅仅是我们自身的意识，而是人类意识的整体。因此，这并非"神经质的、片面的、自私的"内省，恰恰相反，我们在进行"没有观察者的观察"，其中没有思想活动，没有贴标签，没有维护，没有谴责，也没有改变的欲望，而只有一种爱与关怀感。这也不是某种神秘的、超脱尘世的理念。在与阿西特·钱德玛尔（Asit Chandmal）和大卫·博姆谈话的结尾，克里希那穆提讲述了自己在弟弟尼亚去世之际的反应："绝对没有半点逃离那个事实、那种悲伤、那种打击、那种感受的活动……克并未寻求安慰……除了那个事实，别无其他。"此时另一个维度的心灵便可以发挥作用了。我们与经验如此"共处"时可能会遇到的困难，在与美国哲学教授瑞尼·韦伯的谈话中得到了探讨。

　　这次对谈是一个很清晰的例子，说明了克里希那穆提的"教诲"将如何直抵我们所共有的那种经验的核心。他向我们提出了有关此种经验的各种观点，邀请我们去检验，而不是接受。在与伯纳德·列文（Bernard Levin）的对话中，他将教条和信仰斥为领悟的绊脚石。只有通过认真的检验和试验——看清所说的话是真是假——我们才能亲自探明真理。其他任何一种对真相的判断方式，比如依赖权威或者经文，他认为都会把我们变成"二手人"。

正如对书中最后一个问题的回答所表明的那样，克里希那穆提拒绝了一切诸如我们其他人的某种"榜样"之类的地位。正如他在1983年的一次讲话中所说："讲者为他自己而讲，不为其他任何人。他也许在欺骗自己，他也许试图假装成什么人，他也许是这样的，你并不知道。所以要保持高度的怀疑：质疑、询问……"他不仅拒绝接受这样一种角色，还坚称，寻找任何一种榜样，无论从自身还是从别人那里，都会在精神上致人残废。在他人的权威中形成一种孩子般的依赖和遵从，树立一种短暂但终究虚妄的安全感，会"使头脑萎缩"。这在宗教上，而且通常在政治上，都会造成分裂，因为此类榜样的扩散，必定会在"他们"和"我们"之间建造"虔诚"的壁垒。而且就像内在的冲突一样，这种愚钝的屈从浪费了能量，而我们需要那些能量来探索和重新面对时刻变化的真相——面对生命的本质。

在大多数谈话中，这些问题都以热情而又幽默的方式得到了善待，包括与剧作家兼节目主持人罗纳德·艾尔（Ronald Eyre）对死亡的探讨。尽管编辑尽了全力，但还是没能充分再现当时的情景。

克里希那穆提所言，是不是东方宗教哲学的产物，而且与西方的思维方式格格不入？关于这个问题，读者也许会在与佛教学者沃普拉·拉胡拉（Walpola Rahula）的对话，以及与耶稣会教士尤金·沙勒特(Eugene Schallert)的对话中找到答案。这些对话可能会让把克里希那穆提简单归类为"东方神秘主义者"的人感到吃惊。事实上，克里希那穆提关注的问题，在西方思想中也有很多显著的共鸣。正如艾丽丝·默多克所指出的那样，"存在"和"成为"在西方哲学中也一直是争论的焦点，随后她引入柏拉图来阐明克里希那穆提的某些见解。"人只要审视自己的内心，就会了解其他所有人的思想和感情"，托马斯·霍布斯（Thomas Hobbes）的这一说法，也会让人们联想到克里希那穆提所说的"我就是世界"。对此给出更多的例证也并非难事。

还有一些西方哲学家在探究自我的问题时，也采用了与克里希那穆提相近的方式，尽管并没有得出——似乎也可以这么说——他从我们的日常经验中，所提取出的那些广泛而又影响深远的内涵。当维特根斯坦（Wittgenstein）说"个人感受和自我都是同一幅图景的一部分，它们共存亡"，一些读者会感觉这个说法与"观察者即被观察者"并无二致。"'我'的难以捉摸"耗尽了休姆（Hume）和赖尔（Ryle）等多位哲学家的心力。然而，尽管大费周章，关于个人身份和意识的问题，仍然没有从哲学上或者心理学上达成共识。而神经科学家们也一直在自己的领域中努力搜寻，但至今仍未发现大脑中存在着一个"微型人"或者一个"控制中心"。

通过确证思想的能与不能，克里希那穆提是否穿透了关于自我的互相矛盾的众说纷纭而独辟蹊径，读者可以亲自去一探究竟。

但无论如何，他向我们提出了一项根本的、颇具解放意义的请求："扫清障碍"，摒弃各种宗教"权威"、哲学家、心理学家和古鲁，彻底摒弃所有人——包括自己——在这些问题上所坚称不容置疑的一切。世界迫切需要一种新文化——我们不要再做"二手人"，而是要决心亲自"探明真相"。这种新文化意味着什么，在他与友人及英迪拉·甘地（Indira Gandhi）的文化顾问普普尔·贾亚卡尔（Pupul Jayakar）的对话中得到了探讨。

对于初读者来说，这些对话的范畴和词汇也许会令人心生畏难。这究竟属于哲学？心理学？还是宗教？又或者三者兼顾？克里希那穆提本人并不喜欢给他所讲的内容一个特定的称谓。他的议题没有限度，总是天马行空地涵盖了人生境遇的一切方面。对于克里希那穆提来说，探索我们是否错误地把生物进化的模式套用到了精神领域，以及电脑是否精确地模拟了人脑，探讨这些问题与看待生活的宗教性眼光是不可分割的。在他看来，这些问题并非细枝末节，而是生死攸关的问题，决定了我们生命的质量，而非仅仅是智力趣味上的话题。

另外，他早年间就已经决定不使用专门化的词汇。也就是说，他用非常简单的文字，来描述往往非常复杂的心智状态。这种做法当然有诸多便利，但有时也需要读者进行某种破译。很多时候可以说他在重新定义词语，例如"热情"是指"没有任何思想活动的持久活力"；依据当时的语境，"知识"一词通常用在心理层面，意指我们对自身及他人的好恶、信仰、偏见及结论。"冲突"也几乎总是指向内在的冲突。

　　与此同时，他的用词如行云流水一般，并且在不断进行修整。尽管他始终非常注意对用词的定义，他同时也提醒我们警惕定义，因为它们非常容易局限和遮蔽我们的思维方式。他反复告诫听众："词语并非实物，描述并非所描述之物。"正确使用的语言，也不过是对必须亲证的真理的提示和线索罢了。

　　尽管克里希那穆提始终强调，一个人必须"从近处开始"——从自己开始——才能"走得很远"，但从开篇与乔纳斯·索尔克（Jonas Salk）的对话中即可明确看出，他发现我们每个人的境遇与可谓"全球视角"下的人类境遇，是密不可分的。我们越来越强烈地意识到，我们在贸易及货币事务中有着全球化的依存关系，于是成立了诸如"世界贸易组织"和"国际货币基金组织"这样的团体。我们已经发现了召开全球环境与人口大会的必要性。我们已经懂得，若要尽可能准确地预报一个国家的天气，卫星系统就必须扫描全世界整体的天气状况。而克里希那穆提呈现在我们面前的，则是更为根本的东西，那是一种可供检验的、放之四海而皆准的、对人类心智运作方式的描述——无论你身在何处——那是对我们共同的心理基础的描述。他发现，无论在哪个领域，正确的行动只能从对那一点的领悟中汩汩流出，并且只能从一个人自身的心智着手。在他看来，这也包含了看清这一事实：人们正以神经质的方式执着于宗教信仰和民族身份，因此造成了内心的隔离，严重地威胁着人类的生存。

　　克里希那穆提似乎一直是退后了一步，看着这整幅人类的图景，既包括个人的，也包括全世界的图景。于是就有了这个问题：

任何一种组织，无论初衷如何良好，如果我们不同时努力，它能够成功吗？我们是不是一直都在本末倒置？我们还有能力做别的事情吗？如果我们很认真地向自己提出这些问题，会有什么事情发生呢？

克里希那穆提的演讲和对话，已经出版了大约 40 册，几乎被译成了世界上的各种主要语言。他教诲的光碟涵盖了 1933 年到 1986 年——更早年代的言论他则形容为"一鳞半爪"——光碟包含的内容相当于大约 200 册中等体量的书。其他的资料、手稿、磁带、信件，也大约相当于另外 100 册书的内容。教诲如此大量地倾泻产生了怎样的影响？有人彻底转变了吗？

克里希那穆提 20 世纪 80 年代在纽约对第一个问题的回答是："影响非常少。"在他去世前不久，关于第二个问题他说，还没有人连接上他所说的那个意识。后来他又补充道："如果他们践行教诲，也许或多或少能连接上。"

对于我们当中的某些人来说，也许此时就会出现这样的情景：你可能宽慰地叹了口气，然后把这本书放回到书架的最底层——这毕竟真是太难了。然而，克里希那穆提抛出的那些问题，并不会轻易消失。诸如"智慧即是懂得爱为何物"，或者"毫无准备地迎接未知"之类的话语，会在你心中萦绕不去。而环顾四周找寻一块鼓舞士气的路牌（那块路牌究竟会是什么样的？）——上面写着有人已经做到了，已经彻底改变了——这么做看起来就像是在鬼鬼祟祟地悄悄推卸自己的职责，隐含着一股狡猾的回避者的意味。

　　只有当你已经竭尽自己所能，去检验和应用了克里希那穆提所说的内容，你才能判断他是不是在提出不可能实现的要求。这就是他给我们出的难题。

　　你可以把克里希那穆提所说的话解释为：对人类境遇的一场无边无际、无穷无尽的探索。但所有的解释，包括这一句，其价值都必定会在不久后渐渐褪去。正如克里希那穆提所说："我们要非常清楚，解释在何处完结，真正的觉知或体验又从何处开始。单凭解释，你只能走这么远，剩下的旅程你必须自己完成。"

　　此书即呈现了这样的一段旅程。

大卫·斯基特（David Skitt）

目　录

你最关心的是什么？

————————

乔纳斯·索尔克（Jonas Salk, 后文简称索尔克），医学博士，脊髓灰质炎疫苗发明者，加州圣地亚哥索尔克生物研究所所长

人与人是否注定只能相互为敌？

克里希那穆提（后文简称克）：我们来谈些什么呢？

索尔克：我希望你能告诉我：你最深切的兴趣、你最为关心的是什么。

克：这很难诉诸语言，不是吗？然而，目睹当今世界的变化，我认为任何一个认真的人都会关心未来，关心人类身上将会发生什么。尤其是如果一个人有孩子，他们的未来会怎样？他们将会或多或少地重蹈人类一百万年来一直遵循的模式吗？抑或，他们的心智、他们的整个意识，将会发生一场彻底的改变？这才是真正的问题，不是核战争或者常规战争，而是人与人是否注定只能互相为敌。

索尔克：是的，我相信你对此肯定持有自己的观点。

克：我不确定自己是否持有任何观点。我一生中做过大量的观察，与很多人交谈过，发现很少有人真正关心、真正致力于探索是否存在一种截然不同的生活之道，一种全球化的关系、全球化的连通，并非仅仅被言语所羁绊，也没有宗教上、政治上等等荒唐的划分，而是真正弄清我们能否和平地生活在这个地球上，不再永无休止地互相残杀。我想这才是我们如今面临的真正问题。我们认为危机在我们之外，但它其实就在我们自己内心，在我们的意识当中。

索尔克：那么你的意思是，我们现在要面对自己、审视自己。

克：是的，面对自己，面对我们与世界的关系，包括外在和内在的关系。

索尔克：因此我们面临的根本问题是关系：与自身的关系和与彼此的关系，我也许甚至还可以说是与世界和宇宙的关系。我们实际上面临的是我们生命的意义这个永恒的问题。

克：是的，没错。我们要么从理智上为自己的生命赋予某种意义，定下一个目标并为之努力，而这会变得非常刻意、非常不自然；我们要么就了解我们自身的整个结构。如今我们在科技方面已经取得了无比非凡的进步——如你所知，人类所做的那些事情简直精妙绝伦——但另一方面，在精神领域，我们几乎纹丝未动，我们如今依然保持着无数年前的样子。

索尔克：还没有认识到我们需要学会如何运用自身天然的智慧，我们甚至就已经开发出了所谓的"人工智能"。

克：先生，我们还有天然的智慧吗？还是我们已经把它毁掉了？

索尔克：它是与生俱来的，而在成长过程中，我们破坏了自己身上的智慧。我想我们生来是具有天然的智慧的。

克：我很想质疑这一点：我们是否生来便具有天然的智慧。

索尔克：我们生来就具备这种能力、这项潜质，就像我们生来具备语言能力一样。但之后这种能力必须在生命的历程中得以运用、激活和开发。也正因为如此，我们的确需要了解"唤醒这项潜力所需的各种条件和环境"——这是我给它的说法。

克：只要我们受到了制约……

索尔克：我们一直都容易受到制约，这是我们的本性。

克：但是有没有可能解除我们的制约，还是说制约只能延续下去？

索尔克：你是问，有没有可能解放已然身受制约的个体？

克：被社会、语言、气候、文化、报章所制约，被塑造、铭刻、影响他的一切所制约的个体，究竟能不能走出这种制约？

索尔克：那会非常艰难，因为那种制约有一种固化的倾向。也正因为如此，我们必须关注年轻人，关注新一代——他们会被带入社会，并被社会背景和各种环境所塑造。对于新一代尚未被塑造、被定型的心智，我们还有机会以一种比较健康的方式影响他们。

克：我曾经接触过——如果我可以谈谈这点的话——很多年轻人，数以千计的年轻人。在 5 岁到 12 岁的年纪，他们显得聪慧、好奇、觉醒，充满了能量、活力和美。过了那个年纪，父母、社会、报章以及他们自己的朋友和家庭，则对整个大环境负有不可推卸的责任——那个大环境似乎要淹没他们，将他们变得无比丑陋、邪恶。你知道整个人类已经变成了那副样子。所以，有没有可能以不同的方式教育他们？

索尔克：我认为是可能的。我不久前写的一篇文章中曾经提到，我们需要一种"免疫教育"。我用的这个比喻本意是指对残害健康的疾病免疫。而在这个例子里，我考虑的是对心智的残害，而不仅仅是对身体的残害。

克：我们能否稍微深入地探讨一下这个问题？从根本上，而非从表面上，残害心智的是什么？容我冒昧提问，从根本上讲，是知识吗？

索尔克：错误的知识。

克：这无关对错，我用"知识"这个词，指的是心理层面的知识。撇开学术知识、科学知识、电脑技术等等，抛开那一切，知识可曾从内在帮助过人类？

索尔克：你指的是来源于经验的那种知识吗？

克：是的，这种知识归根结底就是经验的积累。

索尔克：我认为有两类知识：其中一类可以说是来源于科学的系统化的知识；另一类则是来源于人类经验的知识。

克：人类经验——就拿人类经验来讲。大约一万年来我们一直有各种战争。古代我们用弓箭和棍棒互相残杀，一次杀死两三个人，或者最多也就一百个人。而如今你能一举消灭数百万人。

索尔克：效率高多了。

克：没错，你飞在高空，都不知道你杀死的是谁。也许就是你自己的家人，你自己的朋友。所以，数千年来的战争经验可曾教会人类不再屠杀?

索尔克：哦，确实教会了我一些东西。我发现那种行为毫无道理可言，而且也有越来越多的人意识到了那种行为的荒唐。

克：在过了一万年之后! 你明白我的意思吗?

索尔克：我明白。

克：我们必须质疑人类究竟有没有学到什么，还是只是在盲目地游荡。过了大约一万年，人类还没有学会一件非常简单的事：不要杀人，看在老天的份上，你是在杀害你自己，扼杀你自己的未来。人类并没有学会这一点。

索尔克：有些人学会了，但不是我们所有人。

克：当然有些例外。我们先不管那些例外，幸运的是，他们一直都在。

索尔克：幸运的是，那是非常重要的一点。

克：但是大多数人，那些为战争、为总统、为首相之类的事情投票的人，并没有学到一丝一毫，他们将会毁掉人类。

索尔克：最终的毁灭还没有发生。你说得非常对，但我们需要觉察到这个新的危机，我们的内心此刻就必须有所领悟。

克：先生，我想探讨一下这个问题，因为我质疑经验是否教会了人类任何东西，除了变得更残忍、更自私、更自我中心、更关心自己、更关心自己微不足道的团体和家庭等等。被美化成了民族意识的部落意识，正在毁掉我们。所以，如果一万年上下都没有教会人类停止杀戮，肯定有什么出了问题。

如果改变依赖进化，我们就会毁掉自己

索尔克： 我想提出一个建议，看待这个问题的一个方式。我想从进化的视角来看，猜测我们可以通过一段时间来进化，在此过程中，你之前所说的那种例外，也许有朝一日会成为标准。而这如何才能发生？这必须发生，否则等到"人类毁灭"这件事发生之后就没什么可说的了。

克： 当然。

索尔克： 我们现在就面临着危机，危机已迫在眉睫，离我们越来越近。

克： 是的，先生，我们就是这么说的。

索尔克： 因此我们大可有意识地让自己进入那个舞台。由于我们对风险和危机有着充分的意识和觉知，所以必须做出某种努力，必须发明一些办法来提升整个世界的意识，无论那会有多么艰难。

克： 这些我都明白，先生。我跟许多政治家交谈过，他们的观点就是：你和像你一样的人必须进入那个舞台。到这里，请等一下。我们一直在处理危机，而不是处理导致危机的肇因。当危机出现，我们的反应便是：处理危机，别为过去费心，别为其他任何事费心，

就处理危机好了。

索尔克：那是错误的。

克：那就是他们都在做的事。

索尔克：我明白这一点。也正因为如此，他们需要像你这样的人的智慧，你这样的人能预见未来，能看清"墙上的字迹"，而且会在墙壁倒塌之前采取行动。

克：所以我的意思是：我们难道不应该探究这一切的根源吗？而不只是说：好吧，这里有个危机，把它处理掉。

索尔克：是的，我赞同你的意思。

克：那是政客们的说法。我的意思是，这一切的根源，显然就是想要活得安全、想要受到保护的欲望，希望获得内心的安全感。我把自己分离出来，先是作为一个家庭，然后是作为一小群人，等等，诸如此类。

索尔克：我们要发现我们都是一家人。

克：啊！

索尔克：而我们最大的安全来自对家庭中其他人的关心。让其他人受苦，然后成为我们以及他们自己的威胁——而这正是如今的事态——对我们没什么好处。

克：但我想指出的是，我们并没有从苦难中学到什么，我们并没有从战争的痛苦中学到什么。那么，什么才会让我们学习、改变？究竟有哪些因素，它们又有怎样深刻的含义？人类在这个可怜而不幸的地球上生活了这么久，为什么要破坏它，并且互相毁灭？

这一切的原因何在？不是对原因的种种猜测，而是真正的、深刻的人性根源是什么？除非我们找到了根源，否则在剩下的日子里我们还会继续重蹈覆辙。

索尔克：你说得非常正确。所以你是在探究根源。

克：或者把人类引入当今这场危机的肇因。

索尔克：依我所见，当有些东西可以通过战争获得时，战争就是人类在遭受威胁的情况下，为了满足生存需要而从事的活动。然而，当一无所获同时又要失去所有时，我们也许就要重新考虑这个问题了。

克：但我们已经失去很多了，先生。你明白吗？每场战争都损失惨重。我们为什么没有学到这一点？历史学家，所有伟大的学者，对此都著书立说，而人类却依然维持着部落思维，依然狭隘卑劣、自我中心。那么什么才能让人改变？立刻改变，而不是在未来逐渐改变，因为时间也许正是人类的敌人。进化或许就是敌人。

索尔克：敌人？进化也许是唯一的解决之道。

克：如果人在这所有的苦难之后什么都没有学会，而只是在无休止地延续这件事……

索尔克：人至今还没有充分进化。迄今为止的各种条件，还不太有利于解决促成战争的问题。

克：先生，如果我们有孩子，他们的未来会怎样？如果我们是父母，我们要如何看清这一切？我们要如何醒觉、如何觉知所发生的一切，看清我们的孩子与这一切的关系？如果他们不改变，战争这件事就会无止境地持续下去。

索尔克：因此改变已迫在眉睫。我们如何才能带来这种改变？

克：这正是我的问题。改变已迫在眉睫。然而，如果改变依赖于进化，也就是时间等等诸如此类，我们就会毁掉自己。

索尔克：可是我认为我们必须刻意地、有意识地加速进化过程。迄今为止，我们都只是在无意识地进化，而这导致了你刚刚所描述的状况。一种崭新的、不同的改变必须发生，一种发生在我们意识中的改变必须发生，在那种改变中，我们就可以运用我们的智慧了。

克：我同意，先生。所以我在问这一切的原因是什么？如果我能找到原因，每个原因都有终点。如果我能找到把人类带到这般田地的原因，我就可以将它们追究到底。

索尔克：容我建议用另一种方式来审视这个问题。为方便讨论，让我们假设那些原因将会继续存在，除非引入某种外在的干预来改变方向。我先假设有可能看到人类身上的积极因素，也有可能增强这些因素。

克：那就意味着时间。

索尔克：人类世界中的一切都发生在时间当中。我建议，我们加速或者缩短时间，不再单纯依赖时间和机遇，而是开始干预我们自己的进化过程，干预到一定的程度，进而成为我们进化过程的共同缔造者。

克：我明白那些。而我问的是一个也许没有答案的问题——我个人认为是有答案的——那就是，时间能否终止？这样的思考方式就意味着，在你杀掉我之前，再给我几天时间。在那几天中，我必须改变。

索尔克：我认为时间终止的含义是这样的：过去终止，未来开始。

克：那是什么意思？若要过去终止——而这是最为复杂的事情之一——记忆、知识、欲望、希望，这一切都必须终止。

索尔克：我来给你举例说明某种东西的终止和新事物的开始。当人们观察到地球是圆的而不是平的，人的觉知就发生了改变。当"是地球绕着太阳转"这一点明确的时候，也发生了同样的事情。

克：先生，我的问题是这个：时间是敌人还是帮手？人脑在技术方面拥有无限的能力，但我们似乎并没有把这种非凡的能力运用在内心层面。

索尔克：让我们把焦点集中在这个问题上。这是核心问题，我同意。

克：是的，这就是我说的意思。如果我们能够把巨大的能量聚焦于此，我们立即就会发生改变。

索尔克：刹那间，你就改变了。

克：那么，什么才能让人把那种能力、那种能量、那种动力就集中在这一点上，集中在他意识的内容上？悲伤没有帮到他，更好的沟通没有帮到他，事实上没有任何东西帮得上忙——上帝、教堂、宗教、更优秀的政治家、最时新的古鲁，一个都帮不上。

索尔克：没错。

克：那么我能不能把那一切都撇开，不依赖任何人，不依赖科学家、医生、心理学家，不依赖任何人？

索尔克：你的意思是，实现你心愿的手段还没有发明出来。

克：我认为这不是一个手段问题，手段即目的。

索尔克：这点我同意。

克：因此不要寻找手段。看清那些人丝毫没有帮到你，恰恰相反，他们把你引入了歧途。所以，离开他们。

索尔克：他们并不是手段，因为他们并没有服务于我们所说的目的。

克：外在的权威并非手段，那就向内看。先生，这需要巨大的——我不喜欢用这个词——"勇气"，但它意味着独立于世，毫不依赖、毫不攀附。可谁又肯这么做呢？只有一两个人吗？

索尔克：这就是挑战所在。

克：所以我说，看在老天的份上，清醒地认识到这一点，而不是讲求手段或目的。

索尔克：关于解决之道何在，我与你看法相同，而且这可能是人类所面临的所有事情中最为困难的。这也是为什么这件事被留到最后的原因。所有容易的事我们都做过了，比如操纵人工智能，却没有开发我们自己的智慧。这一点也容易理解，因为在某种意义上，我们本身既是因又是果。

克：因变成果，果又变成因，如此循环，我们就困在了这个链条当中。

索尔克：是的，既然我们人类现在已经到了可能灭绝的关口上，在我看来，我们期待的唯一发明——如果我可以用"发明"这个词的话——就是找到恰当的手段，把自制力运用在导致战争的所有因素、条件和环境上面。

克：我怀疑这一点，尽管可能与主题不相干，但你知道全世界都热衷于享乐。你能看到，这一点在美国比其他任何地方都突出，对享受、对体育运动的强大需求无处不在，人们时时刻刻都需要被娱乐。在这儿的学校里，孩子们想要的是娱乐，而不是学习。你去东方，在那里他们是希望学习的。

索尔克：学习也可以很愉快。

克：是的，当然，但人被驱使着寻找和延续快感。历史的进程显然一直都是如此：无论是在教堂中、在弥撒中、在以宗教之名上演的各种闹剧中的快感，还是在足球场上的快感，自古以来的一切事物中都包含着享乐的因素。被专家所娱乐，也许正是我们的麻烦之一，你知道，整个世界充斥着提供娱乐的人。每本杂志都是一种娱乐形式，只不过偶尔有少数几篇好文章罢了。所以人类的驱动力不仅仅是逃避恐惧，还有对享乐的强烈欲求。它们是比肩而行的，就像同一枚硬币的两面。但我们忘记了另外一面——恐惧——而去追求快乐。这也许就是这场危机为何迫近的原因之一。

索尔克：那样的话也不会是物种第一次灭绝了。我想我们必须问一问，有没有一些文明或社会，比其他的文明或社会更有可能留存下来，它们有着克服你所关注的那些问题和弱点所需的特性和品质。在我看来，你在预言一段极端困难、极端危险的时期即将到来。同时你也指出了人群、文化和个体之间存在的差异，其中的一些个体可能是例外，他们会在灾难之后幸存下来。

克：也就是说，只有一两个人，或者五六个人能够从这一团乱象中幸存下来。不，我不同意这个说法。

索尔克：我并不是推崇这个说法。我只是给出一幅图景、一个数字、一种品质和一个数量，这样就能让人们意识到他们对于未来的责任了。

克：先生，责任不仅仅意味着对你的小家庭负责，你还要作为人类的一员对其他人类负责。

索尔克：我想我曾经给你看过我在印度所做的一次演说的题目："我们是称职的祖先吗？"身为祖先，我们对于未来负有责任。我完全赞同你的看法。我们越早认识到这一点，越早开始有意识地把这个问题当作迫在眉睫的威胁去处理，就越好。

克：我想再一次指出，虽然有些例外，但并非如此看待事情的大多数人，选举出了州长、总统、首相以及压制一切的极权主义者。由于是大多数人选举出了那些人，或者少数人把权力集中在自己手中，然后支配他人，所以我们任由他们摆布，被他们掌握在手心里，即便是最为独特的那些人也概莫能外。虽然目前还没有，但他们也许会说："你不可以继续在这里讲话或者写作了，不要再来这里。"与此同时，人们又迫切希望找到安全，在某处找到某种安宁。

索尔克：你会不会倾向于说，那些目前处于统治和领导地位的人，或多或少都是缺乏智慧的？

克：噢，显然如此，先生。

索尔克：你会不会说，有些人是拥有指引及领导智慧的？

克：当大多数人都希望被他们选出的人或者未经选举的独裁者所引领时，你就不能这么说。我实际上想问的是：一个人，人类的一员，当他不再是一个"个体"——在我看来，个体性并不存在，我们都是人，我们就是全人类——他会如何……

索尔克：是的，我们都是这个种群的成员，我们都是人类的单元。

克：我们就是人类，我们的意识不是我的，而是人类的头脑、人类的心灵、人类的爱。这一切都属于人类。而通过强调个人、成就自我，为所欲为——正如他们如今所做的那样，你知道都是怎么回事——就是在摧毁人类的关系。

索尔克：是的，从根本上讲是这样的。

克：这一切当中没有爱，没有慈悲。只有一干大众朝着无望的方向行进，然后选出那些特殊的人来领导自己。而这些人会将他们引向毁灭。我的意思是，这种状况发生了一次又一次，发生了一个又一个世纪。除非你很认真，否则你就会放弃，将其抛诸脑后。我认识的几个人曾对我说："别傻了，你是改变不了人类的，离开吧，隐退吧。去喜马拉雅山，行乞，苟活，然后等死。"我可不会那样。

索尔克：我也不会。

克：当然不会。他们认为这一切毫无希望。对我来说，我既不认为有希望，也不觉得无望。我只说这就是世界的现状，而现状必须得到改变。

索尔克：这就是现实。

克：并且必须立刻改变。

个人必须从此时此处开始

索尔克：没错。好的，这一点已经达成了共识，那么我们接下来要往哪里走呢？

克：如果不从近处开始，我就无法走得很远。"近处"就是这里。

索尔克：好的，让我们就从这里开始，就这里。我们要怎么做？

克：如果我不从**这里**开始，而是从**那里**开始，我就什么也做不了。所以我就从这里开始。现在我问：那个为这一切而挣扎的"我"是谁？"我"是谁，自我是谁？是什么让我有这样的行为，我为何如此反应？你明白吗，先生？

索尔克：噢，是的，我明白。

克：于是我开始观察自己，不是从理论上，而是从我与妻子、朋友的关系这面镜子里，观察我如何行为处事，如何思考，就在那份关系中，我开始看到真实的自己。

索尔克：是的，只有透过他人镜中的反映，你才能看到自己。

克：透过关系。其中也许有关爱，也许有愤怒，也许有嫉妒。

从那一切当中，我发现我内心隐藏着一个怪物，包括"我内心有某种非凡的精神存在"这个想法。我开始发现所有这一切，发现人类赖以生存的种种幻觉和谎言。同时，在那份关系中，我发现如果我想要改变，我就得打破那面镜子，也就是说我要打破我整个意识的内容。也许打破了那些内容，从中就会出现爱、慈悲与智慧。除了来自慈悲的智慧，并无其他智慧可言。

索尔克：好的，关于最终的解决之道是什么，以及一个人必须从此时此处开始，我们都达成了共识……

克：是的，先生，现在就改变，不要等到进化将你扼杀。

索尔克：进化此刻即可开始。

克：如果你愿意这么表达也可以。这里的进化指的是，离弃这种状况，将它打破，达到某种思想所无法投射的事物。

索尔克：当我使用"进化此刻即可开始"这样的说法，我说的是突变的发生。

克：突变，我同意。突变并非进化。

索尔克：但我还要补充另一个我认为很重要的因素。我相信有些个人对世界的看法与你我相同，我们之外的另一些人也看到了你所说的那些问题和解决之道。现在我们姑且把这些人叫作例外或者特例。我们甚至可能会觉得他们异于常人，是些变种，如果你愿意这么说的话。

克：生物学上的怪胎！（笑）

索尔克：如果你愿意，也可以这么说。这些人在某些方面很奇特，与众不同。他们能否被聚集到一起，他们能否被拣选出来？他们会互相选择然后走到一起吗？

克：是的，他们会走到一起，但不是互相选择。

索尔克：我用"选择"这个词指的是：走到一起是因为有某种认同感，某种把他们吸引到一起的东西，某种自我选择机制。那么你能想象这会带来某种改变吗？

克：可能会有一点。

索尔克：你还能想象别的什么会带来改变吗？

克：不是想象，先生。我们能不能这么表达？死亡始终是生命中最非凡的因素之一。我们一直避免去面对它，因为我们害怕它的真相。我们执着于我们所熟悉的一切，到死都不想放开它们。我们无法把它们带走，可是……有太多"可是"了。现在就对我所依恋的一切死去。死去，而不说："如果我死了，会发生什么，有别的什么回报吗？"因为除非生死并肩而行……

索尔克：是的，死亡是生命的一部分。

克：死亡是生命的一部分。可是极少有人朝那个方向前进。

索尔克：我同意。我们现在谈的还是那些例外的个体。

克：而那些例外的个体——我既不悲观也不乐观，我只是在观察事实——他们影响了人类吗？

索尔克：影响得还不够，还没什么影响。我的观点是，如果我们为此有意识地、刻意地有所作为，我们就能让事情快点发生。

克：但有意识和刻意可能是自我中心的另一种延续。

　　索尔克：这部分局限我们一定不能囊括进来，而是必须排除在外。做事必须以物种为中心，也可以说是以人类为中心，以全人类为中心，而不可以是你一直所指的那种**自我**中心。那将会是突变事件。

　　克：是的，先生，自我中心的终止。你知道印度的僧人、尼姑和苦行者试图通过冥想，通过加入社团，通过弃世来做到这一点。有一次在克什米尔，我跟在一群僧人后面走，他们大约有十几个人。那是美丽的乡间，旁边就有一条河，有各种鲜花、鸟儿和蔚蓝的天空。万物都在欢笑，大地也在微笑。可这些僧人从来没有去看任何东西。他们低垂着头，反复诵念某些梵文的词句——我不太听得清他们念的是什么——仅此而已。他们戴上眼罩，说："**这里**是安全的。"而这就是我们在宗教上、政治上所做的事。人对自己的欺骗真是非同小可。欺骗是我们身上的要素之一。

　　索尔克：欺骗，还有拒绝、否认。

　　克：先生，我们从来不带着怀疑上路，就像在佛教和印度教中那样。怀疑是一项非同寻常的要素，但我们却不运用它，我们从不质疑我们周围发生的一切。

　　索尔克：那种做法是非常不健康的。健康的怀疑是必要的，我们必须质疑而不是接受别人给我们的答案。

　　克：毫无疑问，要有质疑精神。所以，其他任何人都无法解答**我的**问题，我必须自己解决它们。因此不要制造问题，我是不会进入那个领域的。**被训练**用来解决问题的心智，总是在**寻找**问题。然而，如果大脑不被训练、不被教育去解决问题，它就从问题中解脱了出来。它可以面对问题，但它从根本上是自由的。

索尔克：可以说，有些头脑、有些心智在制造问题，而另一些则解决问题。你现在提出的问题是：我们能否解决我们所面临的终极问题，那就是："我们作为一个物种还能继续存在下去吗？"还是说，我们将会毁灭自己？

克：是的，那就是为什么我早先会引入死亡这个问题——对我内心积攒的一切死去。

索尔克：我们必须接受过往那些不再有价值的事物的消亡，并允许崭新的未来所需的那些新事物诞生。我非常同意过去必须了结，战争必须终止。

克：大脑当然必须记录，但大脑一直在不停地记录。它在记录，然后再回放磁带。

索尔克：它一直在记录，它也在识别。它在识别，它在重新检查已经知道的东西。而在这个节骨眼上，我们必须及时认出过去发生了什么，同时觉察到必须有一条新途径。

克：也就是说不要记录。我为什么要记录？语言之类的东西，我们先排除在外，而是我为什么要在内心记录任何东西？你伤害了我，比方说。你对我说了一些残忍的话，我为什么要记录这些？

索尔克：我会把这种情况归入我所谓的"健忘区"。

克：不，我为什么要记录这些？或者有人奉承了我，我为什么要记录？老用同一个旧模式做出反应，那真是太乏味了！

索尔克：是它自己记录的，但它必须被废黜掉。

克：不，先生，看看有没有可能根本不记录。我指的是心理上，不是指记住如何开车、记住这个或那个，而是内心不记录任何事情。

索尔克：你能做到吗？

克：噢，可以。

索尔克：那你必须分清你要记录什么，不记录什么。

克：记忆是选择性的。

索尔克：是的，而这就是为什么我用那个幽默的方式来表达：你选择把某些事情放在记忆里，而把另一些留给"健忘区"。我们在选择记录我们挑选的那些。

克：我必须记录如何开车或者如何说一门语言。如果我要学习一门技术，我就得记录它。在现实世界，我必须记录如何从这里回家或者去巴黎，我必须做各种事情，必须记住那一切。但我问的是，为什么要记录任何心理上的事件？那会强调自我、那个"我"，强调自我中心的行为以及诸如此类的一切。

索尔克：嗯，我们来好好探讨一下这个问题，因为它对于你所说的，以及我之前使用"自制力"一词所指的含义，看起来都非常关键。我想我们谈的是同一种现象，我们可能需要把自己从那些生活经验中解放出来——那些经验让我们怀恨在心，让我们很难再携手同心、与过去伤害过我们的那些人和谐相处。我们也看到如今这种情况正发生在各个国家、宗教团体以及其他组织之间，他们无法原谅当今的一代人，而这代人与从前的历史上所犯下的罪行毫无关系。

克：是的，先生。

建立正确的与自己的关系

索尔克：所以我们现在开始讨论我之前提出的那个问题：我们必须采取怎样的行动，我们现在要做什么，才能处理我们希望避免的因果？你认为这些问题属于心理范畴，属于人类心智的领域。

克：首先我会说，不要让自己与任何东西相认同——与某个组织，与某个国家，与某个上帝，与意识形态，统统不要认同。因为你所认同的必须得到保护——你的国家，你的上帝，你的结论，你的经验，你的偏见。这种认同就是一种自我中心的行为。

索尔克：为方便讨论，我们先假设我们需要与万物或彼此和谐相处。这也是宗教的基础——"宗教"一词的词根"religio"本意即为联结在一起——人类也确有建立关系的需要。然而他们也很有可能进入有害的、事实上会自我毁灭的关系。那么，有没有可能让我们自己建立这样一种关系，如果这种关系得到发展，就会让我们摒弃目前那些有害的关系？比如说，最根本的关系是我们与自己的关系，不是指自我中心的那种关系，而是作为人类种群的成员，我们与自己、与彼此的关系。

克：也就是说，我作为人类的一员与其他人类的关系。到这里，请等一下。关系隐含了两个人：我与你、与他人的关系。但我就是人类，我与我大洋彼岸的兄弟是分不开的。

索尔克：没错。

克：我就是人类。因此，如果我拥有了这份爱的品质，我就建立起了一种关系，关系就存在了。

索尔克：我想它是存在的。我认为你拥有爱，你大洋彼岸的兄弟们也拥有爱，世上所有的国家中都存在这种爱，但我们也被教会了恨。我们被教会了相互憎恨，我们被教会了把自己跟别人割裂开来。

克：不只是被教会了这一点，先生，而且，难道不是还有会带来安全和快感的占有欲吗？我占有我的财产，我占有我的妻子，我占有我的孩子，我还占有我的上帝。我想说的是，这个隔绝过程在我们内心是如此强大，乃至我们无法训练自己摆脱它。我说，看到"你就是全体人类"这个事实，看在老天的份上，认清这一点吧！

索尔克：嗯，你的意思是，我们既是个体，同时也与其他人类息息相关。

克：不，我是说你并非一个个体。你的思想不是你的，你的意识不是你的，因为每个人都受苦，每个人都经历着地狱般的煎熬、混乱、焦虑、痛苦，每个人，无论东西南北，都经历着这些。所以我们是人类，不是"我是与其他人有关系的一个分离的人"，而是：我就是其他人类。如果我看到了这个事实，我就不会杀害别人。

索尔克：现在来把这一点与当今存在的现实做下对比。

克：当今存在的现实？我是一个个体，我必须满足自己的欲望、自己的冲动、自己的本能，我自己的无论什么渴望，而这正在引发浩劫。

索尔克：现在我们希望把一种状况转化成另一种。

克：你无法转化。

索尔克：好的，那你能做什么？

克：改变，突变。你不能把一种形式变成另外一种形式。看到这个真相：你实际上就是其他人类。先生，当你看到了这一点，当你——请允许我用这些词——发自肺腑地从自己的血液里感受到了这一点，那么你的所有行为、所有态度、所有生活方式都会改变。然后你就会拥有一种关系，它并非两个意象互相交战，而是一种鲜活的、生机勃勃的、充盈着美的关系。但现在我们再回过头来说说那些例外的人。

索尔克：他们确实存在。现在我们集中讨论一下这一点。

克：假设，先生，你是那些例外之———只是假设，比如说。那么你与只是个普通人的我有什么关系？你与我有任何关系吗？

索尔克：我们属于同一个种群。

克：是的，但你从中走了出来，你是一个例外。这就是我们现在探讨的。你是一个例外而我不是，对吗？你与我有什么关系？你我有任何关系吗？还是说，你置身事外，你想要帮助我。

索尔克：不，我与你有关系，我有责任，因为你的幸福将会影响我的幸福。我们的幸福是一体的，是同一个。

克：但你是个例外，你不在内心累积东西。你脱离了那个范畴，可我还一直在收集，你知道的，诸如此类。自由与尚处监牢的人有天壤之别。我身陷自设的牢笼，以及政客、书籍等等设下的牢笼。我在监牢中，而你没有，你是自由的。我希望像你那样。

索尔克：我愿意帮助解放你。

克：那么你与我是什么关系？一个帮助者？抑或，你拥有真正的慈悲，不单是**对**我，而是你拥有那团**火焰**，拥有慈悲与爱的芬芳、深度、美、活力与智慧。就是这样。那产生的影响将会远远胜过你决定帮助我。

索尔克：我们对此的看法完全一致。这也是我看待例外者的态度。我认为那些例外的个人拥有慈悲的品质。

克：而慈悲无法由思想拼凑。

索尔克：它只是存在着。

克：但是，当我内心有恨，当我想杀害别人，当我为自己哭泣，慈悲怎么可能存在呢？必须从那一切中解脱出来，慈悲才能存在。

索尔克：我现在关注的焦点是那些例外。那些例外的人心中有恨吗？

克：先生，那就像是太阳，阳光既不是你的也不是我的，我们共同拥有它。可一旦说它是**我的**阳光，那就变得太幼稚了。因此，你所能做的就只有像太阳一样，给我慈悲、爱和智慧，别无其他——不要说：这么做，不要那么做——那样的话我就会落入所有的教堂和宗教设下的陷阱。自由就意味着，先生，脱离监牢——人类为自己建造的牢笼。而自由的你，**就在那里**，仅此而已，你什么也做不了。

索尔克：我听到你说了一些非常正面、非常重要、非常有意义的事情。我听到你说有一些人、有一群个体拥有那些品质，散发着能够帮助其他人类的东西。

克：但是你瞧，人们抱有这样一个顽固的观念——我不想讲这些，这完全无关紧要——认为有些人会帮助而非指引，他们会**告诉**你该怎么办，然后一切都变得愚蠢无比。而实际上它就只是像太阳，发光发热的太阳一样。如果你想坐在太阳底下，你就坐在太阳底下，如果你不想，就坐到阴凉里去。

索尔克：所以这就是那种彻悟。

克：这**就是**彻悟。

你所讲的不正是佛陀所言吗？

———————

沃普拉·拉胡拉（Walpola Rahula，后文简称拉胡拉），国际佛教权威，《不列颠百科全书》"佛陀"条目的作者

大卫·博姆（David Bohm，后文简称博姆），英国皇家学会终身会员，伦敦大学伯克贝克学院理论物理学教授

T. K. 帕楚尔（T. K. Parchure，后文简称帕楚尔），医学博士，克里希那穆提的私人医生

G. 那拉扬（G. Narayan，后文简称那拉扬），克里希那穆提印度基金会瑞希山谷学校前任主席

厄姆加德·施洛格尔（Irmgaard Schloegel，后文简称施洛格尔），佛教学者

你的教诲和佛陀的教诲是一回事

拉胡拉：我从年轻时就一直追随着你的教诲——如果我可以用"追随"一词的话。我怀着极为浓厚的兴趣拜读了你的大部分著作，

而今天与你的这场对谈，我已期待良久。

对于非常了解佛陀教义的人来说，你的教诲会令他感到非常熟悉，完全不会觉得陌生。佛陀 2500 年前的教义，如今你在借用新词汇、新风格、新外貌来加以传授。在阅读你的著作时，我常常在空白处做笔记，比较你与佛陀的教言，有时我甚至引述一些篇章、段落或者文本——不仅仅是佛陀的原始教义，也包括后世的佛教哲学家们的观点——那些内容你实际上也用同样的方式阐述了出来。我很惊讶你表达得如此娴熟、如此优美。

因此，在谈话的一开始，我先简要地提及佛陀与你的教诲具有的几个共同点。例如，佛陀不接受"造物主"这个概念——统治这个世界并因人们的行为而对其加以赏罚的"神"。我相信你也不接受这一点。佛陀不接受永恒持久的、亘古不变的灵魂或者"真我"（atman），这一古老的吠陀或婆罗门概念——佛陀否定了这一点。我认为你也不接受这个说法。

佛陀的教义是从这个前提展开的：人生是一场困境、苦难、冲突与悲伤。而你的作品也始终在强调这一点。同时，佛陀说，这些冲突和苦难的肇因，乃是关于自身的自我、"真我"的错误观念所造成的自私。我认为你也是这么说的。

佛陀说，当一个人摆脱了欲望、执着，摆脱了自我，他就摆脱了痛苦和冲突。我记得你也在某处说过，自由就意味着摆脱一切执着。这与佛陀的教言如出一辙：摆脱**一切**执着——执着并无好坏之分——当然，这种分别在实际的日常生活中确实存在，但就终极层面而言，这种分别并不存在。

　　然后还有对真相的洞见和领悟，也即如实看待事物；当你这么做时，你就能看到真相，得见真理，摆脱冲突。我认为你也经常这么说——比如在《真理与事实》（*Truth and Actuality*）一书中。这在佛教思想中是众所周知的，叫作"俗谛"和"真谛"："俗谛"指寻常真理，而"真谛"指绝对真理或终极真理。而你若看不到寻常真理或相对真理，你就无法得见绝对真理或终极真理。这是佛教徒的观点，而我认为你说了同一回事。

　　在更为通俗但同样很重要的层面上，你总是说千万不要依赖权威——任何人的权威、任何人的教诲。你必须亲自领悟真相，亲自见到真相。这也是佛教中人尽皆知的一条教导。佛陀说，不要单单因为这是宗教、经书、导师或古鲁所言就接受，只有你亲自看到了什么是正确的才能接受。如果你发现那是错的或恶的，就摒弃它。

　　你曾与斯瓦米·凡卡特萨南达（Swami Venkatesananda）有过一次非常有趣的探讨，当时他问到了古鲁的重要性，而你的回答始终是：古鲁能做什么？古鲁无法拯救你，这件事得由你自己来做。这恰恰也是佛教徒的立场——你不应接受权威。在读完《智慧的觉醒》（*The Awakening of Intelligence*）一书中的这一整篇讨论之后，我写道：佛陀也讲过这些，并在《法句经》（*Dhammapada*）中将它们总结成了两句话：你务必勉力亲证，诸佛仅能教导。这些话就写在《法句经》里，很久之前你还年轻时曾经读过这部经文。

　　另外非常重要的一点是你对觉知或者留心的强调。这也是佛陀的教导中极为重要的一点——留心关注。当我在《大涅槃经》（*Mahapa rinibban sutra*）中读到一篇关于他生前最后一个月的记述，我吃惊地发现，无论他在何处驻足与弟子们交谈，他始终在说：觉察，培养觉察、留心关注。这叫作"觉知临在"。这也是你的教诲中非常突出的一点，对此我非常欣赏并始终恪守。

然后还有一点非常有趣：你对无常的不断强调。这也是佛陀的教导中非常根本的一点：一切都是短暂的，没什么是永恒的。在《从已知中解脱》（*Freedom from the known*）一书中，你说过认清"没什么是永恒的"，这一点极为重要，因为只有那时心才是自由的。这与佛陀的"四圣谛"完全一致。

另外有一点也说明你的教诲与佛陀的教诲并行不悖。我认为在《从已知中解脱》一书中，你说过控制与外在的戒律并非出路，放纵无度的生活也没有任何意义。读到这里的时候我在空白处写道：一名婆罗门去问佛陀，你是如何达到此等精神高度的，依循了何种规范、何种戒律、何种知识？佛陀答道：不依循知识，不依循戒律，不依循规范，但也并非毫无依循。这点很重要——不借助此类东西，但也不是毫无依循。这恰恰是你所说的：你贬斥被戒律所奴役，但若无纪律，生活就毫无价值。禅宗佛教的说法也如出一辙——没有所谓的禅宗佛教，禅即是佛。在禅宗中，为戒律所奴役被视为执着，这一点深受诟病，但世上没有哪个佛教派别是如此强调戒律的。

我们还有很多其他的内容要探讨，但作为开始，我想说的是，你和佛陀在这些方面有着根本的共识，没有任何冲突。当然，如你所说，你并不是一个佛教徒。

克：不是，先生。

拉胡拉：而我自己并不知道我是什么，这不重要。但你的教诲和佛陀的教诲几乎没有任何区别，你只不过用对于当今和未来的人们更具吸引力的方式说着同样的事情。而我想知道你对此有什么看法。

克：先生，我能不能满怀敬意地问一句：你为什么比较？

拉胡拉：这是因为我是一个佛教学者，是一个一直研究佛教经文的人，当我在读你的书时，我总是发现你们说的是一回事。

克：好的，先生，但是恕我问一句，有什么必要进行比较吗？

拉胡拉：没有必要。

知识是不是实际上制约了人类？或知识能否通往自由？

克：如果你不是一个研究佛教、佛经和佛陀教诲的学者，如果你没有非常深入地研究过佛教，如果你没有所有那些背景，那么当你读到这些书的时候会让你受到怎样的冲击？

拉胡拉：我没法告诉你会怎样，因为我从来不曾不带着那些背景。人受到了制约，这是一种局限。我们都受到了制约，所以我无法回答那个问题，因为我不知道那种情形会是怎样的。

克：那么我能否冒昧指出，希望你不要介意……

拉胡拉：不，完全不介意。

克：……是不是知识制约了人类——对经文的知识，关于圣人们说过什么等等之类的知识，还有所有所谓的"圣书"，它们究竟有没有帮助人类？

　　拉胡拉：经文以及我们所有的知识都制约了人类，这一点是毫无疑问的。但我会说，知识并不是完全不必要的。佛陀曾经非常明确地指出，如果你打算过河，河上又没有桥，你就造一条船，在船的协助下过河。但是，如果到了彼岸，你还在想："噢，这条船一直对我非常有用、非常有帮助，我不能把它就此丢下，我要把它扛在肩上。"那就是一个错误的做法了。你应该说："以前这条船确实对我非常有帮助，但我已经过了河，它对我来说就没什么用处了，所以我会把它放在这儿，留给其他人用。"这才是对待知识和学习的态度。佛陀说，甚至连教诲，还不只那些，甚至连美德，所谓的伦理道德，也都像那条船一样，只具备一种相对的、有限的价值。

　　克：我想质疑这一点。我并没有怀疑你说的话，先生。但是，我想质疑知识是否具备解放心灵的素质。

　　拉胡拉：我认为知识无法解放心灵。

　　克：知识做不到，但是，你从知识那里得到的素质、力量、能力感、价值感，那种"你知道"的感觉，知识的分量——这些难道没有让你、让自我变得更强大吗？

　　拉胡拉：当然有。

　　克：知识是不是实际上制约了人类？让我们先这么表达。毫无疑问，我们所有人用"知识"这个词指的都是信息的积累，经验的积累，各种事实、理论和原则的积累，包括过去的和现在的，我们把所有这堆东西称为知识。然而过去到底有帮助吗？因为知识就是过去。

拉胡拉：所有那些过去，所有那些知识，在你看到真相的那一刻都会消失。

克：但一颗被知识所负累的心能够看到真相吗？

拉胡拉：当然，如果心被知识所负累、所塞满、所遮蔽……

克：是的，通常就是这样的。大部分心智都被知识所充满、所损害。我用"损害"这个词指的是不堪重负。这样的一颗心能够洞察真相是什么吗？还是说它必须摆脱知识才行？

拉胡拉：要看到真相，心必须摆脱所有知识。

克：是的，那么人为什么还要先积累知识再摒弃知识，然后再寻求真理呢？你明白我说的意思吗？

拉胡拉：哦，我想我们日常生活中发生的大部分事情一开始的时候都是有用的。比如说，上小学的时候我们没有格子纸就不会写字，但是现在就可以了。

克：等一下，先生，这点我同意。当你上学或者上大学时，我们需要纸上有线才能写字，等等诸如此类，但难道至关重要的不正是开始吗？也许正是开端在我们长大成人的过程中制约了我们的未来。你明白我的意思吗？我不知道我是不是说清楚了。自由在最后还是在最初？

拉胡拉：自由无始无终。

克：你会不会说自由被知识局限了？

拉胡拉：自由没有被知识所局限，也许是知识在获得之后被错误地运用了，这阻碍了自由。

　　克：不，知识的积累无所谓对错。我也许做了某些丑陋的事情然后悔过自新，或者也许会继续做那些丑陋的事情，这也是我知识的一部分。但我问的是知识能不能通往自由。如你所说，持戒修炼一开始是必要的。然而在你长大成人、获得各种能力等等的过程中，难道不正是那些戒律制约了心智，乃至使它再也无法将其摒弃吗？

　　拉胡拉：是的，我明白。你也同意持戒修炼一开始是必要的，在某个层面上是必要的。

　　克：我质疑这一点，先生。我们说的质疑，意思不是说我怀疑它或者说它是不必要的，而是我为了探询而质疑。

　　拉胡拉：我是说在某个层面上知识是必要的，但如果你永远也无法摒弃它……我是从佛教的观点来说的。关于"道"，佛教认为有两个阶段：对于在"道"上但还没有达成的人来说，是有清规戒律的，它们规定了所有的好坏对错。而证悟了真理的"阿罗汉"则无须戒律，因为他已经超越了那一切。

　　克：是的，我明白这些。

　　拉胡拉：但这是生活中的事实。

　　克：我质疑这一点，先生。

　　拉胡拉：我心里对此毫无疑问。

　　克：那我们就停止了探询。

　　拉胡拉：不，不是这样的。

　　克：我是说我们谈的是知识：有用的、必要的知识，作为用来渡河的船的知识。我想探究这个事实或者这个比喻，来看看它是不是真相——它是否具有真相的品质——让我们暂且这么说。

拉胡拉：你说的是那个比喻还是教诲？

克：所有的都包括。那意味着，先生……那意味着接受了进化。

拉胡拉：是的，接受了进化。

克：进化，于是逐渐地、一步步地前进，然后最终到达。一开始我持戒、控制、运用努力，然后当我有了更强的能力、更多的能量、更大的力量，我就摒弃那些然后继续前进。

拉胡拉：并没有这样的计划，没有计划。

克：不，我没说有个计划。我在询问或者在探究，究竟有没有这样一种运动，有没有这种进步。

拉胡拉：你是怎么认为的？

克：我怎么认为？我认为没有。

施洛格尔：我非常赞同你的话，我无法相信有任何进步可言。

拉胡拉：是的，没错，不存在那样的进步。

克：我们必须非常小心地探讨这个问题，因为整个宗教传统，佛教的、印度教的、基督教的，所有宗教以及非宗教的态度都困在了时间之中、进化之中——我会变得更好，我会做个好人，我最终会在善中绽放。对吗？我说这根本上就是谎言。很抱歉这么说。

施洛格尔：我完全赞同你的说法，理由非常充分：据我们所知，自人类存在以来，我们就一直知道我们应该善良。如果有可能像那样取得进步的话，我们就不会是今天这样的人类了。我们早就应该取得充分的进步了。

克：我们究竟进步过吗？

施洛格尔：确实，我们没有进步过——非常少，如果有那么一丁点儿的。

克：我们也许从技术上、科学上、卫生上以及诸如此类的方面取得了进步，但从心理上、从内在我们没有进步——我们现在还是一万年前或者更久之前的样子。

施洛格尔：所以，我们知道我们应该为善，并且关于如何为善我们发展了那么多体系出来，这个事实并没有帮助我们变得善良。依我所见，我们所有人身上都存在一种特定的障碍，而在我看来突破这种障碍才是生死攸关的事情——因为我们大多数人内心都希望自己善良，但我们大部分人都没有实现这一点。

克：我们接受了进化。生物学上确实存在进化，但我们把生物学上的事实转移到了精神领域，以为我们内心也会进化。

拉胡拉：不，我认为并不是这个态度。

克：但是当你说"逐渐"的时候就是这个意思。

拉胡拉：不，我不说"逐渐地"。我不那么说。领悟真理、到达真理或者看到真理，是没有计划、没有方案的。

克：是脱离时间的。

拉胡拉：是脱离时间的，没错。

克：这跟说我的心智——它进化了几百年、数千年，被时间即进化所制约，也就是被获得越来越多的知识所制约——会揭示那非凡的真理，是完全不同的。

拉胡拉：会揭示真理的并非那种知识。

克：那我们为什么还要积累知识？

拉胡拉：你怎么能避免它呢？

克：从心理上避免，而不是从技术上。

拉胡拉：即使是心理上，你怎么才能做到呢？

克：啊，那就是另外一回事了。

拉胡拉：是的，你怎么才能做到？因为你就是受到了制约。

领悟真理是革命，而不是进化

克：等一下，先生，让我们稍微探讨一下这点。从生物学角度，从身体上讲，我们从童年成长到一定的年纪，到青春期，然后成熟等等，我们确实进化了，这是一个事实。一棵小橡树长成一棵巨大的橡树，这是一个事实。然而，我们**内心**也必定会**成长**，这是事实吗？还是说我们只不过假定这是事实罢了？也就是说，在内心层面，我**最终**将抵达真理，或者如果我打好了基础，真理就会发生。

拉胡拉：不，这是一个错误的结论，这是一种错误的观点。领悟真理是革命，而不是进化。

克：那么，心能够**从内心摆脱**进步的观念吗？

拉胡拉：可以的。

克：不，不是"可以"，是必须。

拉胡拉：这就是我刚才说的意思——革命不是进化，不是一个逐渐的过程。

　　克：那么内心能够发生一场革命吗？

　　拉胡拉：是的，当然可以。

　　克：那意味着什么？意味着没有时间。

　　拉胡拉：其中没有时间存在。

　　克：但是所有的宗教、所有的经文，无论是伊斯兰教还是别的宗教，都坚持你必须遵行某些方法体系。

　　拉胡拉：但佛教不是这样的。

　　克：等一下。我甚至都不会说到佛教，我不了解。我没有读过佛教的东西，除了我还是个小孩子的时候，但那些我都已经忘掉了。当你说你必须首先持戒修炼，然后最终再抛开那些戒律……

　　拉胡拉：不，我没那么说。我认为不是这样的，佛陀也不这么认为。

　　克：那就请告诉我，我也许弄错了。

　　拉胡拉：我必须问你的问题是：对真理的领悟是如何发生的？

　　克：啊，那就完全是另外一件事情了。

　　拉胡拉：我的意思是我们受到了制约。没人能**告诉**我们如何领悟真理，无论他们如何努力。革命就在于**看清**你受到了制约。一旦你看清了这一点，时间就不存在了，那是一种彻底的革命，而这就是真理。

　　克：假设一个人被进化的模式所制约——我过去如何、现在如何、将来如何，这就是进化，不是吗？

拉胡拉：是的。

克：我昨天的行为很丑陋，但我今天正在了解那种丑陋，正在解放自己，然后明天我就能摆脱那种丑陋了。这就是我们的整个态度，我们存在的心理结构。这是一个很平常的事实。

拉胡拉：我们看清这一点了吗？这种理解也许只是智力层面、语言层面上的。

克：不，我说的既不是智力层面也不是语言层面，我是说这个结构是一个事实。我会**努力**做个好人。

拉胡拉：不存在什么"**努力**做个好人"的问题。

克：不，先生，不是根据佛陀所说，也不是根据经文所说，而是普通人在日常生活中就会说："我没有我应该的样子那么好，但是——给我两个礼拜或者几年——我最终会变得非常好。"

拉胡拉：毫无疑问这确实是每个人都抱有的态度。

克：确实是每个人的态度。现在请等一下。这就是我们的制约——基督教徒，教徒，全世界的人都被这个观念所制约，这个观念也许来自生物学上的进步，然后转移到了精神领域。

拉胡拉：是的，这个说法非常好。

克：那么，一个男人或者一个女人，要如何才能打破这种模式而不引入时间？你明白我的问题吗？

拉胡拉：明白。这只能通过"看清"来实现。

克：不，如果我被困在了"进步"这件该死的丑陋的事情里，我就看不到。你说只能通过"看清"来实现，而我说我看不清。

拉胡拉：那你就看不清好了。

克：我看不清，但是我想探究这个问题，先生。也就是说，我们为什么把内心的"进步"看得如此重要？

施洛格尔：我不是一个学者，而是一个实修者。就我个人而言，我是一个西方人，也曾经是个科学家，我发现佛教的教诲中最令人满意的答案就是：我蒙蔽了自己，我是自己的障碍。只要我带着我所有的束缚，我就无法看清并行动。

克：这个说法帮不了我。你是说你学到了这一点。

施洛格尔：我学到了这一点，但我的做法就像学弹钢琴那样，而不是像研究一个学科那样。

克：同样的，弹钢琴就意味着练习。所以到最后我们究竟在说什么？

那拉扬：这里似乎有个难点。知识有一种特定的魅力、特定的力量，人会积累知识，无论是佛教知识还是科学知识，都能让你在传统的现实领域中有一种特别的自由感——尽管那并不是自由。在学习了多年之后，你发现很难从中脱离出来，因为经过了 20 年左右，你才走到了这一步，你很看重这些，但这些并不具备你称为"真理"的那种品质。对于所有的练习来说，困难似乎就在于此：如果你练习，你就会取得某种成就；而这种成就属于传统现实的类型，但它确实具有某种力量、某种魅力、某种能力，或许还有某种清晰。

拉胡拉：因此你变得执着于它。

那拉扬：是的，而从中脱离出来的难度比一个初学者要大多了；相对于已经从别人那里获得了很多智慧的人来说，还没有这些东西的一个初学者也许可以更直接地看到某些东西。

拉胡拉：那取决于个人，你不能一概而论。

克：请允许我指出，你可以把它概括成一个总的原则，但是让我们先回到之前的问题上来。我们都困在了"进步"这个概念里，对吗？

拉胡拉：就这一点我们刚刚达成了共识，那就是人类接受了这个事实：进步是一个逐步的进化过程。如你所说，人们接受了生物学上是这样的，在这个领域也能证明这一点，于是他们把同样的理论照搬到了精神领域。我们都同意这就是人类的看法。

克：这个看法是真实的吗？我接受了存在生物学进化这个意义上的进步，然后逐渐把这一点转移到了精神领域。而这种看法是真实的吗？

拉胡拉：现在我明白你在质疑什么了。我认为它并不真实。

克：所以我摒弃了这整个修炼的概念。

拉胡拉：我应该说过并不存在摒弃它的问题。如果你有意识地摒弃它……

克：不，先生，等一下。我发现了人类一直以来的做法，也就是把进步从生物学领域转移到了精神领域，然后他们在精神领域发明了这个概念：你最终将会实现神性或者开悟，到达大梵天或者无论什么，涅槃、天堂或者地狱。如果你看到了这个真相，真正看到，而不是从理论上明白，那么它就结束了。

拉胡拉：绝对是这样的，这就是我一直在说的意思。

我们都受到了制约

克：那我为什么还要从精神层面去获得经文的知识、这个或那个的知识呢?

拉胡拉：没什么原因。

克：那我为什么还要研读佛陀说过的话呢?

拉胡拉：如我所说，我们都受到了制约。

博姆：我能不能提一个问题：你是否接受我们受到了制约?

克：博姆博士问：我们是不是都接受我们**确实**受到了制约?

拉胡拉：我不知道你是否接受这一点，我是接受的。处于时间之中就意味着受到了制约。

博姆：哦，我想说的意思是这个：我认为克里希那吉至少在我们的一些讨论中说过，他从一开始就没有受到深重的制约，因此他拥有某种不太寻常的洞察力。这么说公平吗?

克：拜托，不要针对我——我也许是个生物学上的怪胎，所以把我排除在外吧。我们要讨论的，先生，是这个：我们能否承认"内心并不存在进步的运动"这个事实——承认这个真相，而不是这个概念? 你明白吗?

拉胡拉：我明白。

克：承认这个真相，而不是"我接受这个观点"，观点并非事实。所以，我们作为人类，是否看到了我们所作所为的真实或者虚妄之处？

拉胡拉：你是指就人类的总体而言？

克：全世界的人类。

拉胡拉：不，他们没有看到这一点。

克：所以当你告诉人们，去获得更多的知识，阅读这个，阅读那个，阅读经文，阅读佛陀说过的话、基督说过的话——如果他存在过的话——等等，他们内心充满了这种累积的本能，认为那将帮助他们或者推动他们跃入天堂。

博姆：当我们说我们都受到了制约，我们怎么知道我们全都受到了制约呢？这才是我真正想说的意思。

克：是的，他的意思是，先生，所有的人类都受到了制约吗？

博姆：我想强调的是，如果说我们都受到了制约，那么对此可能会有两种反应方式。一种方式也许是积累关于我们所受制约的知识，说我们来观察人类共同的经验，我们可以去看看大家，而且能够看到他们通常都受到了制约。另一种方式是说，我们能否以一种更为直接的方式看到我们都受到了制约？这就是我想说明的意思。

克：但是那对于这个问题有帮助吗？我是说也许会有那些反应，也许没有。

博姆：我想说明的意思是，如果我们说我们都受到了制约，那么我想除了进行某种修炼或者借助渐进的方法之外，我们完全无能为力。也就是说，你一开始就受到了制约。

克：不一定，我不这么认为。

博姆：好吧，我们来试着探究这一点。对他的问题的含义，我是这样理解的：如果我们一开始都受到了制约……

克：……我们确实如此。

博姆：……那么我们下一步能做什么？

拉胡拉：没有所谓"下一步"这回事。

博姆：无论我们做什么，我们怎样才能摆脱那种制约？

拉胡拉：从制约中解脱就是要"看清"。

博姆：嗯，那还是同样的问题：我们怎样才能看清？

拉胡拉：当然，有很多人尝试过了各种不同的方法。

克：不，并没有各种各样的方法。一旦你说"方法"，你就已经是一个被局限在"方法"上的人了。

拉胡拉：这就是我说的意思。而你也通过你的讲话在局限人们，它们也是制约。试图解除心灵的制约，也是在制约心灵。

克：不，我质疑这个说法：克所说的话是否在制约心灵——心灵就是头脑、思想、感受，人的整个精神存在。我怀疑这一点，我质疑这一点。恕我冒昧指出，我们正在偏离核心问题。

拉胡拉：问题是如何看清——对吗？

克：不，先生，不是。不是"如何"，没有什么"如何"。首先让我们来看看这个简单的事实：作为人类的一员，我看到自己是全人类的代表了吗？——我是一个人，因此我代表了全人类，对吗？

施洛格尔：以一种个人的方式。

克：不，作为人类的一员，我代表了你，代表了整个世界，因为我受苦，我经历着痛苦，等等，每一个人也都是如此。所以，作为一个人，我是否看到了人类走错了这一步：把同样的想法从生物学领域转移到了精神领域？在那里，在生物学领域是存在进步的，存在从小到大、从车轮到喷射机的进化，等等。作为一个人，我有没有看到人类把进步从那里转移到这里进而造成的不幸？我有没有看到这一点，就像我看到这张桌子一样？还是我说"是的，我接受这个理论、这个概念"，然后我们就迷失了，于是这个理论、这个概念就变成了知识。

施洛格尔：如果我看到那一点就像我看到这张桌子一样，那它就不再是一个理论了。

克：那它就是一个事实了。然而一旦你离开了这个事实，它就会变成概念、知识，然后你就会追逐它们，于是你就离事实更远了。我不知道我是不是说清楚了。

拉胡拉：是的，我猜是这样的。

克：什么是这样的？人类离开了事实吗？

拉胡拉：人类困在了这当中。

克：是的，这是一个事实，不是吗？生物学上是存在进步的，从一棵小树成长为一棵参天大树，从婴儿成长为孩童，然后再到青春期。然而我们把这个想法、这个事实转移到了精神领域，并且假定"我们在这里也会进步"是一个事实，而这是一种错误的转移。我想知道我说清楚了吗？

博姆：你是说这是制约的一部分？

生物学领域是存在进化的，心理上却不存在

克：不，暂且先把制约放在一边，我现在还不想探讨那个。可是，我们为什么把生物学上的成长这个事实应用到了精神领域，为什么？事实上我们确实这么做了，但我们为什么这么做？

施洛格尔：我想成为什么人。

克：也就是说，你想得到满足、安全、确定性，想得到一种成就感。

施洛格尔：这些都包含在那种渴望里。

克：那为什么一个人看不到他做了什么——真正地看到，而不是从理论上认识到？

施洛格尔：一个普通人。

克：你，我，某甲，某乙。

施洛格尔：我不想看到，我害怕这个事实。

克：所以你活在了幻觉里。

施洛格尔：自然如此。

克：为什么？

施洛格尔：我想成为某种东西，同时我又不敢去看这一点。这就是分裂所在。

克：不，女士，当你看到你做了什么，那时是没有恐惧的。

施洛格尔：但事实上我通常看不到这一点。

克：你为什么看不到？

施洛格尔：我怀疑是因为恐惧。我不知道为什么。

克：当你谈到恐惧时，你就进入一个截然不同的领域了。我只是想探究一下人类为什么这么做，为什么人类千百年来都在玩这个游戏。为什么人类一直活在这个虚假的结构中，然后有人过来说：要无私，要这样以及诸如此类——为什么？

施洛格尔：我们所有人都有非常不理性的一面。

克：我在质疑这一切。那是因为我们没有与事实而是与概念和知识一同生活。

拉胡拉：当然。

克：事实上生物学领域是存在进化的，心理上却不存在。所以我们才把知识、概念、理论、哲学以及诸如此类的一切看得非常重要。

拉胡拉：你完全不认为哪怕内心也是可能存在某种发展、某种进化的吗？

克：我认为不存在。

拉胡拉：但是拿一个有欺骗、盗窃等严重的犯罪记录的人来说——你可以跟他解释某些非常基本、非常根本的事情，然后他从传统的意义上发生了改变，变成了一个更好的人，不再偷窃，不再撒谎，也不再企图杀害别人。

克：一个恐怖分子，比如说。

拉胡拉：一个那样的人也是可以改变的。

克：你是不是说，先生，一个邪恶的人——"邪恶"加引号，就像全世界的那些恐怖分子一样——他们的未来会怎样？你是在问这个吗？

拉胡拉：你是可以跟一个那样的罪犯解释他行为的错误的，你难道不赞同这一点吗？由于他理解了你说的话，要么是因为他自己想清楚了，要么是因为你个人的影响力，无论是因为什么，他改变了自己，他变了。

克：我完全不确定，先生，你究竟能不能说服一个传统意义上的罪犯。

拉胡拉：这个我不知道。

克：你可以安抚他，你知道的，给他某种奖赏，给他这个和那个，但一个内心真正罪恶的人，他难道会听进去心智健全的话吗？一个恐怖分子——他会听你讲，听你那番心智健全的话吗？当然不会。

拉胡拉：你不能那么说。我不知道，我对此完全无法肯定。但是在我有更多证据之前，我没法那么说。

克：我也没有证据，但是你可以看到目前世界上正发生着什么。

拉胡拉：目前的情况是世界上有恐怖分子，而我们不知道他们之中是不是有些人把自己变成了好人。我们没有证据。

克：你瞧这就是我说的整个重点——坏人进步成为好人。

拉胡拉：从通俗和传统的意义上来讲，这种情况当然会发生，你不能否认这一点。

克：是的，我们知道这些，我们有成打的例子。

拉胡拉：我们难道完全不接受这一点吗？

克：不，等一下，先生。一个有欺骗、残忍等等恶行的坏人，也许有一天他意识到那是丑陋的行为，然后说，"我会改变，我会变好"，但那不是善。善并非诞生于恶。

拉胡拉：当然不是。

克：所以"坏人"——加引号的——永远不会**变成**好人——不加引号。善并非恶的反面。

拉胡拉：在那个层面上是的。

克：在任何层面上都不是。

拉胡拉：我不赞同。

那拉扬：我们也许可以这样说：在**传统**的层面上，坏人会变成好人。我想我们会称之为"内心的进步"。这正是我们所做的事情，人类的心智所做的事情。

二元性并不存在

克：当然，你穿黄衣服，而我穿褐色衣服，我们有着昼夜、男女等等之类的对比。但是恐惧存在对立面吗？善有对立面吗？爱是恨的对立面吗？对立面就意味着二元性。

拉胡拉：我会说我们就在用二元化的语言在讲话。

克：所有语言都是二元的。

拉胡拉：如果不用二元的方式，你就不能说话，我也不能说话。

克：是的，用来比较。但我说的不是那个。

拉胡拉：现在你说的是绝对的、终极的东西……而当我们说到善恶的时候，我们就是在用二元的方式来谈话的。

克：那就是我为什么不想谈这个话题的原因。善绝不是恶的反面。所以，当我们说"我会从我不好的制约离开，我会改变，到达从我的制约中解脱出来的自由，而这是好的"，我们这么说是什么意思？这样的话，自由就是我所受制约的反面了，因此那根本不是自由。那种自由脱胎于我的制约，因为我被困在这座牢笼里，我想从中获得自由。而自由并非对牢笼的一种**反应**。

拉胡拉：我不太明白。

克：先生，我们能不能思考一下：爱是恨的反面吗？

拉胡拉：你只能说：有爱的地方就不会有恨。

克：不，我问的是另外一个问题。我问的是：恨是不是慈悲、爱的对立面？如果是，那么在那种慈悲中，在那种爱中，就存在着恨，因为它脱胎于恨，脱胎于其对立面。所有的对立面都脱胎于其自身的反面，不是吗？

拉胡拉：我不知道。那是你说的。

克：但这是一个事实，先生。你瞧，我害怕，于是我培养勇气，你知道的，来消除恐惧。我喝杯酒，或者无论做什么，等等诸如此类，来除掉恐惧。到了最后，我说我现在非常英勇了。所有的战斗英雄之类的人都为此被授予了勋章。因为他们害怕，所以他们说，"我们必须上阵杀敌"，或者做些别的事情，然后他们就变得非常英勇，变成了英雄。

拉胡拉：那不是勇气。

克：我是说任何脱胎于对立面的事物都包含着它自身的反面。

拉胡拉：怎么会这样？

克：先生，如果有人恨你，然后他说，"我必须去爱"，那种爱就脱胎于恨。因为他知道恨是什么，然后他说，"我不可以这样，但我必须那样"。所以那样是这样的对立面，因此那个对立面中就包含着这个。

拉胡拉：我不知道那是不是对立面。

克：我们就是这样活着的，先生，这就是我们所做的。我有性行为，我一定不能有性行为。我发誓独身——不是我本人——人们发誓独身，那就是对立面。所以他们一直被困在对立面之间的这条通道中，而我质疑这整条通道。我认为它并不存在；是我们发明了它，但它实际上并不存在。我的意思是，请注意这只是一个解释，请不要接受任何事情，先生。

施洛格尔：作为一个基础假设，我个人认为对立面之间的这条通道是一个人性化的因素，而我们就困在其中。

克：噢不，这并不是一个人性化的因素。那就像是说，"我之前一直是一个部落，现在我变成了一个国家，而最后我会变成国际化的"——那依然是部落主义在上演。

博姆：我想你们两个都在说：我们确实从某种意义上取得了进步，在那个过程中我们不再像以前那么野蛮了。

施洛格尔：我说的人性化因素就是这个意思。

克：我质疑它是不是人性化的。

博姆：你是说这并非真正的进步？你能看到人们过去总的来说比现在要野蛮多了，那么你会不会说那实际上没有太大的意义？

克：我们依然很野蛮。

博姆：是的，没错，但有些人说我们不像以前那么野蛮了。

克：问题不在"那么"上面。

博姆：让我们看看能不能把这点说清楚。那么，你是不是说那并不重要，那没什么意义？

克：没错，当我说自己比以前更好了——这没有任何意义。

博姆：我想我们应该澄清这一点。

拉胡拉：从相对的、二元的意义上讲，我不接受这个说法，我不这么认为。但是在绝对的、终极的意义上，并不存在进步那样的事情。

克：不，不是从终极的意义上——我甚至都不接受"终极"这个词。我看到了对立面是如何在日常生活中产生的，而不是在终极意义上。我很贪婪，这是个事实。我努力变得不贪婪，而不贪婪并非事实。但如果我与"我很贪婪"这个事实待在一起，那么实际上我现在就无法对它做什么了，因此对立面也就不存在了。先生，以暴力和非暴力为例。非暴力是暴力的反面，是一个理想，所以非暴力并非事实。暴力是唯一的事实，所以接下来我就可以处理事实了，而不是非事实。

拉胡拉：那你想说的是什么意思？

克：我的意思是，即使在日常生活中二元性也是不存在的。二元性是各种哲学家、知识分子、乌托邦主义者、理想主义者发明出来的，他们说存在对立面，要为之而努力。事实上我就是暴力的，仅此而已，让我来处理这个事实。而要处理它，就不能发明非暴力。

施洛格尔：现在的问题是：我要如何处理它，在接受了我很暴力这个事实之后……

克：不是接受，那就是一个事实。

施洛格尔：……在看到了它之后。

克：然后我们就可以往前走了，我会向你说明的。我必须看到我现在的所作所为。我在避开事实，然后逃到非事实那里去。这就是世上如今发生的事情。所以不要逃走，而是和事实**待在一起**。你能这么做吗？

施洛格尔：好吧，问题是：你**能**这么做吗？你能，但是你通常不喜欢这么做。

克：你当然能做到。当你看到了危险，你会说："这很危险，所以我不会靠近。"**逃离事实很危险**，所以这种做法就结束了，你不再逃跑。这并不意味着你要训练、你要练习不逃跑，**你就是不逃跑了**。我想是那些古鲁、那些哲学家发明了逃跑。抱歉这么说。

拉胡拉：不存在什么逃跑，那完全是另外一回事了，这种说法是错误的。

克：不是的，先生。

拉胡拉：你没办法逃跑。

克：不，我说的是，不要逃跑，然后你会明白的。不要逃跑，然后你就会看到。但是我们说："我看不到，因为我就困在当中。"

拉胡拉：我完全明白这一点，我非常明白你说的意思。

克：所以说二元性并不存在。

拉胡拉：哪里不存在？

克：就在此刻，在日常生活中，而不是最终。

拉胡拉：什么是二元性？

你可以摒弃理想吗？

克：二元性就是对立面，暴力和非暴力。你知道，整个印度都在练习非暴力，那完全是无稽之谈。存在的只有暴力，让我来处理它。让人类来处理暴力，而不是非暴力的理想。

拉胡拉：我同意如果你看到了事实，就必定会处理它。

克：所以不存在进步。

拉胡拉：那只是一个词而已，你怎么用都行。

克：不，不是怎么用都行。当我有个理想，要实现那个理想我就需要时间，对吗？所以我会进步到那里。所以没有理想——只有事实。

拉胡拉：我们之间的分歧是什么，争论的是什么？我们都同意只存在事实。

克：也就是说，先生，看事实是不需要时间的。

拉胡拉：绝不需要。

克：所以，如果时间是不必要的，我现在就可以看到事实。

拉胡拉：是的，同意。

克：你现在就可以看到。你为什么没看到？

拉胡拉：你为什么没看到？那是另外一个问题了。

克：不，不是另外一个问题。

博姆：如果认真对待"时间不是必要的"这一点，你也许立刻就可以解决这整件事情了。

拉胡拉：是的，但那并不意味着所有人都可以做到这一点，有些人是可以做到的。

克：不，如果我能看到，你就能看到。

拉胡拉：我不这么认为，我不同意你的看法。

克：这不是一个同意不同意的问题。当我们抱有远离事实的理想，就需要时间到达那里，进步就是必要的。我必须拥有知识才能进步。所有这些都来了，对吗？所以你可以摒弃理想吗？

拉胡拉：这是可能的。

克：啊，不，一旦你用了"可能"这个词，时间就出现了。

拉胡拉：我是说看到事实是可能的。

克：现在就看到，先生——请原谅，我不是故作权威——当你说这是可能的，你就已经离开了事实。

拉胡拉：我的意思是说，我必须这么说：并不是每个人都能做到。

克：你怎么知道的？

拉胡拉：这是一个事实。

克：不，我不接受这一点。

施洛格尔：也许我可以借一个具体的例子来加入讨论。如果我站在游泳池上方一个高高的跳板上，我就无法游泳。然后有人告诉我："只要跳下去然后完全放松就好，水会托着你的。"这完全属实，我是可以游泳的。没有什么能阻止我这么做，除非我自己害怕这么做。这就是我对这个问题的看法。我们当然可以做到，没什么困难的，除了那种根本的恐惧，虽然经不起推敲，但它确实让我们畏缩不前。

克：请原谅，我不是在谈那个，我们不是在说那个，而是在说：如果我们认识到自己是贪婪的，我们为什么还要发明"不贪婪"呢？

施洛格尔：我不知道，因为在我看来这太明显了：如果我贪婪，那我就是贪婪的。

克：那我们为什么还要抱有与之相反的理想呢——为什么？所有的宗教都说我们一定不能贪婪，所有的哲学家——如果他们配得上这个称呼的话——都说不要贪婪，或者不要怎么样。要么他们就说，如果你贪婪，你就上不了天堂。所以他们始终在借助传统、借助圣人培植这整个对立面的范畴和概念。而我不接受那些，我说**那**是对**这个**事实的逃避。

施洛格尔：确实如此。那顶多是一种半吊子状态。

克：那是对这个事实的逃避，对吗？而且解决不了这个问题。所以要处理问题、要解决它，我就不能一只脚在**那边**，一只脚在**这**

边。我必须两只脚都在**这边**。

施洛格尔：如果我两只脚都在这边呢？

克：等一下，这是一个比喻，只是个比喻。所以我就没有了意味着时间、进步、练习、努力、成为等等这整个对立面的范畴。

施洛格尔：于是我看清了我是贪婪的或者我是暴力的。

克：现在我们就必须探究另一件截然不同的事情了。一个人能不能**现在**就摆脱贪婪？这就是问题所在，而不是最终摆脱。你瞧，我对来世或者后天不再贪婪不感兴趣，谁在乎那个呢，我想现在就摆脱悲伤、痛苦。所以我完全没有了理想，对吗，先生？然后我就只剩下这个事实了：我是贪婪的。贪婪是什么？这个词本身就是谴责性的。"贪婪"这个词在我心里存在了几百年，这个词立刻就会贬低贪婪的事实。通过说"我是贪婪的"，我就已经贬低了它。现在，我能不能看着那个事实而不带着那个词，不带着它所有的暗示、内容和传统？看着它。如果你被困在了词语中，你就无法理解贪婪的深度和感觉，也就无法摆脱它。所以，由于我的整个存在都关注着贪婪这个问题，于是我说："好吧，我不会被困在里边，我不会使用贪婪这个词。"对吗？那么，那种贪婪的感觉是不是就没有了"贪婪"这个词，脱离了这个词？

施洛格尔：不，它还没脱离，请继续讲。

克：所以，当我心中充满了词语，并且困在了词语中，它能不能带着词语去看贪婪吗？

拉胡拉：那就是真正看到事实了。

克：只有此时我才能看到事实，只有此时我才能看到事实。

拉胡拉：是的，不带词语。

克：这就是困难所在。我想摆脱贪婪，因为我的血液、我的传统、我的成长环境、我的教育之中的一切都说要摆脱这件丑陋的东西。所以我一直在**努力**摆脱它，对吗？感谢上天，我没有受过这样的教育。所以我说，好吧，我只有事实，事实就是我贪婪。我想理解这个词、这种感觉的本质和结构。它是什么，那种感觉的本质是什么？它是记忆吗？如果它是记忆，我就是带着过去的记忆在看它，看着现在的贪婪。过去的记忆说了要谴责它。我能不能不带着过去的记忆去看它？

我再稍微深入地探究一下这个问题，因为过去的记忆谴责贪婪，所以就强化了它。如果它是某种新东西，我就不会谴责它。然而，尽管它是新的，但还是被记忆、被回忆、被经验变旧了，所以我谴责它。那么我能不能看着它而不带着那个词，不带着那些词语的联想？这并不需要修炼或者练习，也不需要导师。就是这样——我能不能不带着词语去看它？我能不能看着那棵树、那个女人、那个男人，看着天空而不着一词，进而探明真相？但是，如果有人过来说，"我来告诉你如何做到"，那么我就迷失了。"如何做到"就是所有圣典玩的把戏。抱歉这么说。所有的古鲁、大主教、教皇，所有这些人的把戏。

我们如何才能得见至真?

尤金·沙勒特神父（Eugene Schallert, S.J.）后文简称沙勒特），
毕生服务于耶稣会，并兼任旧金山大学社会学教授

沙勒特：也许我们应该一起从这里开始探索：去发现我们所生
活的世界上最为真实的是什么，以及我们如何才能学会看到至真。

宗教离间了人类

克里希那穆提：先生，你是不是说，若要非常清晰地看到这整
个极为复杂的人类问题，不仅仅是政治上、宗教上、社会上的问题，
也包括探明道德以及某种"他性"（otherness）——如果我可以用
那个词的话——一个人难道不是必须拥有完全的自由吗？

沙勒特：是的，如果没有发觉自己内心的自由，我完全看不出
一个人如何能探索与我们所处的世界有关的任何问题。如果我们感
到自己在面对社会、经济、政治以及道德问题时——特别是宗教问

题时——或多或少是被局限的、被束缚的，那么我们探索的基础就不够真实，也就是不够自由。

克：是的，先生，但是大多数宗教和大多数文化，无论是亚洲的、印度的，还是欧洲的、美国的，都严重地制约了心灵。当你旅行时，你会发现，每个国家和每种文化都是如何千方百计地去塑造人们的心灵的。

沙勒特：我估计文化的功能就是塑造心灵——尽管我认为那个功能并不是很奏效——但文化的功能之一，就是在个人与难以抗拒的人类境遇之间提供某种缓冲。我认为文化确实在某种程度上起到了缓和作用，或者试图把事情变得容易控制或者"容易操作"。

克：是的，但我真正思考的是，世界是如何从政治上、社会上、道德上被割裂的，特别是在宗教领域——宗教本应是团结所有文化的因素，而实际上在那个领域，你却可以看到各派宗教是如何离间人类的。

沙勒特：是的，确实如此。

克：人类分化成了天主教徒、新教徒、印度教徒、穆斯林，而他们却都说我们在寻找同一个东西。

沙勒特：是的，即使在任一特定宗教自身的框架之内，也存在着一种强烈的分化倾向，某一个分支对抗着另一个分支……

克：当然。

沙勒特：……而这似乎是与生俱来的倾向。

克：因此自由即是否定所有文化、所有宗教划分或政治划分所造成的制约。

沙勒特：我认为从某种意义上来讲，终极的自由即是否定这样的制约。努力争取自由，确实就是试图打破、削弱或者查明各种制约过程背后的一切。制约过程本身存在于每个人、每朵花、每只动物身上，而追求自由的使命正是设法获得突破，达到终极真相。

克：我现在只想知道，我们所说的"制约"是何含义？

沙勒特：纵观整个历史、跨越各个空间，如你所知，文化上的制约千差万别。例如，当今西方世界的制约主要是通过启蒙的过程、逻辑理性的过程实现的，我认为这些过程成果丰硕，因为如果没有它们，你就不会拥有可以录制讲话的电视摄像机。与此同时，有了电视摄像机，我们可能反而什么都看不到了。我怀疑我们的世界上最主要的制约力量，就是各式各样的思想、哲学、概念或构想这个整体——我称之为"幻想"——人们与它们打交道，并且莫名其妙地认为它们是真实的。

克：是的，先生，然而不正是这些制约离间了人类吗？

沙勒特：毫无疑问，先生，它们从内在和外在都离间了人类。

克：所以，如果我们关心和平，关心结束战争，关心活在一个终结了这所有可怕的暴力、分裂和残忍等等的世界上——在我看来，这便是任何一个认真的宗教人士的职责所在，因为我认为宗教是团结人类的唯一因素……

沙勒特：是的。

克：……而非政治、经济等等因素。然而，宗教非但没有团结人类，反而离间了人类。

沙勒特：我不确定宗教真的能团结人类。我认为宗教被各个文化定义为团结人类的力量，但历史上并没有太多证据表明宗教实现了这种作用。

克：没错。

沙勒特：这可能也是任何特定宗教的局限性所起的作用之一，或者是因为宗教人士没能以某种方式超越其自身宗教的概念、传说、神话或教条——无论你谓之何名。而我认为事实上实现统一还有更为深层的基础。

克：一个人是无法触及更深层面的，除非他从外在事物中解脱出来。我的意思是，我的心无法探索得非常非常深入，除非先从信仰和教条中解脱出来。

沙勒特：我想，从某种意义上来说确实如此。我认为，在一个人能够具有正确的宗教精神之前，在他能够允许分门别类的宗教流派对自己产生任何意义之前，他的内心无论如何必须先有一种感觉、一种意识、一种体验，一份他对于自己内心自由的感受。无论如何，在他想要具备宗教精神之前，他必须首先是人道的、自由的。而实际发生的情况却恰恰相反。

克：是的，我们说的是，目睹了当今世界真实的样子，并非概念上的，而是分裂、战争、无孔不入的可怕暴力这些千真万确的事实，我觉得只有宗教心灵才能带来人类真正的统一。

沙勒特：我更愿意表达为：只有"人道的"或者"看见的"心

灵，才容易接收到某种喜悦——如果你同意这么说的话——并非通过某种刺激，而是某种与"如实做自己"这种现象有关的喜悦，才能将人们团结在一起，或者实现我们所历经冲突的终结。

克：要探索这个问题，我们能否这样来问：是什么离间了人们，是什么分裂了人类？

沙勒特：我认为最终的根源就是"人性"（man-ness）。

克：你说的"人性"是什么意思？

沙勒特：我的意思是，我们把自己作为人类而不是作为生命来考虑，这种倾向就把我们自己与我们所处的这个世界割裂了开来——与树木、花朵、落日、海洋、湖泊、动物、鸟儿、鱼类分离了开来——最终与彼此也割裂了开来。

克：与彼此。

沙勒特：是的，最终与彼此也割裂了开来。

克：而这种状况却被或者通过这些分裂性的宗教得到了强化。我想弄清一件事情：真相或者真理能通过任何特定的宗教来达到吗？还是说，只有当组织化的宗教信仰、宣传、教条以及所有观念化的生活方式都彻底不在了，才可能通达或者洞悉真理？

沙勒特：我不确定说那些应该彻底消失是否恰当，因为人类出现或者生命最初存在之后，还有过许多其他的原因。如果我们想探明真理这个问题——我认为也就是领悟或者看见的问题——我们就必须设法弄清存在的问题，以及存在所有的内在动力和进化特性。如果我们不能从一开始就弄清这个层面，我们就无法真正弄清各种宗教的教义究竟给人类带来了怎样的价值。如果那些教义与生命、与存在、与看见、与领悟、与爱，或者与以否定的方式终结冲突毫不相干，那么无论怎样，这些教义对于人类来说就真的没有意义了，它们无足轻重。

克：我同意，但事实依然如故——你看看就知道了——如果一个人生来就是一个印度教徒或者一个穆斯林，并且被那个身份、那种文化、那种行为模式所制约，被各种宗教戒律、条规、典籍等等诸如此类所精心设计和强加的一系列信仰所制约，而另一个人被基督教所制约——那么两人自然没有交会点，除了从观念上。

沙勒特：克里希那吉，你是不是说，一个人为了获得自由，他就不仅要让自己设法摆脱政治、文化和社会方面的教条，而且也必须摆脱与他作为一名宗教人士有关的宗教方面的——尤其是宗教方面的各种信条、教义或神话？

克：没错。因为你瞧，归根结底，生活中最重要的就是人与人之间的团结、和谐。只有每个人内心是和谐的，人与人之间的和谐才可能实现。然而，如果存在任何形式的内在或外在的分割，那种和谐就不可能出现。从外在来讲，如果存在政治划分、地域划分、民族划分，显然就必定会有冲突；如果内心存在划分，那也必然会滋生巨大的冲突，表现为暴力、残忍、攻击性等等诸如此类。所以说人类就是这样成长起来的。于是印度教徒和穆斯林一直在彼此对抗，还有阿拉伯人和犹太人、美国人和俄罗斯人，你明白吗？

如果没有摩擦，你就拥有了无穷的能量

沙勒特：我们在这里探讨的并不是从外在把和谐强加在人类身上……

克：噢，当然不是！

沙勒特：……也不是从外在把不和谐强加在人类身上。我的双手之间无比和谐，我的各个手指一起活动，我的眼睛和双手也协同运作。但我心中或者我的理智与情感之间也许就有冲突，因为我把某些概念或理念内化了，它们之间产生了冲突。

克：没错。

沙勒特：如果我想自由，我就必须发现自己的内心其实就是和谐的，如果我想与你共生一体，我就必须设法亲手发现，成为某种东西的一部分是怎样的感觉。因为我的手已经与我的胳膊、我的身体和谐共存了，所以与你也是一样。但是这时候，我的心智却设立了那些奇怪的二元对立。

克：这正是问题所在，先生。这些二元对立是不是人为制造出来的？首先，是不是就是因为你是个新教徒，而我是个天主教徒，或者我是个共产主义者，而你是个资本主义者？它们是不是被人为建立起来的，因为每个社会都有其既得利益，每个组织都有其特定形式的保障？又或者，一个人内心的这种划分是不是由"我"和"非我"造成的？你明白我的意思吗？

沙勒特：我明白你的意思。

克：这个"我"就是我的自我，我的自私自利，我的野心、贪婪、羡妒，而这会隔离你、排斥你进入那个领域。

沙勒特：确实，一个人越是明确地意识到自己的自私、贪婪、野心，或者在藩篱另一侧的人，越是明确地意识到他非常肤浅的安全甚或和平，他就愈发意识不到自己内在的自我实际上与你已经结为一体——事实就是如此，无论他对此如何浑然不觉。

克：稍等，等一下，先生。这么说很危险。因为印度教徒一直声称——就像多数宗教那样——你内在就有和谐，就有神，就有真相，你只要撕掉层层包裹的那些腐败、虚伪、愚蠢，然后即可逐渐达到你所立足的那个和谐境界，因为你早已拥有了它。

沙勒特：我认为，这种特定的想法并不是印度教徒所独有的……

克：没错，当然不是！

沙勒特：……我们天主教徒也有同样的问题。（笑）

克：同样的问题，当然！

沙勒特：我想我们的当务之急是要有一种发现，发现洞见、领悟、生命和信任——所有此类意义重大的字眼，我们所面临的使命正是发现这些事物。而我认为，一层层剥离并非发现它们的途径。无论是剥离腐败的层面，还是善恶的层面，无论什么，都不是发现它们的办法。为了发现真实的自己，人就不能让自己抽离或者假装远离了自己内心的邪恶感。在我看来，需要的是一颗有穿透力的、能够共情的、开放而又自由的心。

克：是的，先生，但人如何才能做到这一点？人的成长过程中或生活环境中有那么多伤害，有没有可能抛开那一切，并且毫不费力地做到这一点？因为一旦费力，就会产生扭曲。

沙勒特：我很肯定确实如此。毫不费力——也就是无须任何活动、任何行为，也无须多费口舌——但也决非不需要花费巨大的能量。

克：只有毫不费力时那种能量才会到来。

沙勒特：确实如此，只有不存在努力时它才会到来。

克：如果没有摩擦，你就拥有了无穷的能量！

沙勒特：确实如此，摩擦毁掉了、耗费了能量。

克：当分别存在，摩擦就会存在……

沙勒特：是的。

真理与我的存在本身有关

克：……何为对与何为错之间的分别，何谓恶与何谓善之间的分别。如果我勉力为善，我就制造了摩擦。因此，真正的问题是，如何拥有毫无冲突时才会到来的这股丰沛的能量。我们需要这股巨大的能量来发现真理是什么。

沙勒特：或者善是什么。我认为，如果我们探讨的"善"是你之前提到的意思——"一个人勉力为善"——那么从某种意义上来说，我们就是在跟规则、跟法律、跟道德上的善打交道。

克：不，我说的不是那个意思。善只能绽放于自由中，它不会绽放在任何法律、宗教条规或者宗教信仰当中。

沙勒特：或者政治、经济约束之中。

克：当然。

沙勒特：这是毫无疑问的。所以，如果我们要探索自由和善以及生命内在的意义，我们就必须对自己说，我们之所以还没发现这些的原因之一，就是我们自身之中存在着这种奇怪的倾向：我们总是从事物的表面开始，而且从未离开那个层面。

克：是的。

沙勒特：我们就停在了那里，停在了我们开始的地方。

克：先生，我们可以探讨这个问题吗？假设你我一无所知，也不抱持任何宗教。

沙勒特：我们没有观念类的看法。

克：丝毫没有观念类的看法。我没有信仰，没有教条，一无所有。同时我想探明如何正确地生活、为善——不是要弄清楚如何为善——而是我就想做个善良的人。

沙勒特：做个善良的人，是的。

克：那么，要实现这些，我就必须探索，必须观察。只有当分别不存在时，观察才可能发生。

沙勒特：观察本身就会消除分别。

克：是的，当心智能够毫无分别地观察时，我就可以感知、可以洞察了。

沙勒特：只要看清了内心的架构，而不只是从概念上或者从哲学角度看到或观察到，就会邂逅真理，而存在、真理与善都是同一回事。

克：当然。

沙勒特：那么，接下来的问题就是：为什么我一定要这样看待真理，就好像它与逻辑自洽的各个范畴是有关联的……

克：当然。

沙勒特：……而不是认为真理与我的存在本身有关联。如果我总是要划分自己的世界——我们之前说过二元对立——从身体与灵魂二元对立的角度去思考，就像我们在天主教中如今或过去经常做的那样……

克：……还有从善恶对立的角度。

沙勒特：……还有化身为这种或那种形式的善恶——如果我们始终只能那样思考，那么我们就永远无法发现善或真意味着什么，或者存在究竟意味着什么。

克：是的，没错。

沙勒特：我想这就是问题所在，而正如你所说，无数个世纪以来，存在着来自方方面面的文化制约，乃至于要有所发现是非常困难的。

克：而人类就是在这种二元化的生活方式中成长起来的。

沙勒特：是的，如果我们没有考虑那些明显的二元对立：善与恶、神圣与世俗、对与错、真理与谬误，我们也许会做得好一些。

克：是的，是的。

"我"就是这世上的祸根

沙勒特：我们不应接受这些二元性中的任何一个，但不知怎的，却紧紧抓住了那个让我们最为苦恼的二元性——你和我、男人和女人之间的二元对立。

克：是的，你我之间的二元对立。那么其根源是什么？你和我这样的分别，其源头是什么？还有我们和他们。分别遍及政治、宗教等各个方面——你明白吗？

沙勒特：其根源绝不可能在我们身上，因为我们是一体的——就像我手上的各个手指一样。

克：先生，当你说我们是一体的，那只是一个假设而已。我并不知道我是一体的。只有当分别真的止息了，我才能说——那时我都不必说我是一体的，一体就存在了。我想稍稍深入地探讨一下这个问题，因为，人类如今的生活方式，只有我和你，我的上帝和你的上帝，我的国家和你的国家，我的教条——（笑）你明白吗？这种"我和你""我和你"。而这个"我"是个局限的存在。

沙勒特：是的，这个"我"是个局限的存在。

克：让我们一步步来。这个"我"是个局限的存在，它是通过文化、社会、宗教，通过概念化、思想化的生活方式，被培养和灌输而成的。这个自私的"我"，愤怒、暴力的"我"，说"我爱你""我不爱你"的"我"，这一切都是"我"。这个"我"正是分裂的根源。

沙勒特：毋庸置疑。事实上，你的用词本身就描画出了你想法的实质。"我"（me）这个词是个宾格代词。一旦我把自己当作某个外在的有待观察的东西，我就永远看不到任何真东西，因为我并不是一个在那里等着被看的外在事物！一旦我把自由当作要去追求的外在目标，我就永远无法获得自由。一旦我把自由当作别人能**给我**的一件外在事物，那么我就永远无法获得自由。

克：所有权威，所有那一切都可以被摒弃一旁。"我和你"，只要这种分别存在，你我之间就必定会有冲突。

沙勒特：毫无疑问。

克：而且不止你我之间存在冲突，我的内心也有冲突。

沙勒特：一旦你把自己客体化了，你内心就必定会有冲突。

克：因此，我想弄清楚这个"我"究竟能否终止，于是——没有于是——就是终结了而已。

沙勒特：是的，因为如果"我"终止了，显然就没有什么"于是"了。

克：那么，有没有可能彻底清空"我"的心智？不仅仅是意识层面，也包括个人存在的深层无意识的根源。

沙勒特：我想那不仅是可能的，而且也是我们为生命、为善、为真，或者就是为存在、为活着所必须付出的代价。活在世上，我们必须付出的代价就是消除我们自己的"我性"（me-ness）。

克：终结"我"有一个过程、一套体系、一种方法吗？

沙勒特：不，我认为不存在任何过程或方法。

克：因此也就不存在选择。这件事必须即刻去做！对于这一点，我们必须非常清楚。所有的宗教都坚持要有个过程，这整个精神上的进化体系就是一个过程。如果你说——而这对我来说是事实——不可能是一个过程，换言之不可能是一个时间、程度、渐进的问题，那么就只剩下一个问题，那就是：立刻终结它。

沙勒特：也就是一举歼灭那个怪兽。

克：立刻！

沙勒特：是的，必须去做什么，是毋庸置疑的。我们必须摧毁"我性"。

克：不，我不会说"摧毁"，而是终结"我"，连同它所有的积累、所有的经验、所有的教条，它有意无意积累的一切。那整个内容可以被全部抛弃吗？但不是被我，也不是费力地抛弃。如果我说由我来抛弃，那就还是"我"。或者，如果我运用意志力把它抛弃，那仍旧是"我"。"我"依然如故。

沙勒特：是的，显然能帮我看清的，不是头脑的活动或行为，不是意志力活动，不是情感活动，也不是身体活动。

克：看清，是的。

沙勒特：然而，由于我们在这个世界上是如此沉浸于做事、占有以及行动之中，在行动或占有之前，我们并没有真的深思熟虑以及深刻地了解究竟发生了什么。我们必须回顾反省并且明白，在看见发生之前看见就已经存在了——这里的"看见"有两种含义——那就像是，在一个人认识到爱之前，爱就已经存在了，当然，也就像是在一个人认识到生命之前，生命就已经存在了。那么，问题是在于有没有足够深入的回顾内省吗？

克： 这里请等一下，先生。这正是困难所在，因为"我"既存在于意识层面，也存在于更深的意识层面。有意识的心智，能够审视无意识的"我"并将它曝光吗？抑或，意识的整个内容就是"我"？

沙勒特： 不，自我（self）超越了意识的内容。"我"（me）也许正是意识的内容，但"我"不是我（I），"我"并不是自我（self）。

克： 等一下，我用"我"（me）这个词涵盖了自我、自己，关于我自己的所有概念：高我，低我，灵魂——所有这些都是我意识的内容，这些内容构成了那个自我、那个自己，也就是"我"。

沙勒特： 无疑那些内容构成了"我"，是的。我同意那构成了我可以审视、分析、观察、比较的那个客观的自我，那个我可能会为之与他人言行激烈的自我。你纳入"我"一词中的全部内容的总和，解释了当前各种关系的历史和所有多样性，但仍未触及真相。

克： 不，真相是无法触及的，或者是无法绽放的，如果"我"还在的话。

沙勒特： 正如我之前所说，只要我坚持是"我"在看"你"，那么真相便无法绽放，自由也无法存在。

克： 因此我意识的内容即是"我"，我的自我、我自己，我的观念、我的思想、我的野心、我的贪婪，这一切都是"我"。我的国家，我对安全、快感、性的渴望，我想做这个或那个的欲望，这一切都是我意识的内容。只要那个内容还在，分裂就必然存在于你我之间、善恶之间，所有的割裂就都会发生。现在，我们说，这个内容的清空并非一个时间过程。

沙勒特：也不受制于方法体系。

克：也不受制于方法体系。那一个人该怎么办？我们来看一看，花点儿时间探讨一下，因为这个问题非常重要。大多数人都说你必须练习，你必须奋力以求，你必须付出极大的努力，过一种戒律严明的生活，控制，压抑，你知道吗？

沙勒特：对那一套我非常熟悉。（笑）

克：那些需要全部抛弃。

沙勒特：那些东西毫无助益。

克：那么，如何才能一举清空那些内容？

沙勒特：我会说——我们也许可以一起来探究这一点——那些内容无法通过对内容进行批判，通过这样的否定行为来清空。

克：是的，显然不能。

沙勒特：所以那是一条死胡同。

克：毫无疑问。通过否认它，你就把它藏在了地毯下面。我是说，那就像是把它锁了起来，但它依然在那里。

沙勒特：那是自欺欺人。

克：没错，先生。你得看清这一点。对此你必须极为诚实，否则你就会跟自己要花招，欺骗自己。

沙勒特：是的。

克：我清晰而又理智地看到了："我"就是这世上的祸根。

沙勒特：哦，我并没有从逻辑上看清这一点，就像从直觉上简单明了地感受到那样。

克：好吧。

沙勒特：这并不是某种推理行为所能达到的结果，也不是某种辩证的……

你就是看到了而已

克：不，当然不是，这不是分析和辩证的结果，而是你确确实实看到了这一点。通过一个自私的人，无论他政治地位高低，你都能看到人类的自私自利，以及它具有多么巨大的破坏性。那么问题就来了：这个内容能否清空，于是心万分空明、活力四射，进而能够感知真相？

沙勒特：也许那个内容无法被简简单单地清空。我认为那个内容可以被放入某个视角，或者可以通过一种非常有活力的单纯的观察，窥见它的不恰当或者缺陷。这就是为什么我在一开始说，只要我去看任何特定宗教所给定的真理，我就找不到真理本身。为探究任何特定宗教的真理所具有的相对价值，我采用的方式正是看到真理本身。是真理本身，而不是把它当作一个目标。

克：不，如果存在分别，心便无法感知真理，这一点我必须坚持。

沙勒特：一旦你有任何类型的分别……

克：那就完了。

沙勒特：……那么你就进入了概念层面，你就无法看见真理。

克：因此我的问题是，心能否清空它的内容。稍等，先生，这真的非常……你明白吗？

沙勒特：我明白你说的意思，我想你在设计一种新方法。

克：啊，不，我并非在设计一种新方法。我不相信方法！我认为它们是最为机械、最具破坏性的东西。

沙勒特：但这么讲过之后，你还是得回过头来说：但是，心如果真的要看到真理，它就必须清空自身的内容。这难道不是方法吗？

克：不是！

沙勒特：可是，先生，那为什么不是方法呢？

克：我来告诉你。那不是方法，因为我们说过，只要存在分别，就必定会有冲突。政治上、宗教上都是如此。我们说，分别之所以存在，是因为有"我"，也就是我意识的内容，而清空心智便会带来统一。我并非从道理上看到了这一点，而是发现这是事实，完全不是在概念层面。我看到了世上所发生的一切——我看到了这一切是多么荒唐、多么残忍，这份觉知就清空了心智。这份觉知本身即是清空的行动。

沙勒特：你所说的是，觉知到"我"的意识内容的不恰当性，觉知到这个内容的缺陷或者"我"的虚假性，本身即是对存在的发现。

克：没错。

沙勒特：我想我们应该探究一下这个问题，因为我想知道，那份觉知实际上是否具有那样的否定作用，还是说它其实可能是非常肯定的。它实际上是单纯地看见事物的存在本身，而未必指的是客体的我或你。也许透过这张桌子或者我的手，或者透过客体的我或你，或者无论什么，我就可以发现诸如意识内容之类事物的缺陷。因此，也许当智性上的或者相当个人化的能量非常深刻地展现出来时，存在本身对我变得清晰可见，就是因为那样的展现。生命在耗费，同时又容易陷入概念，这一点我们都同意，概念很容易就树立起来。而我认为，在概念出现之前就看见，会更容易。

克：当然，看见！

沙勒特：只是单纯地看见。

克：但是，先生，如果那份觉知是透过意象进行的，觉知便不复存在了。

沙勒特：如果是透过意象进行的，觉知便不复存在了。我认为确实如此。

克：而心智是抱有各种意象的。

沙勒特：心智蘸满了意象！

克：（笑）就是这样，它有许多意象。我对你抱有意象，你对我也抱有意象。这些意象是通过接触，通过关系，通过你说过这样的话、你伤害过我，而我——你知道的——通过这些建立起来的。意象建立了起来，它就在那里，它就是记忆。脑细胞本身就是形成意象的记忆的残渣。那么接下来的问题便是：记忆，也就是知识，对于技术层面的运转是必不可少的，我要走回家或者开车回家，就需要记忆。因此，记忆作为知识，是有一席之地的，但作为意象的知识，在人与人之间的关系中则是毫无地位的。

沙勒特：我还是觉得我们在回避手头的问题。因为，我认为你就记忆所说的话确实非常重要，但我不认为记忆或者对记忆的批驳……

克：啊不，我没有……

沙勒特：……我不认为对意识或者对意识内容的批驳是问题的解决之道。我认为我们需要问的是：克里希那吉，你是如何——我在这里说的不是方法——看到的？我知道你看到了真相。不要告诉我为了向我描述你是如何看到的，你都剔除了什么！

克：我来告诉你我是如何看到的。你就是看到了而已！

沙勒特：好的，现在假设你对没有此类体验的人说："你就是看到了而已。"因为我也一直在跟自己说同样的话："哦，你就是看到了而已。"可人们会问——如何看到？如果我们要作为老师，我们就必须设法解决这个问题："让我来手把手地告诉你如何看到真相。"

克：我来告诉你。我认为这非常简单。首先，你得看到这个世界是怎样的，看到你周遭的一切，去看！不要采取任何立场。

沙勒特：是的，但我想你的用词在这里可能会造成困扰。假如我们不说一个人必须从观察这个世界开始，而是说：你必须看清这个世界，不要关注特性或者分类。

克：就是这样，看清世界。如实看待世界，不要根据你的观念来诠释它。

沙勒特：那么我是不是也可以说成，看到世界此刻"**正在展现**"（ising）的样子？

克：是的，你可以那么说。（笑）

如何才能看清自己？

沙勒特：可这有用吗？我是说我们试着……

克：如其所是地看到这个世界！如果你透过你的术语、你的概念、你的性情、你的偏见来诠释它，你就无法如其所是地看到这个世界。如实去看，看到它的暴力、残酷，无论什么。

沙勒特：或者善与美。

克：无论什么。你能够那样去看吗？也就是说：你能否看着一棵树，不带着树的意象，不带着植物学知识和所有的名称？只是看着那棵树。

沙勒特：一旦你发现了——在我们这个世界上要发现这一点并不容易——单纯地体验到了对树的见到，而不想着"树性"（treeness）或者它的特性，或者如你所说，它的植物学知识之类的内容，那么为了看到真相，你认为下一步应该怎么做？

克：然后如实地看到自己。

沙勒特：你意识内容之下的自己。

克：看到全部——不是之下的部分。我还没开始呢！我看到自己实际的样子，继而进行自我了解。我必须如实观察自己，不说自己多可恶、多丑陋、多美丽或者多么多愁善感。只是觉知——我自己的所有活动，有意识的以及无意识的。我从树入手，但不是作为一个方法化的过程。我看到了树。同时，我也必须这样看到自己，我的虚伪，我耍的花招——你明白吗？看到所有的一切。警觉，不做任何选择——只是观察，了解我自己，时时刻刻地了解自己。

沙勒特：但并非以一种分析的方式。

克：当然。但心智受到的训练就是分析。所以我得探究这一点——为什么我爱分析？观察它，看到它的徒劳无益！分析需要花时间，而你绝不可能被真正地分析，无论是被专家还是被你自己，所以看到它的无益、荒唐和危险！那么接下来你在做什么？你就如实地看到了事情本身，看到了实际发生着的一切。

沙勒特：我倾向于说，当我们讨论这个问题时，我们会使用这些词语，比如充分看清自我，看清它所有负面与正面的两极性，认识到只从分析的角度看到自我的某些面向，是徒劳无益的，但我同时又发现自己在说——可我还得亲自去看才行。

克：是的，当然。

沙勒特：因为目前我还没有看到。我只看到了：我所用的分析方法，不知怎的把我自己撕成了许多小碎片。

克：那就是我为什么会问，你能否看着那棵树而不抱任何知识？

沙勒特：没有之前所受的制约。

克：没有之前所受的制约。你能否不着一词地看着一朵花？

沙勒特：我能明白人为什么必须能够去看自己。我必须看着你，克里希那穆提，却不使用"克里希那穆提"这个词，否则我就看不到你了。

克：没错。

沙勒特：确实如此。那么通过思考，我已经懂得：我必须看着你，甚至连词语都不用……

克：词语、形式、意象、那个意象的内容以及诸如此类的一切。

沙勒特：无论词语是何含义，我都一律不用。

克：所以这需要极大的警觉。警觉的含义中不包括纠正，不说我必须、我一定不能。只是观看就好。

沙勒特：当你用到"观看"这个词——因为我们在教授，所以我还是觉得我们必须当心用词……

克：或者觉察，无论你用什么词都无关紧要。

沙勒特："观察"有种含义是把某个东西放在那里用显微镜去看，就像科学家那样，而我想这并不是我们想要教授的内容。

选择意味着更多的冲突

克：没错，当然不是。

沙勒特：所以，克里希那吉，你能否还是用"观看"这个词。

克：就是观看，觉察，无选择地觉察。

沙勒特：无选择地觉察，好的。

克：无选择地觉察这种二元化的、分析性的、概念化的生活方式。觉察它，不纠正它，不说这是对的，只是觉察它即可。而当危机出现时，我们就会强烈地觉察到这一点。

沙勒特：我认为在这个问题之前，紧挨着还有另外一个问题需要考虑：为了觉察到你而不加以归类，或者为了觉察到这个事实：在观察你的过程中，我在运用各种分类和模式，以及我一直在调用其他各种滑稽的意象，为此我要向自己提出哪种问题？有没有一种方式，我可以用某些语言——而不是观念——用与观念毫无关系的语言跟你沟通，让我或你或无论谁都明白：你身上存在某种比你的名字、性格、内容、意识或你的善恶更为重要、更有意义的东西。如果你要教给一个年轻人——或者一位老人，因为我们都有这个问题——为了让他们以一种非理性或先于理性的方式明白这一点：你不只是你的名字所包括的含义。为此你会使用什么言辞呢？

克：我想我不会用那个说法。只是无选择地觉察。因为选择，如我们所做的那样，是我们最大的冲突之一。

沙勒特：然而由于某些奇怪的原因，我们把选择跟自由联系在了一起，而选择正好跟自由背道而驰，这太荒唐了！

克：当然！

沙勒特：但是现在，若要自由地觉察……

克：自由地，无选择地。

沙勒特：……自由地觉察，是的。现在假设有人说：可是，先生，我不太明白你说的"无选择地觉察"是什么意思，你能跟我说明吗？

克：好的，我会跟你说明的。首先，选择意味着二元性。在某个层面上是存在选择的。我选这块地毯，它比另外一块要好。在那个层面上，选择必须存在。然而，如果在对自己的觉察中存在选择，那就隐含了二元性，隐含了努力。

沙勒特：选择意味着有一个高度发展的局限的意识。

克：是的，选择也意味着遵从。

沙勒特：选择也意味着遵从，是的，对文化制约的遵从。

克：遵从意味着仿效，也就意味着更多的冲突：努力达到某个目标。所以必须理解"选择"一词，不仅仅从字面上，而且了解它内在的含义、意义。也就是说，我要懂得选择的所有含义，选择所包含的全部内容。

沙勒特：现在我可以试着解释一下这点吗？你会不会说，无选择的觉察就意味着，我意识到你存在于我的内心，因而我不需要选择？选择毫不重要，选择是抽象的，选择必定与各类观念有关。看到你之后，如果我觉得我不是一定要选择你，或者选择喜欢你、爱你——不涉及任何选择——那么你会不会说我是在无选择地觉察你？

克：是的，但是你瞧，先生，爱里面有选择吗？我爱着。其中存在选择吗？

沙勒特：爱里面没有选择。

克：没错，就是这样。选择是个智力过程。我会尽可能深入地解释这一点，探讨这一点。但是我们先来看看其中的含义。觉察、觉知，究竟是何含义？既觉察你周围的外在事物，也觉察内在所发生的一切，觉察你的动机、你的焦虑。依然是无选择地觉察。

观察，看，聆听。因此你在观察，没有丝毫的思想活动。思想即是意象，思想即是言词。观察而没有思想的涉入，没有思想左右你的方向，只是观察。

沙勒特：我认为你在说到觉察之前用过一个更好的词。因为那是生命的行动，而非理智或情感的行动。

克：当然。

沙勒特：因此接下来我们必须——不管怎样，我最终必须觉察到你的存在，进而在认知发生之前就觉察到你的存在。

克：觉察，没错。

沙勒特：而这发生在选择之前，进而使选择变得毫无必要。

克：是的，没有选择，只是觉察。

沙勒特：觉察，无选择的觉察，是的。

克：然后，从那里就有了对"我"的觉察，觉察到"我"和"你"的所有活动是多么虚伪。

沙勒特：先生，现在你又说回去了，我们已经……

克：我知道，我是故意的。我把话题转回去，这样我们就能把它们联系起来了。于是就有了这样一种心灵品质，它摆脱了"我"，因而没有了分别。我不说"我们是一体的"，但是，当有了这种无选择的关注，我们就会发现一体是一样活生生的东西，而不是一个概念性的东西。

沙勒特：是的。

对话在同一天的晚些时候继续进行。

只要有偏见，就不会有觉知

沙勒特：你说过，为了获得我们所探讨的那种"看见"，一个人就必须达到这样一种关注状态：对他人自由地、无选择地关注。或许我们是否可以说，这时他就能够把自己完整的注意力投注于他人了？

克：是的。

沙勒特：那么在我们进入下一步之前，我能否说，我们其实并不是在为"何为看见"这个问题寻找答案？我们不是正在寻找"看见"本身吗？

克：当有了真正的觉知——对事实的觉知，还有所谓的答案吗？

沙勒特：没有，觉知并非答案。

克：但是当觉知了事实——世界上的事实，我内心的事实——那份觉知，并非概念性的觉知，而是千真万确的觉知：世界即我，我即世界，此时就没有了世界与我之间的分别，我就是世界。此时就有了觉知。在这份觉知中会发生什么？这就是你的问题，对吗，先生？

沙勒特：是的，诉诸语言本身就是一件难事，因为从某种意义上来讲，我们长久以来一直把彼此，把我们的二元性，把我们的世界视为理所当然，而正因为如此，我想我们就把单纯的觉知变得不可能或者很困难了。

克： 对，先生，是的，先生。

沙勒特： 然而，一旦我们能够应付这个问题，并且说我们真正感兴趣的就是这份单纯的觉知——这份觉知领先于所有的理性与逻辑知识，领先于我们所有的偏好、我们所有的先入之见，在那份觉知中，这些偏见将不会出现……

克： ……或者不如这么说：只要有偏见，就不会有觉知。

沙勒特： 偏见确实使觉知变得不可能，这时我其实**不想**看到你。

克： 当然，我竖起了藩篱，无论是宗教、政治还是别的什么藩篱。

沙勒特： 如果确实如此：在对你的觉知或看见当中，我内心需要的不是我……

克： 是的，没错。

沙勒特： ……而你内心需要的也不是你，那么，当我们说到觉知，我们难道说的不就是一体或真理这样的事情吗？

克： 我还没有讲到那一点。在我看来，重点是看到我即世界，或者看到——无论我是印度教徒、佛教徒还是基督教徒——我们心理上都是一样的，我们内心都处于困惑、斗争、痛苦、悲伤的状态当中，还有可怕的孤独感、绝望感。这是所有人类共同的基础，觉知这一点。那么，当觉知到这些，会发生什么？

沙勒特： 这正是我们在试图探究并解释的——却又不通过解

释！

　　克：这就是我们要一起分享的。对悲伤的觉知，让我们以此为例。我的儿子，我的兄弟，我的父亲去世了。通常发生的情况是，我会逃避这件事。因为我无法面对这种巨大的威胁感、孤独感和绝望感，于是我借助各式各样的途径，逃避到观念、概念中去。现在，来感知这种逃避——只是感知，不压抑、不控制，也不说我一定不能这样——只是觉察就好，无选择地觉察你在逃避，然后逃避就停止了。逃避的驱动力造成了能量的浪费。你停止了那种能量的浪费——不是你停止的——是觉知终止了浪费。于是你拥有了更多的能量。然后，当你不再逃避，你就面对着当下的事实。那就是，你失去了某个人，存在着死亡、孤寂和绝望，这是千真万确的事实。此时还是要觉知事实。

　　沙勒特：我想我明白了你所采取的方向。你说的是，当我感知到你很悲伤——因为我自己并没有感知到悲伤，它本身并不存在——我感知到的是你与亲人的分离，这是悲伤的源头，因为现在你的父亲去世了，你们阴阳两隔。而感知到悲伤是与分离有关的……

　　克：不完全是这样，先生，还没说到那个。事实是我失去了某个人。这是一个事实：他火化了，不在了；有某样东西彻底不在了，我感到极度孤寂。这是事实：孤独，没有了任何关系，没有任何安全感，我彻底穷途末路了。

　　沙勒特：很多人提起这种事的时候会说："我现在空落落的。"

克：是的，发觉有一种空洞感、孤独感、绝望感。我要说的是，当你不再逃避，当我面对着对我孤独的恐惧，能量就得到了保存。我面对孤独，我觉察它，觉察到对孤独的恐惧。

沙勒特：可是，你如何才能把你完整的注意力，投向你就那样彻底失去了的一个人？

克：我彻底失去了他。但我们现在重新审视的是丧亲的心智状态。那颗心说："我失去了一切，我真的身陷于无可救药的悲伤当中。"其中还有恐惧。看着那份恐惧，不要逃跑，不要逃避，不要试图用勇气之类来遏止它。看到那份恐惧，无选择地觉察那份恐惧。然后，在那份觉察中，恐惧就消失了。它确实消失了，于是你有了更多的能量。

沙勒特：是的，我们都有过那种体验：目睹恐惧是如何解除恐惧的。

爱是一种全然的关注

克：那么为什么会有悲伤？什么是悲伤、自怜？

沙勒特：哦，如果跟焦虑或恐惧有关联的话，我们就得称之为自怜了。

克：自怜，是的。自怜，那意味着什么？你知道，那意味着"我"比死去的那个人更重要。

沙勒特：所以你并没有付出你完整的注意力。

克：我从未爱过那个人。

沙勒特： 确实如此，是的。

克： 我的孩子，我从未爱过那个孩子。我从未爱过我的妻子、丈夫或姐妹。在那种觉察状态之下，我发现爱从未存在过。

沙勒特： 在发现了悲伤与哀恸、分离或恐惧有关的同时，也就发现了爱其实是极其有限的，如果它存在过的话。

克： 不是有限，而是我根本就没有爱过！我无法拥有它！爱意味着截然不同的东西。所以现在有了巨大的能量。你明白吗，先生？没有逃避，没有恐惧，没有自怜，没有对自己的担忧、焦虑。因此从这份悲伤之中就产生了滔滔不绝的能量，那便是真正的爱。

沙勒特： 那便是真正的爱，是的。所以，我们现在已经发现，当一个人把这种完整的注意力给予他人……

克： 啊，不！我并没有把我的注意力给予那个死去的人：我的父亲，我的儿子，我的兄弟。注意力关注的是我的心智状态，是那个说"我受苦"的心智。

沙勒特： 是的，但我们一直试图从何谓"无选择的关注"这个背景下，来探究"我受苦"是何含义。

克： 是的，于是我发现爱是一种全然的关注……

沙勒特： 爱是一种全然的关注。

克： ……而且没有丝毫分别。这真的很重要，因为你知道，先生，对我们来说，爱就是快感，性快感，爱就是恐惧，爱就是嫉妒，爱就是占有、控制、攻击性——你明白吗？我们用那个词涵盖了这一切：爱上帝，爱人类，爱国家，爱——等等等等。那一切都是**"我只关心自己"**这样的爱。

沙勒特：那些都是自我之爱。

克：显然如此。

沙勒特：但被爱的是"我"，而非自我……

克：是的，就是这样——没有爱。这是一个天大的发现。一个人需要具备极大的诚实，才能说："我从没真正爱过任何人，我一直在假装，一直在剥削，一直在调整自己适应别人，但事实上，我从不知道爱意味着什么。"先生，说"我以为我爱过但却从未找到它"，这真是了不起的诚实。现在我偶然发现了某种真实的东西，也就是说，我观察了事实，然后从那里出发。有了对事实的觉察，那份觉察就会行动。觉察是一个活生生的东西——而不是会得出结论的东西。

沙勒特：那么，在我们尝试探究完整的或者无选择的关注，或者单纯的"看见"这个问题时，为什么我们会非常自然地——并不是非常符合逻辑但确实很自然地——滑到与虚假的、欺骗性的、局限的爱相对立的单纯的爱这个问题上去？爱与看见的过程肯定有某些非常相似的特质，以至于我们会从看见滑到爱上面去，而实际上探讨的却是一回事。而当我们动起来——哦，"动起来"并不是一个合适的词……

克：没错。

沙勒特：……当我们变得觉察，当我们发展出了这种完整的关注，这种无选择的觉察……

克：恕我冒昧建议，请不要用"发展"这个词，那意味着时间。觉察，觉察你房间里的地毯，它的色彩、形状、外观——觉察那些。不要说"我喜欢它，不喜欢它，这很好，那很差"。只是觉察它就好，然后从那里就会燃起觉察的火焰，如果我可以这么称呼它的话。

沙勒特：但是你瞧，你难道不是也用不同的说法说过同样的事吗？——"觉察别人，觉察地毯，觉察树木，觉察你所生活的整个宇宙。"然后你再转换到另一个层次的觉知，你说"爱地毯，爱树木，爱宇宙"，你也并不觉得觉察或者完整的看，与完整的、无条件的爱有任何差别。

克：当你是如此清醒地觉察，就有了那份爱的品质。你都不必说它存在与否——它就在那里！那就像是花儿的芬芳，它就在那里！

沙勒特：它们并不是同一个硬币的两面，它们就是同一个硬币。

克：是同一个硬币。

沙勒特：根本没有两面。因此，以这种完整的、无选择的方式去看，跟以这种无选择的方式去爱，必定是一体的，是一回事。

克：是的，先生。但是你瞧，困难就在于：我们太渴望得到这个东西了，乃至我们错失了其中的真意，错失了它的美。

怎样才能带来一场彻底的内心革命？

沙勒特：现在假设我们要让讨论再进一步，说：依我们所见，觉察和爱是一体的，是一回事。那么我们能否再进一步说：存在跟看见和爱也是一回事？

　　克：那么你用"存在"（to be）这个词指的是什么呢？每个人都说"我存在"（I am）。时下的整整一代年轻人都说"我要存在"。那是什么意思呢？

　　沙勒特：我相信那没什么含义。我想存在意味着活跃。

　　克：就是这样。

　　沙勒特：或者占有。

　　克：是的，占有、愤怒、暴力：我就这样存在，这就是我的样子。

　　沙勒特：因此"存在"一词有种含义是与活动有关的，这种活动只能跟随"存在"所包含的那股内在的能量而来。

　　克：是的，先生。这就把我们带到了这个问题跟前：人类究竟能不能改变？在我看来，这是当今世界的首要问题之一。人类的结构和本质必须改变。

　　沙勒特：哦，当你用到"结构"和"本质"这样的词，对我来说就属于概念范畴了。

　　克：不，结构指的是人的生活方式。

　　沙勒特：他的生活方式能否改变？

　　克：是的，他的生活方式，可怕的卑鄙、丑陋、暴力，你知道，世上发生着的一切。

　　沙勒特：我会说，关于改变这个问题，恐怕就只有绝望了，如果我们谈论的是创立新概念来代替旧概念的话。

克：不，我说的不是那个意思。

沙勒特：另一方面，如果这是一个由外而内改变的问题，那么人类能通过从"行动"到"存在"，从假装去爱到爱，从觉知概念到洞见，来实现改变吗？人类能朝那个方向改变吗？我会问："人类能做到吗？"他们确实能。你做到了，我做到了，人类也能做到。

克：因为人类一直以来的生活方式，就是与如此可怕的残忍、欺骗、谎言、虚伪等等诸如此类一起生活的。如果我有个儿子、有个兄弟，那便是我所关切的、我的责任。不是要改变他，而是看到我的责任是什么。我不想让他仿效我或者遵照我的模式，那很荒唐，也不要他遵循我的信仰，这些统统不要。所以我说，瞧，怎么才可能让一个人改变——不是改变成某个特定的模式——而是带来一场彻底的内心革命？

沙勒特：如果我要从某处开始，克里希那吉，我相信我会跟你一起开始。并非因为我认为你需要改变——因为你不需要——也不是因为我认为你希望改变，而是因为我认为你想要教导，你想要分享。你从领悟、从爱那里接收到了如此之多的喜悦……

克：是的，先生。

沙勒特：……乃至于这份喜悦从你的内在散发着光芒。那么，如果你想教给某个人这一点：相对于已经看到的，还有更多尚待看到的东西，而这里的更多并非指数量，而是指深度。那么，也许我会希望你朝着这个方向改变：当你谈到世界以及它的冲突、紧张、暴力和虚伪时，你同时也在对自己——我相信你是这么做的，但你没提起过——提出这个问题：不仅要耐得住内在或外在的冲突，也要耐得住内心的喜悦。

克：先生，这里请等一下。

沙勒特：当你讲话时，这一点一直都在，但从未表达出来。

克：喜悦何时会到来？当我不寻求它，它才会出现。我不必培植它，心智不必追寻它。

沙勒特：是的，心智不能追逐喜悦。

克：因此必须了解何为快感，何为喜悦。这就是我们发生混淆的地方……

沙勒特：我们混淆了各个层面，是的。

克：了解快感远比了解喜悦重要。因为我们想要快感，我们追逐快感，一切都变成我们的消遣。整个道德和社会结构都奠基于这种巨大的快感之上。而快感滋生了恐惧、不安全感以及诸如此类的一切。然而，在对快感的了解中，另一样东西就出现了。你都不必谈论它，另一样东西就像喷泉一样涌了出来。你甚至都不会叫它喜悦、极乐或者任何名称。

沙勒特：那么，你是不是说，在对恐惧或快感或两者的了解中，我们就发现了死亡？妨碍我们感到喜悦的那种能量耗费的消亡？

克：没错。

沙勒特：……它也妨碍了我们去看见、去爱或者单纯地存在。它们都是一回事。

克：你瞧，通过否定，肯定的就出现了。强调肯定的，就否定了真实。

沙勒特：然而正如我们之前所说，否定各类概念实际上并不是我们所探讨的。我们探讨的也不是"单纯的看见"这种否定。我们探讨的是否定所有的障碍，比如快感，因为除非你否定了快感，否则你永远无法体会喜悦，而当你很喜悦时，你也是很快乐的。

克：噢，你不会谈论它的。一旦你意识到你很喜悦，它就消失了。那就像很快乐的时候说："我多快乐啊。"当你那么说的时候，就已经属于无稽之谈了。

沙勒特：是的，因为你已经用理性去解释它了，把它放入了概念范畴，它于是变成了一件要去思考而非仅仅存在着的事情。同时，由于我们在尽可能深入地探究——探究看见、领悟和爱，或者这份完整的注意力——因为我们在探究这些，我们也发现我们是无法探究它们的，除非通过否定恐惧或否定快感……

克：了解快感，它的整个本质。

沙勒特：……那么我们就必须问自己：好的，如果这些并非通往看见、爱或存在的途径，那么我想我们最终定会遇到存在或者一体的问题。因为我们想要发现你与世界是一体的，世界与你也是一体的，你与我是一体的，我与你也是一体的。我们想发现这一点。所以我们已经明白看见、爱和对存在的觉察必须发生，也看清了要去做什么，才能扫除那些阻挡最令人喜悦的体验或真相的障碍，而存在的真相就是：**我存在**，这就够了，我不需要那些东西存在，**我就在这里**。然后你认为下一步应该是什么？——而我们说的又不是过程和方法。

克：从哪里的下一步？

沙勒特：从我们之前探讨的那份完整的关注，从那种爱——我们发现它与无选择的关注是一回事——从我们发现与爱、看见或领悟是一回事的这种存在出发，现在我们试着来探究你对"一体性"的体验——我不喜欢用"一体性"这个词，因为那会让我们越过中间一下子就来到终点。可一个人接下来该怎么办呢？在他已经看见了、爱了以及存在了之后，接下来会怎样……

克：接下来会怎样？他就是**生活而已**！

死亡是完美的秩序，是混乱的终结

沙勒特：他生活，那么生活和爱实际上也是一回事？

克：那也意味着，先生，对死亡的了解，不是吗？因为若要爱，一个人就必须死去。

沙勒特：毫无疑问，是的。

克：所以必须探究、了解以及觉知死亡的含义。没有这些，也就没有爱。

沙勒特：但这难道不可能是一种幻想吗？因为谁会来告诉我们死亡是什么样的呢？

克：我们这就来搞清楚。

沙勒特：好的，很好。

克：我的意思是，我不想让任何人来告诉我，因为那意味着权威。

　　沙勒特：哦，那意味着不会说话的死人。

　　克：不止如此。如你所知，整个亚洲都相信轮回转世，而基督教世界则是复活重生之类。若要发现其中的真相，我就必须探究，必须弄清我身上究竟有没有任何永恒的东西可以转世、重生、复活，我就必须探询究竟是否存在任何永恒的东西。永恒？没什么是永恒的。这个房间里的地毯有朝一日总会消失的。（笑）所有的建筑，科技类的东西，人类造就的一切都是变动不居的。

　　沙勒特：但你也并没有说那些度量是永恒的，对吧？你出生，过完一生然后死去，而这会花掉你数年的时间。

　　克：二十年，三十年，无论多长。

　　沙勒特：度量是真实的吗，或者说你是真实的吗？

　　克：不，我并不是从度量的角度来谈的。

　　沙勒特：所以说，如果度量并不真实，它只是你之外的某种东西，那么我们是不是可以说，你就那样完结了？

　　克：我就要讲到那一点了，我们正要讲到那点。你知道，整个希腊世界都从度量的角度来思考，整个西方世界也都基于度量。而东方世界说度量是幻象，于是他们落入了另一些……（笑）

　　沙勒特：……尺度中。

　　克：另一种他们称之为"无法衡量"的尺度。而我说的是，先生，我们如今所过的生活是一种冲突。我们所谓的爱是对快感的追逐，我们所说的死亡是一种逃避，是对它的畏惧、恐惧。我们是如此害怕这种结束，于是发明了轮回转世的理论，发明了各种其他的理论，这带给我们巨大的满足、巨大的安慰。然而那并非答案。

沙勒特：没错，它妨碍我们看到真相。

克：所以否定那一切。那么我们还有什么？我们必须了解死亡。死亡是什么？存在身体上的终结，我们不关心这个。死亡随处可见。人们关心的是内心的终结，"我"的终止，那个"我"说：我拥有这座房子，拥有我的财产、我的妻子、我的丈夫、我的知识——我要失去那一切了。可我不想失去它们。已知比未知更有吸引力，而已知正是恐惧的因素。

沙勒特：在一个理性的世界里。

克：所以我必须了解死亡意味着什么。它意味着有一个永恒的实体吗？叫它"灵魂"，印度教徒称之为"真我"，你叫它什么名字无关紧要。一个永远不死但是会进化的永恒的实体，在时间中复活了，转世重生了。可究竟有一个永恒的实体这回事吗？不是理论，不是揣测性地断言它是存在的，或者它不存在，而是亲自弄清楚究竟有没有一个永恒的实体、有没有那个"我"，它说我必须活下去，因此我必须有来世，无论在天堂还是——那无关紧要。存在这种东西吗？——也就是思想在内心营造的那个"我"。

沙勒特：我无法想象存在一个与我们所谓的"我"相关的永恒实体。

克：没错，显然如此。那么除此之外，存在一个永恒的"我"吗？

沙勒特：但我们接下来能不能问这个问题：除此之外，关于我，存在什么不可测度的东西吗？

克：啊，一旦你说"我"是不可测度的，"我"就又回来了。

沙勒特："我"就又回来了，抱歉。撇开自我，有没有一个非我。

克：我要搞清楚。

沙勒特：是的，现在我们必须探究这个问题。

克：必须探索究竟是否存在不可测度之物，不能简单地说存在或不存在。一个人必须发现它，心必须遇见它。所以说并不存在永恒的自我，无论高我低我，永恒并不存在。那么死亡是什么？身体上、生理上，死亡是存在的。

沙勒特：这一点我们都明白，死亡随处可见。

克：一切都不在了。人害怕失去的是在关系中从心理上积累的各种意象、知识、才能。这些东西化身为会进化的"我"，然后会变得越来越完美，直到触及天堂或者无论你给它何种称谓。我们已经看清这是虚假的。那么死亡是什么？

沙勒特：你是说，我们可以通过寻找"死去"一词的含义，来发现"生活"一词的含义。

克：它们是相互关联的。

沙勒特：毋庸置疑它们是息息相关的。而大多数历史以及比较宗教领域的宗教作者也都说过，若要生活，你必先死去。

克：先生，我不读那些书或任何此类东西。这是一个千真万确的**事实**：若要生活，你必先死去，也就是说每天都对你一天所积累的一切死去，每天都彻底结束，这样心才能每天都是清新的、崭新的。

沙勒特：是的，那么，为了探究生活的问题，我们可以通过审视死亡的问题，最后再来审视身体在墓中腐朽时那种最终的死亡……

克：身体很重要——它需要得到看顾、照料——你知道的，诸如此类。

沙勒特：但是死了就得埋掉。

克：除掉它，埋掉它。烧掉它，那更简单！（笑）

沙勒特：那么，假设我们想看看人死时会发生什么，以便弄清人活着时会发生什么。

克：那么我就必须首先了解生活意味着什么，而不是死亡意味着什么。人如今的生活混乱不堪。实际上，它就是一团糟、一团混乱，有着各式各样的理想、结论和概念，它是个烂摊子。如果这团混乱中没有秩序，我就无法理解死亡是什么，因为死亡即是完美的秩序。

沙勒特：那你是什么意思呢？因为在我看来，秩序是某种从外在施加的东西。

克：我就要讲到那一点了。死亡是完美的秩序，因为它是混乱的终结。

秩序是在无选择的觉察中自然而然到来的

沙勒特：没问题，我明白。

克：所以我生活中的混乱必须终结。而混乱的终结即是无选择地觉察混乱是什么。混乱是什么？我的信仰，我的神明，我的国家，我说这更好——你明白吗？——所有这些可怕的暴力。如其所是地看到混乱，当你毫无分别地、如实地看到了混乱，你就拥有了能量——我们探讨过这点了。然后，在对混乱的觉知中，秩序，即和谐，便出现了。既然已经明确了这一点——明确的意思是看到它、意识到它、与它同在——那么死亡与秩序便是分不开的，它们是一体的。秩序即意味着混乱的终结。

沙勒特：是的，秩序也意味着认识到我存在于你之中，或你存在于我之中，或者我们具有一体性。但我们必须探究这个问题：我们觉察到彼此，把这份完整的关注给予彼此，爱着彼此，这时"彼此"就消失了。而目前的情况还是有一种二元对立。

克：你瞧，先生，这里没有你和我。我不是你，你也不是我。在那份无选择觉察的品质中，在那种关注中，"我"和"你"都止息了。你都不会说那是一体。说一体就隐含了分别。

沙勒特：噢，但是这里你用"一体"指的是它数学上的定义。"一体"对我来说也意味着完整的关注。它并不意味着分别，也没有预先设定分别。

克：你知道，我们谈的是生活、爱和死亡意味着什么。也就是说，混乱的终结即是死亡的终结，这里面有着巨大的美。在这种状态下，没有你和我，没有分别。然后，在这种状态下，你便可以发现那不可测度之物是什么。

只有此时你**才能**看清真相，而不是之前，因为那样就变成了单纯的揣测，或者某人**声称**存在不可测度之物，不存在上帝或者存在上帝。那毫无价值。只有当从混乱中诞生了这种彻底的秩序——数学意义上的真正秩序——而不是将一幅蓝图强加在混乱之上，然后你才会发现，然后心才会发现是否存在一种不可测度之物。对此没人能说存在或是不存在。因为，如果你没有看到它，如果你没有感知到那不可测度之物，那它就只不过变成了一个概念。而大多数宗教都依靠概念化的东西存活。

沙勒特：假设我们下一步要探究秩序这个问题，我们说，安宁、和谐——就像我的手指一起工作一样和谐，或者你我在对话中这样和谐——如果我们说安宁或和谐就是与秩序相关的宁静，那么我们还想问："除了只是有条理之外，我们所说的秩序还有哪些含义？"

克：啊，每个家庭主妇都有那种条理性！

沙勒特：是的，有条理的时候也可能处于彻底的混乱中。

克：我们说的不仅仅是外在的秩序，而且也包括深层的、内在的秩序。

沙勒特：是的，而这种深层的、内在的秩序是什么——我能不能用"排序"这个词，而不是秩序？

克：排序。我不太明白……

沙勒特： 由此及彼的排序，然后再去掉分别。

克： 如果我们理解的"秩序"一词指的是没有冲突，没有"我比你伟大"这样的感觉，没有比较，没有野心，没有贪婪——与所有这些无稽之谈都无关的真实的心灵品质，那就是秩序了。

沙勒特： 然后那份秩序、和平与安宁就是满满的能量，而不是缺乏能量。那不是活动，那是丰沛的能量，所以它充满了活力。

克： 是的，而这是必不可少的，不是吗？也就是说，当有了那种彻底的秩序，心就不再有冲突，因而就有了充沛的能量。

沙勒特： 当我们为获得这种秩序而与彼此建立了紧密的关系，你或者我又做了什么呢？

克： 你无法获得秩序。从对混乱无选择的觉察当中，秩序自然而然就到来了。

身份很重要吗？

沙勒特： 但确实有很多人并没有实现秩序，我们也问了这个问题：我们能否把混乱变为秩序，或者我们能否把死变为生，我们能否把恨变为爱，我们能否把盲目变为看见？这些是我们一直在探讨的问题，而我们还没有回答这个问题：这种改变能发生吗？

克： 我，或者你，听到了之前所说的这些话。你付出了你全部的注意力，不是作为一个天主教徒，不是作为这个或那个身份。在这种关注状态下，转变就发生了。你不再是一个印度教徒、佛教徒或者任何身份。你了结了那一切，你现在是一个完整的人了。然后你四处游历去探讨这个问题——你明白吗？你在行动，你是一个作用于这个世界的局外人。你不属于这个世界，而是一个局外人。

沙勒特：在我们的谈话中，你会不会说，我们越是接近真理，你就越不会意识到我是个天主教教士这个事实？这个身份重要吗？

克：丝毫不重要。但这取决于你。

沙勒特：你是不是一个教士，对我也不重要。我都没想过这个问题，因为我给你的是无选择的关注。

克：这就带来了变化。比如，我在印度见过一些印度教徒，他们来找我说："你为什么不穿上修行者的道袍？"你知道的，僧袍。我说："我为什么要穿？""为了显示你不属于这个世界啊。"我说："你瞧，我不想向任何人显示任何东西。这些已经揭示给我了，这就够了。如果你想来听听，那就来听，但不要依据我的打扮、我的举止、我的面貌做判断，那不重要。"但对他们来说这些很重要，因为他们把那当成了一个借以攻击、转移注意力或者索取的平台。但是，如果你没有站在任何一个平台之上，如果你不属于任何东西，你为什么还要戴上一个领圈，又或者不戴领圈、不穿衬衫呢？

沙勒特：既然我们在探究生与死、存在与不存在、爱与恨的含义，由于我们在探究这些问题，我们同时也就必须探究"归属"的含义这个问题。现在，如果你问我："你属于天主教教会吗？"我会说，"当然不属于"，因为我并不是一样可以被任何人占有的东西。

克：确实。

沙勒特：天主教教会也不是我占有的一样东西，所以我不会喜欢"归属"这个词。如果我们彼此之间有一份充满爱的关系，那么我可以说"你是我的朋友"吗？

克：可以。

沙勒特：不，我不能这么说，因为那就隐含着归属了！

克：我明白你的意思……

沙勒特：我不能说你是我的朋友。我们一直在用那个词，但是"我的"这个词扭曲我们所见到的……

克：我在质疑：我们究竟为什么要属于任何东西？

沙勒特：我不认为我们能属于任何东西。如果我们是自由的，那么我们就不是奴隶，我们不属于任何东西。

克：这是最主要的事情。

沙勒特：占有关系是毫无意义的。

克：不要属于任何组织化的灵性或宗教组织，不要属于某个党派、属于这个或那个，因为那助长了分裂。

沙勒特：如果我就是我，或者如果我是自由的——它们含义相同——那么我就不能被任何人占有，我无所归属。那个词毫无意义。

克：无所归属意味着独立于世。

沙勒特：归属与我们之前一直在讲的东西是矛盾的。"无所归属"是一个人为了存在、爱和看见所必须付出的代价。

克：是的，先生，而且那也意味着不属于人类所造就的任何架构。

沙勒特：是的。

克：也就是说，你必须独立于世，置身世外，完全不属于这所有的乱象。先生，当你拥有了秩序，你就不再属于混乱了。

沙勒特：那么我想我们正在接近我们打算说的：死即是生，即是无所归属。

克：那是一个概念还是一个事实？

沙勒特：不，那是一种体验，那是一个事实，是的。

克：如果它是真实的，那它就在熊熊燃烧！它会烧光虚假的一切！

对真理的追求本身阻挡和封锁了真理

沙勒特：我明白。毫无疑问我们一直在体验这一点。我想说的是，如果一个人能够克服对死亡的恐惧，那么他就能理解并与我们所谈的那种完满的能量同在了。我想，同样地，如果一个人能克服所有归属或占有的问题，那么他就能够领悟存在的问题了。而我想知道这是不是就是存在本身。

克：**存在**的危险性，我们必须探究这个问题。什么是存在？你可以把它归入各类概念，但概念并非存在。

沙勒特：但是，当我们探讨存在是什么这个问题时，我们是通过探究死亡和归属的问题来进行的，然后你说，"存在就是独立于世……"

克：先生，如果我让我作为一个印度教徒的制约死去，我还怎么可能做一名印度教徒呢？那毫无意义！

沙勒特：好的，但因为已经死去……

克：看看会发生什么，先生。我抛弃了、我扔掉了印度教或天主教或无论什么的虚饰，然后会怎样？我就是个局外人了。我是个局外人指的是，我也许会说我爱你，但我依然是个局外人，因为人类所属的那种混乱状态还在，而这个局外人偏偏不属于其中。

沙勒特：毫无疑问。或者说没有归属感，或者不会用"属于"这个词。我不会用"属于"这个词。

克：它们之间毫无关系。

沙勒特：它们之间毫无关系。

克：那么，当混乱与秩序毫无关系，不混乱的心处于怎样的状态？

沙勒特：你说那种心态是独立于世的心态。

克：独立的意思是它不受污染，它是完全纯真的。完全纯真的意思是它不会受伤。归根结底，"纯真"的词根义就是不会受伤。所以尽管它可以生活在这个世界上，但它不属于这个世界。

沙勒特：这个冲突混乱的世界。

克：所有的一团乱象。要有更多的发现，那是绝对必要的——不是指更多的东西——而是要发现是否存在不可测度之物，那种状态是必不可少的。

沙勒特：是的，我认为确实如此。所以我们确实在独立于世中发现了看见、爱和存在，让自己脱离了混乱。

克：通过观察混乱，无选择地觉察混乱，秩序就到来了。你无所归属——秩序便出现了。

沙勒特：秩序。而当我们探究秩序、和谐或宁静、和平的含义时，我们发现自己得到了同样的答案，但首先要存在，首先要去爱，首先要看见。

克：秩序，先生，是最为非凡的事物之一，因为它总是崭新的。它并非依循模式而来的秩序，它是一件活生生的事物。美德是一件活生生的事物，而不是："我品德高尚"。你永远无法说自己品德高尚，因为如果你那么说，你便不再具有美德。美德是一件活生生的事物，就像一条奔流的江河，它是鲜活的，因而在那种状态中，超越量度的事便会发生。

沙勒特：也正是那时，你才能发现那不可测度之物。

克：没错，但不是发现，它就在那里。你瞧，发现和体验都是非常不幸的名词，因为大多数人都希望体验更伟大的东西，他们的生活卑劣、琐碎，充满了焦虑，于是他们说，看在老天的份上，给我更伟大的体验，给我更多的东西吧！因此你就有了这些冥想团体等等，他们追求那些。然而，他们必须先给自己的生活带来秩序才行，然后所发生的就是远远超越量度的事了。

沙勒特：所以，如果我们追究无限的问题……

克：你无法追求它。

沙勒特：你也无法发现它。好的，这没错。你无法追求它，你也无法发现它，用"体验"这个词也没有意义——这些我们都放在一边。当你邂逅它……

克：你只是让门敞开着，先生。

沙勒特：你只是让门敞开着。

克：然后让阳光洒进来。如果阳光进来了，那很好，如果没有，那也很好。因为一旦你追求它，你就关上了门。

沙勒特：对，追求本身就是……

克：对真理的追求本身就阻挡和封锁了真理。

人类会有怎样的未来？

大卫·博姆（后文简称博姆），英国皇家学会会员

人类根本不存在心理上的进化

克里希那穆提： 我想我们应该谈谈人类的未来。依我所见，当今世界已经变得岌岌可危。恐怖分子、战争、国家和种族分别随处可见，还有一些独裁者打算毁灭这个世界，等等等等。同时，宗教上也存在着可怕的分裂。

博姆： 还有经济危机和生态危机。

克： 问题似乎与日俱增。所以人类的未来会怎样？不仅仅是当今一代，还有将来的世世代代，他们的未来会怎样？

博姆： 嗯，未来看起来非常黯淡。

克： 是的，如果你我都很年轻，在知道了这一切之后，我们会怎么办？我们会做何反应？我们的生活，我们的谋生方式等等，会是怎样的？

博姆：我经常思考这个问题。我问过自己，"我还会进入科学领域吗？"而我现在完全不确定会这样，因为科学似乎与这场危机是不相干的。

克：不，恰恰相反，它在助长……

博姆：……让情况变得更糟。科学本可以有所帮助，但实际上并没有。

克：那么，你会怎么办？我想我会坚持我现在所做的事。

博姆：嗯，那对你来说很简单。

克：对我来说很简单。你知道，我不从进化的角度来思考问题。

博姆：我希望我们能探讨一下这个问题。

克：我认为根本就不存在心理上的进化。

博姆：我们经常讨论这个问题，所以我在一定程度上理解你的意思。但是我想刚刚听到这个说法的人还没法理解。

克：是的，我们会探讨这整个问题的，如果你愿意的话。然而，我们为什么关心未来？整个未来就是现在。

博姆：嗯，从某种意义上来说，整个未来就是现在，但我们得把这一点说清楚。这与整个传统的思维方式都是相悖的。

克：我知道。人类从进化、延续之类的角度来思考。

博姆：或许我们可以用另一种方式来看这个问题。也就是说，在如今的时代，进化似乎是最自然的思维方式了。所以我想问问你：你对按进化方式进行的思考持有哪些反对意见？当然了，"进化"这个词有很多含义。

克：当然，我们说的是心理上的进化。

博姆：是的，那么第一点就是：让我们先剔除物理上的进化。

克：一颗橡果会长成一棵橡树。

博姆：是的，还有物种也进化了，比如说，从植物进化为动物，再进化为人。

克：是的，我们花了一百万年才成为我们现在的样子。

博姆：这种进化发生了，你对此没有疑义？

克：没有，那确实发生了。

博姆：也许还会继续发生。那是一个真实的过程。

克：那是进化。毫无疑问，那是一个真实的、自然的过程。

博姆：它发生在时间中，因此在那个领域，过去、现在和未来很重要。

克：显然是的。我不懂某一门语言，我需要时间去学习它。

博姆：而且改善大脑也需要花时间。如果大脑一开始的时候很小，后来它就慢慢变得越来越大，而这花了一百万年。

克：是的，而且它变得越来越复杂，诸如此类。那一切都需要时间，那都是空间和时间中的运动。

博姆：所以你承认存在物理时间和神经生理学上的时间。

克：没错，当然，任何一个神志清醒的人都会承认。

博姆：然而，大部分人也承认心理时间的存在，他们称之为精神上的时间。

克：是的，那就是我们要探讨的：是否存在心理上的明天、精神上的进化这回事。

博姆：而这恐怕乍一听起来会显得有点奇怪。看起来我是可以想起昨天的，还有明天我也可以期待。这发生过很多次了，你知道日子是一天接着一天的。所以我确实体验到了时间：从昨天到今天再到明天，对吗？

克：当然，这很简单。

博姆：那么你否定的是什么？

克：我否定我将会成为什么，将会变得更好。

博姆：但是看待这个问题的方式有两种。一种是：我会不会因为努力而有意识地变得更好？另一种是：有些人觉得进化是一个自然的、不可避免的过程，这个过程就像一股潮流一样裹挟着我们前行，我们也许会变得更好或更坏，或者有些别的事情会发生在我们身上。

克：心理上。

博姆：是的，这需要花时间，但也许不是我努力变得更好的结果。也许是，也许不是，有些人持第一种看法，有些人持第二种。但你是不是否定存在一种自然的心理进化过程，就像自然的生物进化过程一样？

克：是的，我否定那个。

思想是被程式化了的电脑

博姆：那你为什么否定它？

克：首先，心智、"我"、自我等等诸如此类，它是什么？

博姆：哦，"心智"这个词有很多意思。比如说，它也许指的是心灵。你的意思是，自我也是同一回事？

克：自我，我说的就是自我、那个"我"。

博姆：好的，而有些人认为进化是一个自我得到超越的过程，它会上升到更高的层面上。所以有两个问题。一个是："我"究竟能不能改善？另一个是：假设我们想要超越这个"我"，这能够通过时间来完成吗？

克：不能通过时间来完成。

博姆：好的，那我们就得说清楚为什么不能。

克：我会说明的，我们来探究这个问题。"我"是什么？如果"心智"有这么多不同的含义，那么"我"就是思想产生的这整个运动。

博姆：你为什么这么说？

克："我"就是意识，我的意识，"我"就是我的名字、形式以及我有过的所有经验和记忆等等。"我"的整个结构都由思想拼凑而成。

博姆：嗯，这又是一件有些人也许会发现很难接受的事情。

克：当然，我们正在讨论这一点。

博姆：我们来试着把这点说清楚。因为我对于这个"我"的第一体会、第一感觉就是，它是独立存在的，是那个"我"在思考。

克："我"是独立于我的思想的吗？

博姆：嗯，我自己的第一感觉就是："我"是独立于我的思想而存在的，是那个"我"在思考。

克：是的。

博姆：就像我在这里，我可以活动我的胳膊、我的头一样，我也可以思考。而那是一个幻觉吗？

克：不是，因为当我活动我的胳膊，就有一个意图想去抓住或者捡起什么，也就意味着那首先是思想的活动。是它让胳膊移动的，等等。我的看法是——对于这一点我乐于接受质疑——思想是这一切的基础。

博姆：好的，你的看法是，这整个"自我感"以及它的所作所为，都来自思想。但你所说的思想并不仅仅局限于智力方面。

克：没错，当然不仅限于此。思想是经验、知识和记忆的整个活动，它就是这种运动。

博姆：在我听来你似乎是说意识是一个整体。

克：一个整体，没错。

博姆：而且你说那种运动就是"我"，对吗？

克：那个意识的全部内容就是"我"。那个"我"与我的意识并无不同。

博姆：好的。嗯，我想一个人可以说我就是我的意识，因为如果我没有意识，我就不会在这里。那么意识是不是就只是你刚刚所描述的那些，包括思想、感情、意图？

克：……意图、渴望……

博姆：……记忆……

克：……记忆、信仰、教条，还有执行的仪式，这个整体，就像是被程式化了的电脑。

博姆：是的，每个人都会同意那些东西显然都在意识当中，但很多人会认为并非仅此而已，意识也许超越了那些东西。

克：让我们来探究一下。我们意识的内容构成了意识。

博姆：我想这点需要一些澄清。"内容"这个词通常的用法和你说的很不一样。如果你说杯子的内容是水，那么杯子是一种东西，而水是另一种东西。杯子装着水，所以"内容"一词就说明有个东西装着它。

克：没错，意识是由它所记住的一切构成的：信仰、教条、仪式、国籍、恐惧、快乐、悲伤。

博姆：是的。那么如果那些都不在了，是不是就没有意识了？

克：就不是我们所了解的意识了。

博姆：但是还会有另一种意识吗？

克：完全不同的一种意识。

博姆：嗯，那么我想你实际上是说，我们所了解的那个意识，其构成……

克：……是思想各种活动的结果。思想把我的意识拼凑到了一起——各种反应、回应、记忆，各种非同一般的、错综复杂的微妙之处——这一切就构成了意识。

博姆：我们所了解的那个意识。

克：我们所了解的那个意识。问题是那个意识有没有未来。

博姆：它有过去吗？

克：当然有，记忆。

博姆：记忆，是的。那你为什么说它没有未来？

克：如果它有未来，它还会是完全一样的东西。同样的活动，同样的思想，经过了调整，但其模式被一遍遍地重复着。

博姆：那么你是说思想只会重复？

克：是的。

博姆：但人们有一种感觉，比如说，思想可以发展出新理念。

克：但思想是局限的，因为知识是有限的，如果你承认知识始终有限的话。

博姆：为什么你说知识始终是有限的？

克：因为你，作为一个科学家，你一直在试验、添加、寻找。你在添加，而在你之后还会有人添加更多的知识。所以知识脱胎于经验，它是有限的。

博姆：但有些人说过它不是有限的。他们希望获得完满的或者绝对的关于自然规律的知识。

克：自然规律并不是人类的规律。

博姆：哦，那么你想把讨论限定在关于人类的知识范围内吗？

克：当然了，那是我们唯一能探讨的。

博姆：好的。那么我们是不是说，关于心智，人类不可能获得无限的知识？这是你说的意思吗？总是存在更多未知的东西。

克：是的，总是有更多未知的东西。所以，一旦我们承认了知识是有限的，那么思想就是有限的。

博姆：是的，思想依赖于知识，而知识无法涵盖一切。所以思想没有能力处理发生的一切。

克：没错。但那却是政客和其他所有人都在试图做的事情。他们以为思想能够解决所有问题。

博姆：你可以看出政客身上的知识是非常有限的。而当你对你处理的事情缺乏充分的知识时，你就会制造混乱。

克：所以，由于思想是有限的，而我们的意识是由思想拼凑而成的，因而它也是有限的。

博姆：你可以把这一点说清楚些吗？也就是说，我们只能待在同一个圈子里。

克：同一个圈子。

博姆：你知道，如果你拿科学来比照，人们也许会认为，尽管我的知识有限，但我一直在不停地有所发现。

克：你把发现的添加进去，但依然是有限的。

博姆：依然是有限的。这是重点。我想科学方法背后的理念之一就是，尽管知识是有限的，但我可以不断发现，并紧跟事实。

克：但那还是有限的。

博姆：我的发现是有限的，始终存在我还没有发现的未知。

克：这就是我说的意思。未知、无限，无法被思想捕捉，因为思想本身是有限的。所以，你和我是否都同意这一点，不只是同意，而且看到了这是一个事实？

不安全源于人类没有把世界看成一个整体

博姆：哦，也许我们可以讲得更深入一些。也就是说，思想是局限的，尽管我们有一种非常强烈的偏好、感受或者倾向，认为思想可以无所不能。

克：但是它做不到。看看它在世界上都做了什么！

博姆：嗯，我同意它做了一些可怕的事情，但那并不能证明它始终是错的。你知道，也许你总是可以归咎于那些错误地使用它的人。

克：我知道，那真是一个好用的老伎俩！但思想**本身**是局限的，所以无论它做什么都是局限的。

博姆：而且你说它的局限是非常严重的。

克：没错，是非常非常严重的。

博姆：嗯，我们能说明一下这一点吗？比如说表现在哪方面？

克：就表现在世界上所发生的一切。极权主义的理想就是思想的发明。

博姆：是的，我们可以说，"极权"（totalitarian）这个词本身的意思是人们想涵盖整体（totality），但他们做不到，于是极权主义就崩塌了。

克：它正在崩塌。

博姆：但是还有那些说自己不是极权主义者的人。

克：但是民主党、共和党、理想主义者等等，他们的思想也都是局限的。

博姆：是的，它们的局限是……

克：……非常有破坏性的。

博姆：……是非常严重、非常有破坏性的。那我们如何能阐明这一点？你知道，我可以说："好吧，我的思想是局限的，但也许根本没那么严重。"为什么这一点如此重要？

克：原因很简单：因为有限的思想无论产生什么行动，都必然会导致冲突。把人类从地域上瓜分成各个国家，从宗教上划分人类等等，都在世界上造成了巨大的破坏。

博姆：是的，让我们把这一点和思想的局限性联系起来。也就是说，我的知识是有限的。而这怎么会导致我瓜分世界呢？

克：我们不是在寻求安全感吗？我们以为家庭中、部落中、国家主义中存在安全。所以我们认为划分中存在安全。

博姆：是的，这似乎就是划分得以发生的来龙去脉了。以部落为例：一个人也许觉得不安全，于是他说："和部落在一起我就安全了。"这是一个结论。而我认为我的知识够多，足以确信事情就是这样的，但实际上我知道的不够多。还有其他的事情发生我并不知道，这让事态变得很不安全。其他的部落出现了。

克：不，正是划分造成了不安全。

博姆：划分帮助造成了不安全，但我想说的是，我的知识不足以了解那一点——我没有看到那一点。

克：人没有看到那一点，是因为他没有把世界看作一个整体。

博姆：嗯，以安全为目标的思想试图知道所有重要的事情。一旦它知道了所有重要的事情，它就会说："这会带来安全。"然而，不仅存在很多它不知道的事情，而且它不了解的事情之一正是：这个思想本身就具有分裂性。它会造成分裂，因为我把某个区域定义为安全的，就与其他的区域割裂了开来。

克：它具有分裂性，因为它本身是局限的。任何局限的事物都必然会造成冲突。

博姆：哦，你是说任何思想……

克：如果我说我是一个个体，这就是局限的。我只关心自己，这非常局限。

博姆：是的，我们得把这一点说清楚。你瞧，如果我说这是一张桌子，这也是局限的，但不会造成冲突，对吗？

克：对，那里没有冲突。

博姆：但是当我说，这是"我"，就会造成冲突。

克："我"就是一个具有分裂性的存在体。

博姆：让我们把其中的原因看得更清楚一些。

克：因为它具有分裂性，它关心的是自己；而与更伟大者、与国家相认同的"我"，依然具有分裂性。

博姆：是的，我为了安全而给自己定位，这样我就知道我与你是对立的，我要保护我自己。而这造成了你我之间的分裂。

克：还有我们和他们之间的分裂，诸如此类。

博姆: 我们和他们。而那来自我局限的思想, 因为我不明白我们实际上是紧密地联系和联结在一起的。

克: 我们都是人类。

博姆: 是的, 我们都是人类。

克: 所有的人类都或多或少有着同样的问题。

博姆: 但我还没理解这一点。我的知识是有限的, 我以为我们**可以**进行划分, 然后保护我们自己, 保护我而不是其他人。但正是在这么做的行为中, 我造成了不稳定、不安全。

克: 没错, 你造成了不安全。所以, 如果我们并非只是从智力上或字面上看到, 而是真正体会到了我们就是全体人类, 那么责任就会变得无比重大。

博姆: 那你能为那种责任做些什么呢?

克: 我要么助长那整个混乱的状况, 要么置身其外。也就是, 让自己内心保持安宁、拥有秩序。我会讲到那一点的, 我进行得太快了。

我们从根本上是相同的

博姆: 你瞧, 我想我们触及了非常重要的一点。我们说整个人类、全体人类是一体的, 所以制造分裂是……

克: ……危险的。

博姆: 是的, 但划分我和桌子并不危险, 因为从某种意义上来说我们并不是一体的。而人类并没有意识到自己是一个整体。

克：为什么，为什么？

博姆：嗯，让我们来探究一下。这是一个关键点。显然人类并没有意识到这一点，因为世界上存在着如此之多的划分，不仅仅在国家和宗教之间，而且人与人之间也是如此。

克：为什么会存在这种划分？

博姆：哦，首先，至少在现代，有一种信念认为每个人都是一个个体。这种信念也许在过去并没有那么强烈。

克：这正是我要质疑的。我完全怀疑我们是不是个体。

博姆：这是个很大的问题，因为……

克：当然。我们刚刚说过，意识，也就是"我"，和其他所有人类的意识是相似的。他们都受苦，都有恐惧，都不安全；他们都有自己特定的神明和仪式，这些都由思想所造。

博姆：是的，但我想这需要一些说明。这里有两个问题。一个是，并不是每个人都觉得他和别人是相似的——大部分人都认为他们拥有某些独特之处。

克：你说的"独特之处"是什么意思？做事情上的不同吗？

博姆：可以有很多事情不同。比如说，一个国家也许觉得自己在某些事情上能够比另一个国家做得更好；一个人做了一些特别的事情，或者拥有一种特殊的品质。

克：当然，你在智力上比我更胜一筹，有人在这方面或那方面更出色一些。

博姆：他也许对自己特殊的能力或者优势感到骄傲。

克：但当你抛开那些，我们从根本上是相同的。

博姆：你是说你刚刚描述的这些事情是……

克：表面上的。

博姆：那么哪些事情是根本的？

克：恐惧、悲伤、痛苦、焦虑、孤独，以及人类所有的劳苦。

博姆：但很多人也许认为最根本的事情是人类最高的成就。

克：我们取得了什么成就？

博姆：首先，人们也许会为人类在科学、艺术、文化和技术方面的成就感到骄傲。

克：我们在那些方面都取得了成就，毫无疑问我们拥有强大的技术、通讯、旅行、医药、外科医学……

博姆：很多方面的成就都非常了不起。

克：这一点毫无疑问。但我们从心理上取得了什么成就？

博姆：你是说这些成就丝毫没有从内心影响我们？

克：是的，没错。

博姆：而心理方面的问题比其他任何问题都要重要，因为如果不消除内心的问题，其他的问题就会很危险。

克：如果我们内心受到了局限，那么无论我们做什么都将是局限的，而技术会被我们局限的心智所利用。

博姆：是的，这个局限的心智成了主人，而不是理智的技术结构。事实上技术因而变成了一个危险的……

克：……工具。

博姆：所以，心智处在这一切的核心，这是一方面。而如果心智没有秩序，那么其他的就毫无用处。

克：如果房子井然有序……

博姆：接下来的第二个问题就是：尽管我们说心智中存在着某种根本的失序，或者我们所有人共有的一种秩序的缺失，而且我们也许都有潜力去做另外一些事情，但我们真的都是一体的吗？尽管我们都很相似，但那并不意味着我们都是一样的、我们是一体的。

克：我们说过，在我们的意识中，从根本上讲我们都立足于同样的基础。

博姆：是的，人类的身体都是相似的，但这个事实并不能证明他们都是一样的。

克：当然不能，你的身体和我的不同。

博姆：是的，我们在不同的地方，我们是不同的存在体，等等。但我认为你想说的是，意识并不是一个独立的存在体……

克：没错。

博姆：……而身体是一个具有某种个体性的存在体。

克：这些看起来都再清楚不过了。

博姆：也许很清楚，但我想……

克：你的身体与我不同，我的名字和你不同。

博姆：嗯，我们是不同的——尽管我们由相似的物质构成，但我们是不同的。我们不能互相交换身体，因为一个身体里的蛋白质可能与另一个身体里的蛋白质不匹配。而很多人对心智也抱有那样

人类会有怎样的未来？　125

的看法，认为人与人之间存在着一种相容或不相容的化学反应。

克：但如果你真的更深入地探究这个问题，就会发现意识由所有的人类所共有。

博姆：是的，但人们的感觉是意识是单独的，它的沟通方式可以说是……

克：我认为那是一个错觉，因为我们在坚持一件不真实的事情。

博姆：嗯，你是不是想说人类只有一个意识？

克：它就是一个。

博姆：它就是一个。这很重要，因为有很多个还是只有一个，这是一个关键性的问题。

克：是的。

博姆：也可能有很多个，那么它们就在沟通并构建一个更大的单位。还是说，你认为它从一开始就只有一个？

克：它从一开始就是一个。

博姆：那么那种分离感就是个幻觉，对吗？

克：这就是我说了一遍又一遍的意思。这看起来是如此理智以及符合逻辑，而另一种看法则是荒唐的。

博姆：但人们不这么认为，至少没有直接感觉到分离的存在这个想法是荒唐的，因为人会根据身体的情况来推断心智。一个人会说，我的身体和你的身体是分离的，而身体之内是我的心智，这么说很合理。而你是不是说心智并非在身体之内？

克：那就完全是另一个问题了。先等一下，让我们先把这个问题说完。如果我们每个人都认为我们在精神上是分离的个体，我们在这个世界上所造成的就是一片惊人的混乱。

博姆：嗯，如果我们并不是分开的，但我们认为我们是分开的，那显然会造成一种巨大的混乱。

克：这就是发生着的事情。每个人都认为他必须去做他想做的事，必须成就自己。所以他在自己的分离状态中挣扎，试图收获和平与安全，而那种安全与和平却因此被彻底否定了。

博姆：嗯，它们被否定的原因是根本不存在分离。你知道，如果的确存在分离，那么努力去那么做就是一件合理的事情了。然而，如果我们试图分离不可分割的东西，结果就必然是混乱。

克：没错。

博姆：现在这一点清楚了，但是我想，人们没法一下子就明白人类的意识是一个不可分割的整体。

克：是的，先生，一个不可分割的整体，千真万确。

思想即是时间

博姆：如果我们考虑这个想法，就会出现很多问题，但我不知道我们对这个问题是不是已经探索得足够深入了。其中一个问题是，我们为什么认为我们是分开的？

克：我为什么认为我是分开的？这就是我所受的制约。

博姆：是的，但我们究竟是怎么接受如此愚蠢的制约的？

克：从小时候就开始了：这是我的，这是**我的**玩具，不是**你的**。

博姆：但你最直接的感受却是：说"这是我的"，是因为我觉得自己是分开的。本来是一个整体的心智，是如何得出"它分解成了很多碎片"这个错觉的，这一点并不清楚。

克：我想还是因为思想的活动。思想的本质就是分裂的、破碎的，所以我是一个碎片。

博姆：思想会造成一种破碎感。你可以看出，比如说，一旦我们决定建立一个国家，我们就会把自己分离出来，认为自己与其他的国家是分开的，然后各种各样的后果就会接踵而至，让整件事情看起来无比真实。我们都有各自的语言、各自的旗帜，有单独的这个和那个，然后我们设立了国界。一段时间之后，我们看到了如此之多分离的证据，以至于我们忘了一切都是怎么开始的，然后说它一直就是那样的，我们只不过是延续过去一直存在的样子罢了。

克：当然。这就是为什么我认为，一旦我们领会了思想的本质和结构，思想是如何运作的，思想的根源是什么，进而看清它始终是局限的，如果我们真的看到了这一点，那么……

博姆：那么思想的根源是什么？是记忆吗？

克：记忆，对以往事情的回忆，也就是知识，而知识是经验的产物，经验也始终是有限的。

博姆：但思想毫无疑问也包括了前进、运用逻辑、将发现和洞见考虑在内的意图。

克：可就像我们之前说过的，思想就是时间。

博姆：是的，好吧，思想是时间。这也需要更多的探讨，因为你知道人的第一体验会说：是先有时间的，而思想是发生在时间之中的。

克：啊，不。

博姆：比如说，如果我们说运动发生了，身体在活动，这就需要时间。

克：从这儿走到那儿需要时间，学习一门语言需要时间，画一幅画需要时间。

博姆：栽培一株植物需要时间。我们说思考也需要时间。

克：所以我们是从时间的角度来思考的。

博姆：你瞧，我首先想要考察的一点是，就像所有事情都需要时间一样，思考也是需要时间的。而你在说另一件事情，那就是：思想即是时间。

克：思想即是时间。

博姆：那是从精神上、从心理上来讲的。那我们要如何理解这一点呢？思想即是时间。你知道这一点没有那么显而易见。

克：你认为思想是运动，时间也是运动吗？

博姆：你知道，时间是一种神秘的东西，人们对此曾有争论。我们可以说时间需要运动。我能理解如果没有运动我们就没有时间。

克：时间就是运动，时间和运动是分不开的。

博姆：我没有说时间和运动是分开的，但如果说时间就是运动，你知道，如果我们说时间和运动是一体的……

克：是的，我们是这么说的。

博姆：是的，它们是无法分开的。这一点看起来是显而易见的。存在着物理运动，也就是说存在着物理时间，对吗？

克：物理时间，冷和热，还有黑暗和光明，日出和日落，所有这些……

博姆：还有四季，是的。然后我们还有思想的运动，这就引入了思想的本质这个问题。你瞧，思想只不过是神经系统、大脑中的一种活动，是吗？你会这么说吗？

克：是的。

精神层面的所有理想都是虚幻的

博姆：有些人说过它包括了神经系统的运动，但也许不仅如此。

克：时间实际上是什么？时间是希望。

博姆：就内心层面而言。

克：心理上的，我暂且只说内心层面。希望是时间，成为什么是时间，获取成就也是时间。现在以"成为什么"这个问题为例：内心我想成为怎样的人。我想变得不暴力，我们以此为例。这完全是一种谬论。

博姆：嗯，我们明白那是一种谬论，但它之所以是谬论，是因为根本不存在那种时间，对吗？

克：没错。人类是暴力的，而托尔斯泰以及印度的人们，一直对非暴力高谈阔论。事实上我们是暴力的，非暴力并非事实，但我们想变成那样。

博姆：是的，但这还是我们用来看待物质世界的那种思想的延伸。如果你看到一片沙漠，那片沙漠是真实的，于是你说花园是不真实的，但你心里有一座你浇了水就会出现的花园。所以我们说，我们可以为将来计划，到时沙漠将会变成沃土。到这里我们就必须小心了：我们说我们是暴力的，但我们无法通过类似的计划变得不暴力。而这是为什么？

克：为什么？因为当暴力存在时，非暴力的状态就无法存在。那只是一个理想。

博姆：嗯，我们得把这一点说得更清楚一些，因为同样的道理，肥沃状态和沙漠也是无法并存的。你瞧，我认为你说的是，在涉及心智的情况下，当你是暴力的，非暴力就没有意义。

克：暴力是唯一的状态，而不是另一种状态。

博姆：只存在那种状态，而朝向另一种状态的运动是虚幻的。

克：是的，精神层面所有的理想都是虚幻的。建造一座宏伟桥梁的理想并不是虚幻的。你可以为它做计划，但抱有精神上的理想……

博姆：是的，如果你是暴力的，当你努力变得不暴力，你就会继续暴力下去……

克：……那毫无意义，可这却变成了如此重要的事情。因此我既质疑变成"现在如何"，也质疑远离"现在如何"。

博姆：变成"应当如何"，是的。如果你说从自我改善的角度来讲，"成为什么"是毫无意义的，那么……

克：噢，自我改善是极其丑陋的事情。我们说这一切的根源是思想活动，也就是时间。我们一旦从心理上把时间变得重要，那么所有的理想，比如非暴力、达到某种高超的境界等等，都会变得虚幻无比。

博姆：是的，当你说到思想活动就是时间，在我看来那种时间本身就是虚幻的。

克：是的。

博姆：我们感觉它是时间，但它并非一种真实的时间。

克：那就是我们为什么会问：时间是什么？我需要时间从这儿走到那儿。如果我想学习工程学，我需要时间。我必须学习它，这要花时间。但同样的运动被带入到了心智中。我们说，我需要时间来变好，我需要时间来觉悟。

博姆：是的，这必然会造成冲突，你的一部分和另一部分之间的冲突。所以，你说"我需要时间"的那种运动，也会造成心智中的分裂：观察者和被观察者之间的分裂。

克：是的，没错。我们说观察者就是被观察对象。

博姆：所以心理上是不存在时间的。

克：没错。思想者就是思想，并不存在与思想分离的思想者。

博姆：你知道，你所说的一切听起来都非常有道理，但我想这严重地违背了我们所习惯的传统观念，以至于从总体上来说，让人们真正理解这一点是极其困难的。

克：当然，大多数人只想要一种舒适的生活方式："让我继续现在的样子吧，看在上帝的分上，别管我！"

博姆：是的，那是太多冲突的结果，以至于人们变得很戒备。

有没有可能过一种毫无冲突的生活？

克：但人们逃避的或者尚未解决的冲突依然存在，无论你是否喜欢如此。所以，这才是整个重点所在：有没有可能过一种毫无冲突的生活？

博姆：是的，这些在我们之前所讲的话里都已经说明了。冲突的根源是思想、知识或者过去。

克：没错。所以我们会问：有没有可能超越思想？或者说有没有可能终结知识？我说的是心理上，而不是……

博姆：是的，关于物质之类的知识、科学知识要继续存在下去。

克：当然，那些必须继续存在。

博姆：但你所说的自我认识是你要结束的东西，不是吗？

克：是的。

博姆：另一方面人们说过——连你也说过——自我认识是非常重要的。

克：自我认识很重要，但是如果我花时间来了解自己，换言之，如果我说我通过检视、分析，通过观察我与别人的所有关系等等，最终会了解自己，这一切都涉及时间。而我说存在另一种不用时间去看待整件事情的方式，那就是当观察者就是被观察之物的时候。那种观察中没有时间。

博姆: 我们可以进一步探究这个问题吗? 我的意思是, 比如说, 如果你说不存在时间, 但你依然会觉得你可以记起一小时前你在别的什么地方。那么, 我们在哪种意义上说时间是不存在的呢?

克: 时间就是分裂, 就像思想就是分裂一样。这就是为什么思想就是时间的原因。

博姆: 时间是过去、现在、未来这样一系列的划分。

克: 同样地, 思想也具有分裂性, 所以时间就是思想, 或者思想就是时间。

博姆: 是的, 但这并不完全接得上你之前说的话。

克: 让我们来探讨一下。

博姆: 你知道, 乍一看来, 一个人会认为思想通过尺度等各种手段造成了各种各样的分裂, 并且划分出了各个时间段: 过去、现在和未来。但从这一点并不能得出思想就是时间。

克: 你瞧, 我们说过时间就是运动。思想也是一系列的运动。所以两者都是运动。

博姆: 是的, 好吧。我们假设思想是神经系统的一种运动以及……

克: 你知道, 它是一种"成为"活动。我说的是心理上。

博姆: 但是, 无论何时只要你思考, 血液里、神经里等等也流动着某种东西。而当你谈到心理活动, 你指的仅仅是内容上的变化吗? 那什么是运动? 是什么在运动?

克: 你瞧, 我是这样的, 而我试图从内心变成别的样子。

博姆：所以那种运动在你思想的内容里？

克：是的。

博姆：所以，如果你说"我是这样的，而我试图变成那样"，那么我就处于运动中。至少我觉得自己处于运动中。

克：比如说我很贪婪。贪婪是一种运动。

博姆：那是怎样一种运动？

克：去得到我想要的，得到更多，这是一种运动。

博姆：是的。

克：而我发现这种运动很痛苦，比方说。然后我努力变得不贪婪。试图变得不贪婪，这是一种时间运动，是一种"成为"活动。

博姆：是的，但是连贪婪都是"成为"活动。

克：当然是。所以，这才是真正的问题：有没有可能不去成为什么？就内心而言。

博姆：嗯，这似乎需要你内心不想成为任何人。换言之，只要你以任何方式给自己下定义，那么……

克：不，我们很快就会下定义。

博姆：我是说，如果我把自己定义为贪婪的，说我很贪婪，或者我是这个、我是那个，那么我要么想要成为别的什么，要么保持现状，对吗？

克：那么我能保持现状吗？我能不能和贪婪而不是不贪婪待在一起？贪婪和我并没有什么不同，贪婪就是我。

博姆：是的。这里需要说明一下——通常的思维方式是，我现在是这样的，然后我可以变得贪婪或者不贪婪。

克：没错。

博姆：因为这些是我具备或者不具备的品质。

克：但这些品质**就是**我。

博姆：是的，而这与我们通常的说法和经验再一次大相径庭。

克：当然。

博姆：而这里我们却说我就是我的品质，这说明是归属的想法造就了"我"，对吗？造就了"自我感"。

克：所有的品质、个性、品德、评判、结论和观点都是"我"。

博姆：嗯，在我看来这一点必须即刻被鲜明地感知到。

克：这就是整个问题所在：要即刻感知到这整个运动的全部。然后我们就来到了"感知"这个问题上：有没有可能感知——这听起来有点儿奇怪，或许还有点儿疯狂，但并非如此——有没有可能感知而完全没有记忆的活动？直接感知某件事情而没有词语，没有反应，也没有记忆闯入感知？

博姆：这是一个很大的问题，因为记忆经常进入感知。这就引出了这个问题：什么能阻止记忆进入感知？

克：没什么能阻止它。但是，如果我们看到记忆的活动是有限的，一旦洞察到那种局限性，我们就已经离开它进入了另一个维度。

博姆：嗯，在我看来你必须洞察记忆的全部局限。

克：是的，而不是一部分。

博姆：你可以从大体上看出记忆是局限的，但是在很多方面这一点并不明显。比如说，我们很多不明显的反应也许就是记忆，但我们并没有体验到它们是记忆。比如说，我体验到"我"此刻就在这里，而这并不是记忆。这是司空见惯的体验。假设我想变得不那么贪婪：我体验到了贪婪，我也体验到"变得不贪婪"这份渴望是一个事实。它也许是记忆的产物，但我认为这个"我"是有记忆的那个人，而不是反过来，不是记忆造就了"我"。

克：这些问题实际上都可以归结为人类能否毫无冲突地活着。从根本上讲就可以归结为这个问题：在这个地球上我们能不能拥有和平？思想的活动永远无法实现这一点。

博姆：是的，从我们之前所说的内容可以明确看出，思想的活动无法带来和平，它必然会从内心层面带来冲突。

克：一旦我们真正看清了这一点，我们的整个行为就会完全不同。

博姆：但你是不是说存在一种并非思想的行动，它超越了思想？它不仅超越了思想，而且不需要思想的配合？还有，当思想不存在时，这才有可能发生？

克：这是真正的重点。我们之前经常讨论这个问题：是否存在超越思想的东西。不是神圣、圣洁的东西——我们说的不是那些。我们问的是：是否存在一种行动是没有被思想触及的？我们说是存在的，而那种行动就是最高形式的智慧。

博姆：是的，现在我们引入了智慧。

克：我知道，我是故意把它引入进来的！所以智慧并非狡猾的思想的行为。

博姆：嗯，智慧可以运用思想，就像你经常说的那样。

克：智慧可以运用思想。

博姆：思想可以是智慧的行动——你是不是会这么说？

克：是的。

博姆：或者它也可以是记忆的行动？

克：就是这样。它要么是产生于记忆的行动，而记忆是局限的，所以思想是局限的，于是它自身的行为就会带来冲突。

博姆：我想这会和人们关于电脑的说法联系起来。每台电脑最终都必须依赖于输入的、设定的某种记忆，而那必定是有限的，对吗？

克：当然。

博姆：所以当我们根据记忆来运转，我们就和电脑没什么两样；反过来说，或许电脑和我们也没什么两样！

克：我会说，一个印度教徒过去五千年来已经被程式化成了一个印度教徒；或者在这个国家，你已经被程式化为一个英国人、一个天主教徒或者一个新教徒。所以说我们都在一定程度上被程式化了。

博姆：是的，但你引入了智慧的概念，它是摆脱了程式化的，它或许是创造性的。

克：是的。那种智慧与记忆和知识无关。

博姆：它可以在记忆和知识中行动，但与它们毫无关系。

我们能不能结束痛苦？结束"我"？

克：它可以通过记忆等等来运作，没错。那么，你如何才能探明这个说法是否具有任何真实性，还是说这只是想象和浪漫的无稽之谈罢了？你如何一探究竟？若要弄清这一点，我们就必须探究这整个痛苦的问题，以及痛苦能否终结。只要存在痛苦、恐惧和对享乐的追求，就不可能有爱。

博姆：是的，但这里有很多问题。首先，痛苦、享乐、恐惧、愤怒、暴力和贪婪，都是记忆的反应。它们与智慧毫无关系。

克：是的，它们都是思想和记忆的一部分。

博姆：只要它们在活动，在我看来，智慧似乎就无法在思想中或者通过思想来运转。

克：没错，所以必须从痛苦中解脱出来。

博姆：嗯，那是一个非常关键的点。

克：这的确是一个非常严肃、非常深刻的问题：有没有可能结束痛苦，也就是结束"我"？

博姆：是的，但话说回来，也许这看起来有些重复，但通常的感觉就是"我"在那儿，"我"要么受苦要么不受苦，"我"要么享受要么不享受。而我认为你说的是痛苦源于思想，它就是思想。

克：痛苦来自认同、依附。

博姆：那么受苦的是什么？在我看来，记忆也许会带来快乐，然后当它行不通时就会产生痛苦和苦难。

克：不仅如此。苦难要复杂得多，不是吗? 什么是苦难? 这个词的意思是遭受痛苦，感到悲伤，感到极度迷惘和孤独。

博姆：在我看来它不仅仅是个别的痛苦，而是一种整体性的、无处不在的痛苦。

克：苦难是失去了某个人。

博姆：或者失去了某个非常重要的东西。

克：是的，当然。失去了我的妻子、儿子、兄弟或者无论什么人，于是有了那种无可救药的孤独感。

博姆：又或者只是因为这个事实：整个世界已经走到了这般田地。这让一切都毫无意义，你知道的。

克：无数战争造成了多么深重的苦难! 而且这已经持续了几千年。这就是为什么我说我们过去五千年来甚至更久都延续着同样的模式。

博姆：是的，而一个人很容易就可以看出，战争中的暴力和仇恨会干扰智慧。

克：显然如此。

博姆：但有些人觉得通过受苦他们会得到净化，就像经历了淬炼一样。

克：我知道。他们认为通过苦难你能学到东西，得到净化，通过苦难你的自我会消失、消融。不会的。人们已经遭受了无尽的苦难，流了多少眼泪，因为无数的战争，因为政府破坏性的本质，还有失业、无知……

博姆：……对疾病、对痛苦，对一切的无知。而痛苦究竟是什么？它为什么会破坏智慧或者妨碍智慧？到底是怎么回事？

克：痛苦是一种打击——我受苦，我有痛苦，这就是"我"的核心。

博姆：是的，关于痛苦的难点就在于受苦的正是"我"，而这个"我"的确以某种方式为自己感到很难过。

克：我的痛苦与你的痛苦不同。

博姆：它隔离了自己，造成了某种错觉。

克：我们没有看到痛苦由全人类所共有。

博姆：是的，但假设我们确实看到了痛苦由全人类所共有呢？

克：那样我就会开始质询痛苦是什么。它不是我的痛苦。

博姆：嗯，这点很重要。为了理解痛苦的本质，我必须摆脱"这是我的痛苦"这个想法，因为只要我相信这是我的痛苦，我就会对这整件事情产生错觉。

克：于是我永远无法结束痛苦。

博姆：如果你在和一个幻觉打交道，你就对它什么也做不了。你瞧，我们不得不先回过头来探讨：为什么痛苦是很多人的痛苦？比如说，首先是我感觉到了牙痛，或者我失去了什么，或者我身上发生了些事情，但另一个人看起来却非常开心。

克：开心，是的。但他同时也以自己的方式在受苦。

博姆：是的，他暂且没有发现痛苦，但他也有自己的问题。

克：痛苦是全人类所共有的。

博姆：但"痛苦由全人类所共有"这个事实，并不足以让痛苦成为一个整体。

克：这是个事实。

博姆：你是说人类的痛苦是一体的、不可分割的？

克：是的，这就是我说的意思。

博姆：就像人类的意识是一体的一样？

克：是的，没错。

博姆：也就是说，当任何一个人受苦，整个人类都在受苦。

克：整个问题就在于，我们从时间伊始就一直在受苦，而我们并没有解决它。

博姆：但是你说过我们没有解决它的原因是：我们把它当成了个人的或者一个小群体的痛苦，而那是一个幻觉。任何想处理幻觉的尝试都无法解决任何事情。

克：思想无法从心理上解决任何事情。

博姆：因为你可以说思想本身就是分裂的。思想是局限的，它无法看到这种痛苦是一个整体，因而把痛苦划分成了我的和你的。

克：没错。

博姆：而这造成了幻觉，于是只会增加痛苦。而在我看来，"人类的痛苦是一体的"这个说法，和"人类的意识是一体的"这个说法是分不开的。

克：先生，世界就是我，我就是世界。

博姆：你经常这么说。

克：是的，但我们把它分成了英国的地球、法国的地球以及诸如此类的一切！

博姆：你所说的世界，指的是物理世界还是社会的世界？

克：社会的世界，主要是精神世界。

博姆：所以我们说社会的世界、人类世界是一体的，而当我说我就是那个世界时，那是什么意思？

克：世界与我并无不同。

博姆：世界和我是一体的，我们是不可分割的。

克：是的。而这需要真正的冥想，你必须感受到这一点，而不只是当作一个口头上的说法。这是一个事实：我是我兄弟的守护者。

博姆：很多宗教也这么说过。

克：那只是一个说法而已，他们并没有遵守，他们并没有发自内心地去那么做。

博姆：也许有几个人那么做了，但总的来说这一点并没有实现。

克：我不知道是不是有人这么做了，我们人类并没有这么做。我们的宗教实际上在妨碍这么做！

博姆：因为分别，因为每种宗教都有自己的信仰和自己的组织？

克：当然了，还有它们自己的神明和救世主。那么，说了这么多，那种智慧是真实的吗？你明白我的问题吗？还是说它是某种虚幻的投射，希望它能解决我们的问题？对我而言不是这样的，它是一个事实，因为痛苦的终结就意味着爱。

博姆：在我们继续往下探讨之前，让我们澄清关于"我"的一点。你刚刚说过"对我而言不是这样的"。从某种意义上来说，你似乎还是勾勒出了一个个人，是这样吗？

克：是的，我用"我"这个词只是作为一种交流的手段。

博姆：可那又是什么意思呢？让我们假设有两个人，"甲"就是像你一样见到了真相的人，而"乙"是没有见到真相的人。这似乎就在"甲"和"乙"之间造成了一种分裂。

克：没错，然而是"乙"造成了分裂。

博姆：为什么？

克：这两个人之间有什么关系？

博姆：哦，"乙"因为说"我是个分离的人"而制造了分裂，可是当"甲"说"对我而言并不是这样的"，这会让"乙"更加困惑——对吗？

克：这就是关系的全部含义，不是吗？你感觉到你不是分离的，而且你真的拥有这种爱和慈悲感，而我没有。我还没有洞察到或者探究过这个问题。那么你和我有什么关系？你和我有一种关系，而我和你没有任何关系。

博姆：是的，我想我们可以说，没有看到真相的人几乎是生活在一个梦境般的内心世界里的，因而梦境的世界与觉醒的世界毫无关系。

克：没错。

博姆：但那个觉醒的伙伴也许至少可以唤醒他的同伴。

克：你是清醒的，而我不是。那么你与我的关系是很明了的。但我和你没有任何关系，我就是无法拥有一种关系。我坚持分裂，而你不会。

博姆：是的，在某种意义上，我们不得不说人类的意识分裂了它自身，它是一体的，但它通过思想分裂了自身。这就是我们为什么会陷入如今的境况的原因。

克：这就是原因——人类如今在内心以及在其他方面遇到的所有问题，都是思想的产物。我们采用着老一套的思维模式，而思想永远无法解决这些问题中的任何一个。所以存在着另一种工具，那就是智慧。

人类正在走向毁灭

博姆：这开启了一个完全不同的话题，而且你还提到了爱和慈悲。

克：没有爱和慈悲就没有智慧。你如果执着于某个宗教，就像个被绑在桩子上的动物一样，你就不可能是慈悲的。

博姆：嗯，一旦你的自我受到威胁，它就无法……

克：当然。但是你知道，自我隐藏在……

博姆：……其他事情背后，比如高尚的理想背后。

克：是的，它隐藏自己的能力是无限的。那么人类的未来会怎样？依我所见，人类正走向毁灭。

博姆：看起来就是这样的方向。

克：非常黯淡、灰暗和危险。而如果一个人有孩子，他们的未来会怎样？进入这一切之中，然后遭遇所有的不幸吗？所以教育就变得格外重要。然而现在的教育只是积累知识而已。

博姆：人类发明、发现或者开发出的每一种工具，都被导向了毁灭的方向。

克：绝对是这样。人们正在破坏自然，现在只剩下很少几只老虎了。

博姆：森林和农田也正在遭到破坏。

克：看起来没人关心这些。

博姆：嗯，大部分人都只是沉浸在他们拯救自己的计划中，但也有另一些人有拯救全人类的计划。我想同时还存在一种绝望的倾向，从现在所发生的事情中可以明确看出这一点：人们认为无计可施。

克：是的，而如果他们认为可以做些什么，他们就建立各种微不足道的组织和微不足道的理论。

博姆：嗯，有些人对他们所做的事非常有信心……

克：大多数首相都很有信心。但他们实际上并不知道他们在做些什么。

博姆：但大多数人对他们自己在做的事并没有多少信心。

克：我知道。而如果你抱有极大的信心，我就接受你的信心然后跟你走。所以，人类的未来会怎样？我想知道有任何人关心这一点吗？还是说每个人、每个组织都只关心它自己的生存？

博姆：嗯，我想人们首先关心的几乎始终是个人或者组织的存活。人类的历史一直就是如此。

克：因而就有了永无止境的战争、永无止境的动荡。

博姆：但就像你说的，这是思想犯错的结果，思想把自己与组织等等相认同，在这个残缺的基础上就会做错事。

克：先生，你碰巧听到了这些话，这些你都同意，你看到了其中的真相。那些掌权的人不会听你讲的，他们正在制造越来越多的不幸，这个世界正变得越来越危险。你我达成共识并且看到了某种真实的东西，这有什么意义？这就是人们的疑问：你和我看到了某种真实的东西，这又有什么影响？

博姆：哦，在我看来，如果我们从影响的角度来考虑，我们就恰恰引入了麻烦背后的肇因——时间。换言之，随后的第一反应就会是我们必须迅速投身进去做些什么，来改变事情发展的进程。

克：进而建立一个社团、基金会、组织以及诸如此类的一切。

博姆：你知道，我们的错误就在于我们觉得必须想些什么，而思想本身就是不完整的。我们实际上并不知道发生了什么，而人们却为此编造了理论，但实际上他们并不知道是怎么回事。

克：没错，但是如果那是个错误的问题，那么作为一个人，也就是人类，抛开影响以及诸如此类的一切，我的责任是什么？

博姆：是的，我们不能把眼光投向影响。但是，这里的情况与"甲"和"乙"的情况是相同的："甲"看到了，而"乙"没有看到。现在假设"甲"看到了某样东西，而其他人则没有。那么，我们似乎可以说，人类正处在睡梦之中，他睡着了。

克： 是陷入了幻觉之中。

博姆： 那么关键就在于，如果有人看到了某样东西，他的责任就是去帮助唤醒别人走出幻觉。

克： 正是如此，我是说这正是问题所在。这就是为什么佛教徒投射出了慈悲的菩萨的概念，菩萨作为所有慈悲的核心化身，等着拯救人类。这听起来很不错，有人在做这件事，这是一种很幸福的感觉。但事实上，我们不愿意做任何一件令自己感到不舒服、不满足、不安全的事，不管是心理上还是身体上。

博姆： 嗯，本质上这正是幻觉的来源。

克： 一个人要怎样才能让其他人看到这一切？他们没有时间，没有精力，甚至都没有这个意愿，他们只想要娱乐消遣。怎样才能让"某个人"如此清楚地看到这整件事情，乃至于他说，"好的，我明白了，我愿意为此行动，而且我知道我有责任"，等等等等？我想，看到了真相的人和没看到真相的人，面临的是共同的悲剧。

谁是经验者？

———————

艾丽丝·默多克（Iris Murdoch, 后文简称默多克），哲学家、小说家

思考者与他的思想是不同的吗？

默多克：我有很多问题，所以我就从我特别感兴趣的一个问题开始，看看我们能走到哪里。问题是关于"经验"这个词的，在你的著作中，你有时用它来指代某种你认为应该加以克服的东西。你似乎把经验这个概念，与先入为主的态度、教条或信念这些概念联系在了一起，它们会阻碍某种存在，而你会把那种存在与某种创造性的当下状态联系起来。我没有完全理解这一点。在我看来，不可能完全……

克里希那穆提：……抹除经验。

默多克：是的，忽视或者摆脱经验。我想就紧扣"经验"这个词，因为也许你想赋予它某种特殊的含义。这是一个如此常见的词，

似乎描述的是人类所特有的意识的延续。也许你会对此说些什么。

克：我不太知道你说的经验是什么意思。人可以体验到他渴望的东西。

默多克：你是说凭借想象？

克：是的。同时，你也会根据你所受的制约产生经验。如果我是个虔诚的佛教徒，我就可以体验到所谓佛陀曾有的意识状态。

默多克：嗯，那可是一种相当特别的经验，不是吗？

克：是的，但我只是在质询我们所说的经验是什么意思。比如说我经历了愤怒。经验与经验者之间有区别吗？

默多克：哦，这是个很难回答的用词问题，因为英语里的"经验"一词描述的对象非常模糊。它可以指某种短暂的东西，比如"我昨天有一次奇怪的体验"，或者它也可以指你有意识的生活的延续，以及你与你的过去的关系。但我认为你所说的"经验"，似乎是某种归集了你的过去的东西。有时候我认为你把欲望描述为经验，但你又说爱不是经验。

克：爱不可能是经验。

默多克：你能解释一下区别在哪里吗？

克：我们能否探讨一下这个问题：是谁在经验这整件事情或任何事情，无论是经验某种想象出来的东西，还是经验一个人过往的传统和意象等等？

默多克：你是在问：谁是经验者？

克：是的，是谁在经验？

默多克：这也是个很难回答的问题，不是吗？如果你问大街上的一个路人，他会说是"那个人"。

克：是的，是"我"在经验。

默多克：这些经验属于"我"。

克：我今天早上坐车经历了一次事故，我经历了如此之多的事。

默多克：但是，如果一个人要探究这个问题而不满足于那类回答，他也许会说：哦，当然，我们必须区分各种不同的经验。我立刻就能想到三种经验：有我过往的生活经验；我们也会说某人"是个经验丰富的人"，意思是他有大量的某种类型的经验；然后我们还会说，经验就是我意识的延续，是回到过去。

克：或者人的意识的延续。你用"意识"这个词指的是什么？

默多克：嗯，让我们这样来探讨这个问题：我会说，在不同的时间，意识是不同的。而"经验"一词的含义，我想也会不一样，那取决于你是否只是在谈论日常生活。我们这样来说：你或多或少地在让自己影响这个世界，说"我在做这个，我在做那个"，而这也许就是经验。但也许还有一种经验是你实际上并不在场的。

克：就是这样，就是这样。当经验者不在了，之后你还会记起那个经验，然后说"就是如此"吗？

默多克：嗯，我想，比如人们看着一件伟大的艺术品时，就会有我所说的那种无我的体验。

克：是的。

默多克：如果他们和自己深爱的人在一起，我不确定是否也可以这么说。我认为这两种情况很不一样。你觉得呢？

克：如果可以，我想先探讨这个问题：是谁在经历这一切？无论是稀松平常的事情，还是最为复杂的体验，或者所谓的灵性体验。一直有所经历的是谁？经验者与经验是不同的吗？

默多克：嗯，人们通常是这么认为的，不是吗？因为人们也许相信个体是有延续性的。

克：是的，这是人们通常的看法。而我们要质疑这一点：思考者与他的思想是不同的吗？

默多克：我们通常还是会这么认为，因为你可以说："我来理清我的思绪。"这就假定了是我在决定，是我在整理我的思绪。

克：没错，但是那个我，那个整理思绪的人，有别于他的思想吗？他可以整理它们，他可以约束它们，他可以控制它们，他可以说："这是对的，那是错的，必须这么做，不能那么做。"但这个控制者，这个进行约束、建立秩序的人，有别于他所整理的对象吗？

默多克：哦，在这里我们需要区分一下语言的常规用法，比如在法庭上，一个人被要求为他所做的事负责。他不能说"哦，我现在是个不一样的人了"，或者类似的话。这就是通常意义上的个体的延续性，某个人是主体。但是抛开这一点，一个人不一定要成为哲学家或抱持某种宗教观点才会认为自己与别人是分开的，是一个独立存在的人。

克：没错。

默多克：同时你的一部分还经常驳斥你的另一部分。

善恶之间有差别吗？

克：那个二元对立的过程……我们回到原来的问题上来：善恶之间有差别吗？

默多克：哦，是的，这种差别再根本不过了，我是说，在我看来，这就是现实世界的本质。

克：我知道。现实世界就是划分：我们划分了善恶，划分了思想者与思想、经验者与经验。

默多克：是的，由此可以得出：如果你因为做了什么而谴责自己，那么你就是分裂的。

克："我不应该""我必须""我会成为"，诸如此类，这些导致了人内心的分裂。如果可以，我想再问一下：经验者与他所经验的东西，或者思想者与他的思想，是不同的吗？

默多克：哦，如果这是在问我是如何看待自己的，我会说——撇开常识、常规语言的视角——有时候是肯定的，有时候是否定的。我是说，有时候人有意识地评判自己、分裂自己，有时候只有一个单一的存在，别无其他。

克：一个单一的活动。那么经验者和经验难道不是一回事吗？

默多克：嗯，有时候看起来是一回事。

克：所以当我们说"我嫉妒"，这时就存在一种分裂，于是"我"试图去控制我的嫉妒或者将它合理化，去维护它或压制它，凡此种种。但那个"我"就是嫉妒，它与嫉妒是分不开的。

默多克：哦，我的看法是：既是又不是。从我所读和所理解的角度来看，你说有两个东西存在，但我不理解它们是如何联系在一起或者如何调和的。其中我非常喜欢的一点是：比如说，如果我以为自己是嫉妒的，而"嫉妒"一词包含着不好的意思，那么我就会希望自己变得不嫉妒。如果我看到了这一点，我就必须从我真实的存在状态，也就是一个嫉妒的人入手，而不是从一个并不存在的理想的自己入手。对这一点我颇有同感。但是接下来你又说：这里并不涉及一个过程，我必须是善的，而不是变得善良，那个变善良的想法，从某种意义上来说是个幻觉。

克：没错。

默多克：也许你可以解释一下这点，我是说，在我看来，首先你建议我探索的起点必须远离我的结论，而我的结论就是要变得不嫉妒。其次，你又说不存在成为的过程。

克：对我来说，心理上的成为根本就不存在。

默多克：是的，这就是我不理解的地方。

克：我们来探讨一下。首先，我们来看这一点：在世界上以及在我们内心，我们都已经把善恶区分了开来。对吗？

默多克：但是你难道不驳斥、不反对这一点吗？

克：我不驳斥这点，我只是在观察它。恶与善是有关联的吗？还是说善与恶是完全脱离开来的，因而它们毫无干系？如果它们有关联，那么善就依然是恶的一部分。

默多克：嗯，如果你问我是不是同意这一点，我不太确定。在我看来，我们会用几种不同的方式来思考善恶，不是吗？我们认为恶会逐步变成善，就好像是一个光谱，善在这头，恶在那头。

克：是的，善持续渐变成恶。

默多克：一种持续状态。同时我们也认为善——如果我们认为它是完美——是完全脱离了这个世界的。

克：不是完美——我的意思是善、完整、健康，一个善良的人，"善"这个词指的是这个意思。

默多克：那我们就说"一个善良的人"。

克：那个善是恶的一部分吗？善知道恶吗？善是恶的产物吗？如果它是恶的产物，那它就依然是恶的一部分。那就像是一个将要出生的孩子，它还是母体的一部分。

默多克：是的，有些人会说它们是相互依存的对立面。

克：而我问：它们是对立面吗？还是说它们完全不相干？

默多克：嗯，一个坏人和一个好人之间的差别是很明显的。所以从那个意义上来说，它们是非常不同的。另一方面，一个人自身的善恶也是相互渗透的，有时候你都分不清哪个是哪个。

克：不，这正是我所质疑的，这正是我想和你探讨的。我是说，在我看来，善完全脱离了恶，就像爱与恨也完全无关。

默多克：是的。我的意思是在凡夫俗子的人生中，爱无疑常常会引发恨。

克：当然。

默多克：而你说爱与恨无关，这就是另一种截然不同的概念了。

克：完全不同。爱完全没有恨的感觉，它与恨无关，它不包括、不包含恨。

默多克：等一下，容我问一个补充性的问题。关于爱和欲望，你是不是会说同样的话？

克：是的，我会。

默多克：你认为欲望是与心理上的成为有关的东西吗？

克：是的。

默多克：而爱是……

克：……截然不同的东西。

默多克：那么，这个不一样的东西如何才能降临到一个人身上？我现在也许会说："这为什么与我有关？"为此我要做些什么？

克：这非常简单。冲突是存在的，欲望总是会带来冲突，而爱从不会带来冲突。爱没有冲突，它没有任何冲突感。

默多克：你用"爱"这个词指的是非常理想的含义，那个含义其实是异乎寻常的。

克：不，大脑就是所有欲望、感受、焦虑、痛苦、孤独的中心。意识就是所有那些：各种信仰、欲望、悲伤、孤独、焦虑，它就是全部的……

默多克：……心理存在。

克：是的，心理架构，困惑。这就是大脑。而爱不属于大脑的一部分，因为它是某种置身其外的东西。

默多克：是的，这又回到了你的说法上：你无法用体验欲望的方式来体验爱。

克： 我无法体验那样的事物。

默多克： 在通常的语境下，我们会说到一份"嫉妒"的爱或者类似的东西。但那并不是我们所谈的内容。我们谈的是某种——我想不出更合适的词了——某种绝对的爱。但假设我挚爱某人，也许可以说是用一种好的、不算坏的方式去爱的，那么你会说这并不属于我头脑中的任何心理过程的一部分吗？

克： 不，我会说：当我说我爱你，如果里边有一丝依恋、嫉妒的痕迹，有一丝冲突的影子，那就不是真正的爱。

默多克： 是的，没错。我是作为一名基督教徒被培养长大的，所以我看待世界的方式有大量的基督教成分，尽管我并不相信上帝或者基督的神性。但在基督教中有神圣或完美的爱这个概念，那是一种我们通常可能根本无法实现的东西。

克： 我看不出为什么不能实现。因为如果我不嫉妒，我就是不会嫉妒。没有对另一个人的依恋感，那并不意味着缺乏爱。

默多克： 嗯，在我们通常的语境下所说的那种高尚的爱里，你爱一个人但不会伤害其他任何人，你没有占有欲、不会不讲道理等等，但其中还是会有依恋。我是说，如果那个人死了，就必然会……

欲望的产生过程

克： 等一下，这是另外一个问题了。我们为什么要依恋某种东西？如果我依恋这座房子……

默多克：我想，我会用另一种视角来看欲望这个概念。我认为变善良——你可能会排斥用这个词——是一个净化自己的欲望、拥有"善良"的欲望、想要某种善的东西的过程。而在爱一个人时，我会感觉到欲望的成分是存在的。

克：让我们来看看欲望。欲望是什么？

默多克：哦，还是会有人说，既有低级的欲望，又有高级的欲望。

克：是的，但欲望的源头、开端是什么？为什么欲望变成了我们生活中如此重要的一部分？

默多克：毫无疑问欲望跟将来有关。

克：跟将来有关。

默多克：它与时间有关。

克：当然，与时间有关。

默多克：因为我想得到某种现在没有的东西。举个例子，我也许想要特别有钱，或者我想要学习一门专业，然后精于此道。

克：比如擅长演奏钢琴。

默多克：嗯，比如说精通数学，为了获取知识。

克：好的，当然。

默多克：我也许会说我热爱我的专业，热爱我所学的内容。

克：不，我问的是：欲望是什么？它是如何产生的？它为何如此牢固地控制着我们？归根结底，一名僧人，或者一个印度的托钵僧，他们整天想的就是压抑或者转化欲望。

默多克：嗯，转化，是的。我更喜欢用"转化"这个词。

克：转化意味着有个要转化它的实体。

默多克：是的，有个转化过程，还有戒律、训练等等诸如此类的东西。

克：那不过是一种形式微妙的压制，一种对欲望的微妙调整，要么就说对上帝的渴望是好的。

默多克：或者渴望致富是坏的。

克：还有渴望占有财物是坏的。所以我们不是在讨论欲望的对象，无论对象是上帝、权力，还是变成富人或首相，而是欲望本身是什么？它在我们身上是如何形成的？

默多克：哦，是否存在没有欲望的爱，我不确定。如果你考虑的是某种完美的爱，那么欲望这个概念就要大为改观了，乃至你也许得把它排除在外了。在某个更寻常但还不错的层面上，如果我想受到良好的教育或者……

克：是的，那是另一个问题了。

默多克：……在实存的状况与并不存在的状况之间有一种矛盾。

克：但我问的并不是想变成一个好人或者一个优秀学者等等的欲望，而是欲望本身。

默多克：我想我会回避或者拒绝回答这个问题，因为我看不出如果不考虑各种不同的欲望，你怎么可能解释欲望是什么。

克：比如我想得到一座房子，我想得到这个或那个，我有如此之多的欲望。但欲望的活动是怎样的，它的起源是什么？因为我们要么压制、转化、逃避欲望，要么就想彻底控制它。但控制者又是谁？是谁在说这是好的欲望，那是坏的欲望，这个必须去追求，因为它有帮助，而另一个就没帮助等等？那依然是欲望。对上帝的欲望，或者对金钱的欲望，都还是欲望。

默多克：那么如果有人说一个是好的，另一个是坏的，你还是会回到这个说法上：那都是一回事，都是欲望？

克：是的，了解欲望很重要，而不是好的欲望和坏的欲望。

默多克：我不确定如果不进行那种区分，我还能不能了解欲望。但让我们稍稍改换一下探讨的范围，你的话背后还有些别的含义。

克：你刚才说欲望包含了时间。

默多克：是的。哦，好吧。现在我要收回那句话，把它修改一下：我认为可能有某种欲望是不包含时间的，但那需要你与你渴望的对象彻底合而为一才行。这一点可以在基督教的神秘主义中找到：如果你渴望上帝，并且与上帝合而为一——并不是说我知道那是什么意思——那么你的愿望就可以达成，从而成为完美的爱。

克：是的，但无论一个人说"我必须成为一个大富翁、一个掌权者"，还是他渴望得到上帝并与上帝合一，那都依然是欲望。

默多克：但你说到欲望，就好像它是某种你希望克服或者抛开的东西。

克：不，我想要了解它的活动，它的过程，它那令人无法承受的负担，或者它带来的快感。

默多克：是的，但它并非一直都是种负担，对吗？比如说，如果你饿了，同时知道你很快就可以美餐一顿，这种欲望就是令人愉快的。

克：是的，这可以理解。

默多克：但是你的话背后还是有某种我没法领会的意思。

克：我会详细讲的。只有当认同感官感受时，欲望才会存在。

默多克：你说的"感官感受"并不是指……

克：我见到一座漂亮的房子，我想得到它，产生了对它的欲望。

默多克：你并不是指有一种真实的身体上的伴随反应，而是有一种想象发生。

克：两者都有。

默多克：你想象自己置身那座房子当中，诸如此类。

克：先有感官感受，然后思想构造出我拥有那座房子的意象，然后欲望产生了。

默多克：是的，没错。这里有一种感官上的感受。

克：然后思想给那种感官感受一个意象。

默多克：但是，如果你说你想受到教育，那并不意味着你一直在想着它，或者对它有什么感官感受。

克：当然没有。

默多克：那意味着你继续过着自己的生活。但也许某些时刻，你也会有一种欲望带来的感官体验。你想象当你的教育水平提高了，那会怎么样。

克：一旦感受被思想塑造成形，它就变成了欲望。这就是我说的意思。我并没有说它是好是坏，等等诸如此类，而是在说欲望本身。

爱不是依恋、快感、欲望

默多克：但你说爱跟欲望是不同的。

克：爱是不同的：爱不是快感，爱不是欲望。

默多克：是的，好吧。这引入了另一个话题，我只是提一下，然后就放在一边。我也关心你对动机和能量有什么看法。我想欲望是能量的一种来源。好的欲望是好能量的来源，但是让我们姑且采纳"爱是不同的"这个观点。在我看来，过程和并非过程的东西似乎形成了鲜明的对照。

克：爱并不是一个过程。

默多克：它并不是一个过程。而你用过类似"创造性的存在"这样的说法，那是与当下有关的。那么你会把它和爱的可能性以及真理联系在一起吗？

克：是的。

默多克：而欲望则是某种外在的蠢蠢欲动的东西。

克：蠢蠢欲动。但那并不意味着爱是停滞的。

默多克：没错，停滞也许在这里是个错误的用词。你会怎么说？

克：它是鲜活的，它不仅仅是一种……

默多克：它是创造性的，而且……

克：它没有排外性。我可能爱着你，但我也怀有这份爱的感受，它不仅仅属于某一个人。

默多克：但爱的感受与欲望的感受是截然不同的。

克：当然。

默多克：所以你并没有排除感官感受的部分？

克：不，等一下，让我们慢慢探讨。如我们刚才所说，大脑是感官的一部分，是反应的一部分，行动、回应、信念、信仰、恐惧，这一切的中心都在这里，也就是我的意识。我意识的内容就是这些，信上帝，不信上帝，我的知识，我的失败，我的沮丧，我的焦虑。而那里边有着大量的困惑、矛盾、恐惧以及诸如此类的一切。爱是其中的一部分吗？

默多克：我不知道。你来告诉我。

克：在我看来，我个人认为不是。

默多克：但是，如果有一种人生境遇，一种创造性的存在状态，也就是爱的状态，如果一个人有时处在这种状态，你会说，在那一刻，那个人所构成、所积攒的所有心理上的东西都不在了吗？

克：是的，不在了。

默多克：但他肯定依然知道他爱的对象是什么。

克：不，等一下。我也许爱着你，但爱不是排他性的，它没有局限。

默多克：是的，尽管在某种意义上可以说是这样又不是这样，因为，我的意思是，如果你爱一个人，你就只爱那个人，不爱别人。

但那并不意味着你排斥任何人。

克：爱不是排他性的。

默多克：没错，但它是选择性的，如果我可以这么说的话。我们并不爱所有人。也许上帝爱……

克：不，我不想把爱归结为上帝或者某个人的品质……

默多克：我用上帝只是为了便于沟通。也许有一种理想的爱。

克：不，我不会用"理想"这个词。我强烈反对观念、理想以及所有那些胡说八道。我看到——看得清清楚楚——爱与恨无关，爱与嫉妒无关，它不是依恋，它不是欲望，它不是快感。

默多克：哦，比如说你对另一个人感兴趣。我是说，毕竟人们会去找你。

克：我关心他们。

默多克：是的。但是我想问，你觉得一个人在一生中，是不是有某些时候，他——这里很难找到合适的词——他是在表达爱或者他就是爱？是不是一个人生命中的每一刻都应该是这样的？

克：我确定它可以一直都在。

默多克：是的，好。你认为……

克：你瞧，当自私自利存在，爱还会存在吗？这才是真正的问题。

默多克：不，那是不完美的爱。我们先排除不完美的爱，那不是爱。

克：好的。如果有自私自利，"另一个"（the other，这个词后面还会出现，克用它来指一种无我的状态或者智慧——译者注）还会存在吗？显然无法存在，因为自私自利是非常非常渺小的。

默多克：你不让我用"完美"或者"理想"这样的词，所以我就用你所说的爱的含义。好的。那么爱排除了自私自利。

嫉妒就是我

克：如果有自私自利，"另一个"就不在了。

默多克：是的，好吧，我非常想搞清楚的一点，每个人都想搞清楚的一点是：如何改变，如何脱离嫉妒的状态。

克：这实在是一个非常有趣的问题。我嫉妒。"我"和嫉妒之间没有差别，我嫉妒，嫉妒就是我。

默多克：是的，如我们之前所说，这个人就是……

克：我是说嫉妒就是我，我不能对嫉妒采取行动，因为它就是我。

默多克：是的，但你可以变得不那么嫉妒。

克：那它依然是我。

默多克：请继续。

克：所以不存在压制、转化或者逃避它的问题，它就是我。

默多克：那接下来我要怎么办？

克：如果它就是我，我就看着它，非常非常仔细地观察它，不试图对它采取行动。

默多克：那么有一个你在看着嫉妒吗？

克：不，观察中是没有你的。比如当你凝望一只鸟时，你是不存在的。

默多克：哦，观看一只鸟跟其他的观看可大不一样。

克：当然。有没有一种看，没有词语，没有谴责，没有同意、排斥或抗拒，而只是看着?

默多克：嗯，可能有这样的看，但是很难。等一下。我们说到了这个嫉妒的人，他自己，他是嫉妒的。然后他觉察到了嫉妒，观察它，只是看着它。

克：看着它。

默多克：或者，如果你愿意就换个说法：成为它。有意识地成为你的嫉妒。你接受这种说法吗?

克：你就是嫉妒。

默多克：我的意思是，当你不假思索地出于嫉妒做什么时，你就没有在观察。但是之后有些时刻你也能注意到这一点。

克：这就是我说的意思。你就像是在凝视一件价值连城的奇珍异宝，你看着那件珠宝非同寻常的精致、辉光和美。

默多克：是的，你也用同样的方式看着嫉妒。

克：于是我看到了嫉妒的所有活动，也就是比较等等。所以我看着它，没有任何思想干扰我的观察。这需要大量的关注，不是专注，而是自我不在的那种真正的关注。

默多克：可你难道没在进行评判吗?

克：没有。

默多克：你不带评判地看。

克：是的，我不表达任何价值观。我不说你必须嫉妒或者不能嫉妒，它是不道德的或者诸如此类。人类已经跟嫉妒生活了数千年。

默多克：但是随后你的嫉妒消失了，那不正是这种关注的结果吗？

克：全神贯注地看，看就是关注。

默多克：是的，我喜欢"关注"这个词。你会说，你用一种不评判的方式关注，你没在进行道德评判。你没有说："我不应该嫉妒。"

克：噢，不，那就太……

默多克：但是难道——我不会说那是目的——但是毫无疑问，这种关注的结果不就是消除了嫉妒吗？

克：是的，因为关注中根本没有自我。

默多克：是的，很好。我理解这种存在状态。

克：你知道，你可以看着它，这非常有趣。

我如何改变？

默多克：我是说，这与"我如何改变"那个问题就联系起来了。也就是说，借用一句老话，一种灵性上的修行——不行，你不喜欢"修行"（discipline）这个词！

克："修行"这个词实际上意味着学习。不是划分，而是探究。学习观察，不是记住看到的事物，而是看到嫉妒、比较等等这一切的全部内涵。

默多克：然而，是不是只有当你冥想时——用你自己常用的一个词——这种情况才会发生？还是说，它应该一直都在发生？

克：如果你观察的话，一直都在发生。也就是说，你不会让任何一个念头溜掉却不知道它是什么。

默多克：是的，而无论一个人生活中的工作是检票员还是别的什么，冥想都可以与之和谐共存，尽管我想肯定还会出现此类想法：想要生活在不同层面或不同状态，但是你会有一种时常关注的存在状态。

克：但是你瞧，你又引入了"冥想"这个词。

默多克：是的，这是你自己常用的一个词。

克：我知道。我是常用那个词，但是，你知道，冥想是一件非常复杂的事。冥想中根本没有冥想者。

默多克：是的。

克：但我们的做法却是：说"我必须冥想，我必须遵照一个体系冥想，必须练习"，而这全都是欲望，是想要**达成**某种境界。

默多克：是的，在我看来，在某种程度上那是不可避免的。我很久以前学过一套冥想方法，我也稍加练习，那种东西只能很勉强地说有些像冥想。但对我来说，我确实是在努力做得更好。

克：可当你用了意味着更如何的"更好"这个词，度量就涉入进来了。

默多克：不存在"更如何"，因为你说过冥想没有二元性，没有主体。

克：绝对没有。

默多克：而我会说在艺术体验中会发生这样的事。

克：一旦你说"体验"，你就已经……

默多克：好吧。我的意思是，如果我看着一幅伟大的画作——如果我真的在看——我就不在了。画还在那儿。

克：就是这样。当你真的在看某样东西，自我就不在了。

默多克：而这也就是爱的景象，不是吗？

克：爱里没有景象。当然没有，景象是思想塑造的。

默多克：我想在某种特定方式的爱里，在无私的爱里会是这样的……这很难讨论，因为爱发生在时间中，你必须为你所爱的人奋斗、思考、计划然后做事。但是在你所做的那一切当中，你实际上是非常无私的，我是说会有个人在那做事……

克：当然。

默多克：……但自我是不在的，关注的对象是存在的。但对我来说，我得去尝试。你给了我目标，却没给我手段。

克：我们来看一看。手段即目的，这两者无二无别。

默多克：我可以引用卡夫卡的一句话吗？他说，没有手段，只有目的。我们所谓的手段只不过是胡闹。是的，可以说我明白了，又不太明白。

克：让我们试试别的办法。如你之前指出的那样，你发现改变隐含着未来——从**这**到**那**。

默多克：是的，而且是想象未来。

克：什么是未来？未来是过去的延续，只不过在当下稍加改变而已，它是一个进程。

默多克：是的。

克：所以未来就在现在。而如果要学一门语言，我需要未来，我需要时间，我需要练习，等等。在**那里**没问题，但是从心理上、从内在、从主观上，过去，也就是"我"，我的记忆，我的经验，所有的过去，在此刻被调整，然后走向未来——对吗？这就是我们的进化、我们内心的幸福或者不幸等等的整个过程。所以现在就在未来，因为我现在什么样，明天还会是什么样，除非我现在就改变——对吗？所以现在包含着过去，未来就是现在。而现在就是我实际的样子。

默多克：是的，可以说不存在别的任何东西，但是请继续说下去。

克：这就是我，我的记忆，这一切。未来也不存在，除非我延续过去。那么，这一切能结束吗？

默多克：你是说，有没有另一种存在状态？

克：是的，结束这整个成为、努力、达成的活动。

默多克：当然，哲学家们也一直在为存在与成为之间的不同而困扰，在柏拉图哲学和基督教神学中，存在是真实的，成为是不真实的。而我感觉你说的话里也有些这样的意思。但我不希望因为想起别的而误导自己。我在试着描绘你说的究竟是什么意思。比如说你在花时间学一门语言，你今天不懂不规则动词，下个星期你就懂了。而这就是人生，不可避免、恰如其分而又理所应当。

克：理所应当。

默多克：然而，同时你也注意到自己所做的每一件事。

克：当然。我关注我此刻所做的每一件事。所以此刻就包含着所有的时间。

默多克：你是在描绘一种可能的人生状态……

克：不，我不是在描绘。我只是在说，看看人类的心智都发生了什么：它总是在这个方向上运动，过去，改动现在，然后就到了未来。这是我们所陷入的一条枷锁。我甚至都不想用"陷入"这个词。这就是我们实际的样子。

默多克：是的，不过"陷入"这个词隐含着存在获得自由的可能性。自由也是你常用的一个词，与真理和爱紧密相关的自由。因此有人会来找你，说："既然我在这个陷阱里，我如何才能脱离出来？"

克：如果你在陷阱里，那就在你想出来之前，先看看那个陷阱是什么。

默多克：哦，也许这点是无关的话题，但我不想走出这个陷阱——我不想停止期待下周学会不规则动词。

克：当然。

默多克：那可以继续。但我也希望，比如说，实现一种无我的存在状态。

克：是的，那是什么意思？小心一点儿。你想得到它，你对未来有个概念。

默多克：是的，我的意思是，我现在还不是无我的，但我希望变得无我。

克：因此我们先来了解自我是什么。如果不了解自我的运动，你就无法改变甚或打破自我，你不能就那样设定一个目标。

默多克：但是，比如说，当一个人看着自己的嫉妒，我们同意这种关注的结果之一就是嫉妒会消失，那样的话自我也在改变。

克：重要的不是嫉妒的终结，而是那种关注。

默多克：嗯，假设我关注了我的嫉妒，但就是继续嫉妒地生活着，但是我完全能意识到自己在做什么。这是一个好的状态吗？

克：那样的话，你瞧，**你**是有意识的——那依然是自我的一部分。

默多克：哦，这并不是在假设一种完全不像人类的状态。我只是在想象人类可能会处于的一种状态。

克：是的，我们是人类，我们活在连续不断的冲突、痛苦、悲伤等等当中。这就是我们的生活，这就是我们的处境。但是有一天有人过来对你说：你瞧，还有另一种生活之道，你不必一直待在这种处境里。你听到了他的话，你去弄清真相。你也许会说那都是垃圾然后把它扔掉，但讲话者与你自己之间必定存在着某种关系。

默多克：当然，就像现在一样，我在请教你。

克：你告诉我嫉妒不是爱，而且也不能对嫉妒置之不理。所以观察它，看着它，看清它，让它展现。不要谴责、转化、否认或者逃避它。只是看着它，也就是说对它付出你全部的注意力。

默多克：但这难道不会导致我压抑它吗？

克：不，我在把它呈现出来。

默多克：好吧，我换个说法。我抑制我的嫉妒，这难道不好吗？

克：不好，如果我抑制它，它还会再冒出来的。

默多克：是的，好吧。可是也许同时也会变得更好。

克：啊，我不想要什么同时！

默多克：哦，是的，但是在我看来，你似乎排除了训练自己这个因素。我的意思是你不喜欢"修行"这个词。

克："修行"一词来源于"学徒"这个词——一个在学习的人。学习，不是记忆，而是学习去看那件珠宝的美。我没有看过那件宝贝，我一直在谴责它、维护它等等，但现在只是看着它。

默多克：是的，但是在珠宝的例子里，你看的是一件被描绘为极其珍贵的东西。如果我看着我的嫉妒，它和珠宝相反，它是一种不好的东西。

克：不，我不谴责它。（没有谴责、判断或者评估的意味，只是看着它。我看着我的儿子，我不说："天哪，他不应该这样，他不应该那样。"我只是看着他。又比如说，当我看着一幅画，我注视着它，我看到所有的光线、比例、阴影……）

默多克：为了理解你在这里最根本的看法是什么，看一幅画对我来说是个好例子。但是有一点依然让我很困扰：你提出的是一种理想模式的存在状态，你又把它与现实联系在了一起。但事实上一个人依然没有处在那个状态中，他依然沉溺于幻觉中，内心充满了幻觉。

克：就是这样。我现在处于幻觉中。我就是幻觉，我活在幻觉中，我是思想，我的信念、信仰，都是幻觉。"幻觉"这个词源自拉丁文"ludere"，是玩耍的意思。所以我在跟幻觉玩耍。

默多克：我为什么要自寻烦恼呢？换句话说，我为什么不能就那样看着我的幻觉呢？如果我是个聪明人，我可以看着我的嫉妒，被它娱乐，然后继续嫉妒地生活。

克：好吧，那就继续吧。但其中有冲突，有某种苦恼，有痛苦。

一个善良的人没有冲突

默多克：如果你看到你爱的人身处幻觉，你难道不希望那个人改变吗？

克：我会去找他谈谈。

默多克：嗯，于是你建议他改变，你会提出道德价值观。

克：不，我会跟他说：瞧，你为什么抱有这些幻觉？

默多克：哦，把它们叫作幻觉就已经让它们……

克：甚至不用称之为幻觉。有些人相信上帝或者别的什么。

默多克：让我们紧扣嫉妒这个例子，因为它很直白。有个人完全被嫉妒攫住了："噢，他有那个，他比我强"，诸如此类。你看到那样的人，于是说："瞧，为什么把你的精力和担忧浪费在某件并不真正重要的事情上面？你不应该这样做。"

克：那是他们愿意听的情况。一旦他们愿意听你讲，你就已经帮助了他们。

默多克：好吧，是的。但那时你已经教了他们一些东西。

克：啊，不，不存在任何压力，我并不想让他改变。

默多克：嗯，我知道所有好的导师都拒绝自称导师。

克：你瞧，冲突是所有这一切的真正根源。

默多克：但是假设有人处于完全和谐的状态，同时有着大量我们所谓的恶习，假设他们是嫉妒、羡慕、暴力、愤怒的，他们难道就不能成为关系和谐的人吗？假设他们在所有事情上都非常成功，你会认为关系和谐是不可能的吗？

克：没错，如果你与你的右手激烈争执，同时与你的左手和谐相处，你也不可能是和谐的。

默多克：是的，我同意这点。我想人们肯定会认为邪恶的人处于冲突状态，而一个善良的人是和谐的。

克：一个善良的人没有冲突。

默多克：是的，而一个邪恶的人有冲突。嗯，这就说明邪恶的人在某些方面犯了某种错误，他对于世界所抱持的信念有不真实的部分。所以，在区分善恶时，你就区分了……

克：是的，比如说你可以看到，在一个以杀人为乐的恐怖分子身上，有些地方是不对劲的。我不会把他称为恶或善，而是那个可怜的家伙身上有某种异常发生。

默多克：所以你想造就的是一种和谐的人格？

克：不，有没有可能终结一个人内心所有的冲突？这才是问题真正的根本。终结所有的冲突。

默多克：那你准备丢下"善""恶"这样的词，改用"和谐""不和谐"这样的词了？

克：我不会用"和谐""不和谐"这样的词，因为一旦没有了冲突，你就是完整的，就有了一种圆融的生活之道。

默多克：是的，但你依然在探讨我们通常所理解的那种善与恶。你提到了恐怖分子，一个非常邪恶的人，不仅仅是一个嫉妒的人，而且是一个非常残忍的人。

克：是的，一个杀害别人的人。

默多克：那么你就会希望这个人改变。

克：如果他愿意听，如果他愿意改变，那当然更好了。但他们通常不愿意听。

对话在同一天的晚些时候继续进行。

我们为什么是支离破碎的？

默多克：我仍旧在试图提出一个我此刻尚不得要领的根本问题。也许我可以问一两个不同类型的问题。

"义务"这个概念是多数道德体系里的一个根本问题，哲学家们对此争论不休，但这个问题依然存在。人们在成长过程中被教导要履行各种义务，比如他们应该说真话。而你似乎避而不谈义务这个概念。

克：我觉得"责任"比"义务"更合适。

默多克：哦，好吧，在某些情况下，责任感就是义务感——我们可以把这两个概念往不同的方向扩展——但你宁愿称之为"责任感"对吧？

克：是的，因为责任包含了关怀、爱，有一种与另一个人交流的感觉，你做什么，不是因为你有义务或者有人让你去做，而是你觉得有责任去做。如果我承诺盖一栋房子，我就会负起盖一栋房子的责任。如果我对我的孩子有责任，我就会负起完全的责任，不只是在他们离家之前，而且我会确保他们过上正确的生活，培养他们不去杀戮。

默多克：责任是无限的。

克：责任是无限的。

默多克：是的，人们也许确实会把义务与某些非常明确的必须去做的事情联系到一起。另一方面，如果你把说真话当作一种义务，那就是一件非常根本的事情了。

克：说真话是我的责任之一。我不会对自己不诚实。

默多克：嗯，那我们就不要为"义务"这个词费心了。但这个词说明了我们是如何应对持续的人生的。你会不会说，作为如此稀松平常的一个概念，作为社会生活中持续存在的高尚道德的一部分，它与我们今天上午所谈的内容，与真相、与爱，从根本上是不同的？

克：没错，我认为是不同的。

默多克：但是我不太明白，我们通常所说的善良或道德的行为，与这种根本的东西的区别从何而来？

克：我们能不能先来问问：我们为什么是支离破碎的，我们为什么始终以碎片化的方式——生意、宗教、爱、恨，来看待生活、看待我们所有的行为或者无论什么？一切都是如此分崩离析。我们为什么这么做？

默多克：哦，生活每天都需要应付。

克：是的，但为什么我要接受生活只能这样来应对？

默多克：你好像觉得我们应该拥有某种彻底完整进而不可分割的无私。

克：是的，就是这样。

默多克：但"真理"和"爱"这样的词就……

克：……是一回事。如果有了爱，就有了真理，也就有了美。

默多克：是的，是这样的，如果你从哲学意义上来看的话。

克：不，是从实际的意义上，我是说，如果我真的爱着，其中就有美，那么我就不可能不诚实。

默多克：我觉得美在这里是更难理解的一个概念。困扰我的是：本身即是爱的真理、根本的真理，与"说真话"指的那种通常概念上的真相，它们之间有什么联系。

克：假设我说谎了。我承认我说谎了，我承认我生气了。这就是诚实，这就是通常意义上的真相。我不用一堆假话掩盖我的谎言。我说我说谎了，我生气了，我很残忍。我想我们被训练得太善于掩饰、逃避此类事情了，因而没有对自己非常诚实。

默多克：是的，可这与克服冲突跟克服分裂性的思维有什么关系？——我认为那也是你非常关注的问题之一。比如说，你区分了欲望和爱，然后你又说爱即是真理，由此把真理作为核心问题引入了进来。

克：是的，当然。

默多克：但在我看来，这不太容易跟通常的道德生活结合起来，而这就是为什么我会有类似净化欲望的想法出现。看起来好像我们对道德有两种判断标准，你会说，他是通常意义上的善良的人，但从你给那个词的含义上看，他就是一个不完美的人。而我认为你是一个希望人类幸福的人，那么，把这两者结合起来，对你来说难道不重要吗？

克：好的，我明白了。你瞧，我首先会问自己，或者问我的朋友，为什么我们是支离破碎的？

默多克：你想先回到形而上学的问题上去。你觉得我们必须从一开始就始终是正确的。

克：当然，你必须始终从那里开始。

默多克：是的，可以说我也喜欢这样，你想要的是某种新东西，而不是从已有的收集而来的东西。

克：在我们的很多次讨论中，我问过学生们为什么我们这样支离破碎、分崩离析，我们出了什么问题？数百万年后，我们依然互相争斗、互相残杀，我们愤怒如故——你明白吗？究竟出了什么问题?

默多克：嗯，确实有一种冲突感或破碎感，那不好，那意味着争斗。但是也有一些很普通的发散性推理，以及我们是如何开始认识世界的，那不一定就是不好的。

克：是的，我在运用我的理智来看，这个世界为什么分割成了国家和宗教之类的东西。你知道印度的锡克教徒都发生了什么，或者犹太人与阿拉伯人都发生了什么。为什么，我们为什么接受了这种生活方式?

默多克：我想对此有一种经验主义的常规回答：我们可以通过做各类事情来试着停止它，就像有些人试图去说服其他人那样。

克：但我们没有，事实上我们从未做到，我们从未停止这种分裂。我是说，如果我有个儿子与阿拉伯女人交往，而另一个儿子与以色列女人交往，我该怎么办? 他们会打起来的!

默多克：那么你不会否认，你想要传达的东西有一部分会对政治产生实际的影响?

克：会有实际的影响，是的。对政治，对宗教，对日常生活。但我会说，瞧，我们不要从理论开始，让我们从"为什么我们全世界的人类都是如此破碎、如此分裂"开始。

默多克：你可以说，我们可以搞清楚为什么某个宗教在某个时期抱有某些观点然后分裂出来，但在我看来，那在某种程度上就是一个经验主义的问题了。一个人可以用这种方式来研究基督教。但是这里有一个形而上学的问题，我想它在某种程度上是无法解答的。

我的意思是，那就像说：人类为什么会存在？你肯定会说，哦，我不知道。我的意思是，相信上帝的人会说是上帝创造了世界。

克：但科学家们有不同的解释。

默多克：如果撇开经验主义的回答，那么你就是在问一个形而上学的问题，它在某种程度上是无法解答的。

克：我认为这非常简单。我想问：是不是因为思想本身就是破碎的？

默多克：我认为思想本身是支离破碎的，在我看来这也是势所必然的。我的意思是，我们如今所做的——使用通常的语言和概念，使用我们所学所理解的字词等等——取决于以各种方式扩展到全世界的兴趣。"发散性"一词涵盖了这个概念：心智必须将自己扩展出去，它必须在语言中得以体现等等。它不可能是许多哲学家所希望的一体。他们希望认为有个"一体"。但在我看来，你似乎并不认可——容我这么表达——世界的救赎，我的意思是让世界回归核心，回归善，回归真理和爱。

克：不，我会说，是的，必须如此。

我就是人类，我就是世界

默多克：哦，是的，但我们不可能彻底摆脱碎片化。我们必须拯救它，如果你明白我的意思的话。

克：好吧，让我们来拯救它。那人类为什么会像现在这样？我们来拯救**这点**。不是从道理上解释，而是事实，每天的事实就摆在那里：存在着如此之多的冲突、如此之多的暴力。为什么？

默多克：为什么会这样，有很多历史原因，比如爱尔兰的冲突。但你思考的事情要深刻得多。

克：是的，深刻得多。

默多克：嗯，如果有人问我那个问题，我会说我无法回答形而上学的问题，但我可以问：为什么就不应该这样？这里用到了你不喜欢的"应该"一词。我们都有善的概念，可以说，我们就是从这个概念出发，把各种思想和行动传播到全世界的——当然这种表达很不恰当。

克：我明白。

默多克：希望我们能逐渐让世界变得更好，并且消除浅层以及更深层面的冲突。

克：据科学家们讲，我们已经在这个地球上生活了至少两三百万年。我们依然生活在地球上，可是看看如今都发生着什么。

默多克：是的，谁又能说未来会怎样呢？

克：未来就是我们现在的样子。如果我们现在不有所行动，明天还会是一模一样。

默多克：但我们现在能做的，实在是太有限了。我们可以对自己做些什么，也可以对一小撮人有所作为。

克：但是当你说到"我们自己"的时候，实际上我们就是世界。

默多克：同时我们也可以参与政治，这也是在世上有所作为的方式之一。

克：但我就是整个世界，因为我的意识跟其他人类是一样的。

默多克：是的，你的意思是，如果你能做到，其他人也能做到。

克：如果我改变了，就会影响其他人。

默多克：哦，我们只有非常有限的时间来获得那样的洞察力，这也是事实。

克：那就是为什么我会说，不要让时间干涉这个问题。我是一个人，我的生活方式，我的思维方式，我的行为方式，与其他人类相较而言都是类似的。外在也许有些不同，但在更深的层面上，我就是其他人类，我就是人类。

默多克：有一点除外：你是一个十分非同寻常的人。

克：不，我就是人类，因为我们都受苦，我们都经历过地狱般的时光。所以我就是其他人类，我就是人类。这就是真正的爱。

默多克：有人可能会说，好吧，但你就是你而已，只有你自己一个人——我是说，你也许是在展示人类具有怎样的潜质。

克：来加入我，来加入我吧。

默多克：是的，好吧。

克：抛开你狭隘琐碎的国家主义以及诸如此类的一切，来加入我，让我们获得自由，然后以不同的方式看待世界，而不是总与彼此相互冲突。每对夫妻之间，每天都在上演这种冲突。

默多克：但是，我禁不住要提出这个问题：一个人能产生多少影响？如果一个人要去教导别人——先不要把你我考虑在内——但是，如果任何人想要影响别人，以期实现这种冲突的终结，他们就必须让自己投身于宣讲，投身于政治。而且很多人会说，如今也确实有很多人会说，惦记你自己的灵魂以及你是否无我，是在浪费时间，你必须直接去帮助别人，让他们停止受苦。

克：看看那些在帮助别人的人和被帮助的人身上都发生了什么。几乎没发生什么。希特勒也希望提供帮助。佛陀说，人类在受苦，苦难必须终结。可是看看发生了什么：苦难依然在继续。

默多克：我还是希望把话题转回来一点儿，这样我也许能得到更多的启发。当你说到克服冲突、克服痛苦……

克：……不是克服，是终止……

默多克：……终止，好的。那跟佛教徒所说的"涅槃"是类似的含义吗？

克：从我与一些人的讨论中可以得出，"涅槃"显然意味着一种自我不在的状态。自我指的就是所有的混乱。亲自达到那个地步，不要只是讨论涅槃是什么，届时你自然就会知道的。

默多克：我理解那样的事情就意味着一个人处于无我的境界，而摒弃这个世界，就意味着其他所有的事情都毫无意义。

克：他们那样做过了，摒弃这个世界。但我不说摒弃世界。恰恰相反，你得活在这个世界上。

默多克：是的，如果我们想到柏拉图对于洞穴的描绘：你身处黑暗，然后逐渐走进光明。他也说到了退回洞中，我想他的意思是，你为自己找到了某种解脱，但随后你必须再去解放其他人。

克：就是这个意思。你知道，有整个关于菩萨的概念——那些我就不讲了。但是，如果你从根本上改变了，那难道不会影响人类吗？

默多克：你会影响某些人。

克：不，你瞧，基督教影响了数百万人。

默多克：是的，当然。我正打算说在有些情况下，比如基督的生平——无论基督作为一个历史人物究竟是否存在过——基督的形象改变了人们的生活。

克：我是说他们通过传教改变了人们。同样，佛教也影响了整个亚洲。而我说："让我们少数几个人解决这个问题，然后我们就会改变世界。"

默多克：我想我们有过一些影响力巨大的伟大导师，依我所见，他们提倡的那种无我与你所说的并无不同。

克：是的，自由，从自我中解脱的自由。

如果我指望你来拯救我，我就迷失了

默多克：那我们该怎么办？在我看来似乎并不……

克：那我们该怎么办？那需要我们坐下来，探讨它，深入它——对吗？自然如此。并且打破我们之间的藩篱。

默多克：我们也许已经谈到了一个稍稍有些不同的问题：关于影响的问题。

克：我不想影响任何人。那是所能发生的最糟糕的事了，因为如果我要影响你，那么另一个人也可以过来往另一个方向影响你。

但是，如果你亲自看到了什么，那就清楚了。

默多克：是的，这也是我们能达成共识的一点：你必须亲自去做这件事。让别人来告诉你，那一点儿好处都没有。

克：因此不要传道，不要设定程式。

默多克：我想这一点如今神学家们也意识到了——你不能让别人把上帝丢给你。我的意思是，无论什么样的精神生活，你都必须自己去发现。

克：在精神世界是不存在权威的。但是如今到处都是权威。人们需要权威，他们希望权威带来某种安全感。

默多克：哦，对精神真理的发现——无论那可能是什么——如何能改变世界，对于这个问题，我自己并没有找到答案。对于这个世界，你也许比我抱有更多的希望。

克：不，我既不悲观，也不乐观。但我明白，除非我们有少数人彻底改变了目前的整个心理结构，否则我们就会一直走下坡路。就是这样。

默多克：嗯，这点我也同意。如果失去了关心你所关心的那些问题的人，我想可以说世界将会失去它的核心。

克：但是，极少有人关心从那一切中彻底解脱出来。

默多克：但是，说得直白一些，你希望有更多这样的人，但同时你又拒绝传统的方法，比如关于义务、关于禁欲主义等等的观念，而那些可能是达到了那种境界的人所经受训练的一部分。

克：我为什么要受到训练？如果我看到了某些真实的东西，我就会坚持它。我为什么要接受训练呢？

默多克：是的，但你也许拥有某种上天的恩典，基督教徒会称之为"恩典"，而很多人都没有。你轻易达到的境界，对于大多数人来说可能非常非常困难。

克：也许是那样的。但归根结底，必须……好吧，如果你用"恩典"这个词，那好吧。处于接收它的状态，也就是说不要自私，不要有冲突，要拥有某种内在的宁静。

默多克：我完全同意这一点。是的，我们不要争论影响或者政治的问题了，因为我理解你对此抱有的观点。我觉得也许重要的是尝试以某种方式影响自己周围的环境，但我知道这充满了艰难险阻。我宁愿紧扣我们之前关注的那个问题，那个问题在一定程度上与时间和碎片化有关。也就是说，时间就是碎片化。

克：是的，就是这样。摆脱时间，就意味着没有向前的运动。

默多克：获得自由，并且处在真理与爱当中，而不是去获得，也不是去计划。如果一个人有了这种洞察力，或者无论你叫它什么，他会知道自己拥有了它吗？

克：我想他不会知道，但它会显现在你的行动中、你的日常生活中。

默多克：但是在我看来，你是从两个截然不同的层面上来思考的。而我想把两者结合起来。

克：不，确实存在物理层面。

默多克：也存在心理层面。这就是我们说的意思。

克：为什么要划分心理层面呢？为什么要有高级的或低级的心理状态？那不过是一个整体的心理状态罢了。

默多克：是的。我的意思是，某种——我之前引入了这个词——拯救……

克：那没关系，我理解。

默多克：拯救一个人内心的骚乱状态，在我看来，可以通过一种稀松平常的方式发生。人们也不会对此感到困惑，那只是一个自然而然的作用而已。

克：你瞧，由谁来拯救呢？如果我指望你来拯救我，我就迷失了。

默多克：我所想的拯救不是基督教意义上的。我说的"拯救"是把支离破碎的东西变得完整。我用这个画面来说明：有一个中心，同时又有散落在外的部分。我一直试图搞清楚这种划分发生在哪里——你区分开了一个通常意义上非常善良的人，一个通常意义上对人们行善积德的非常无私、品德非常高尚的人，你区分了他的生活与那种真理的生活。

克：啊，那是完全不同的。

默多克：嗯，为什么是完全不同的？

克：当然是。

默多克：我是说，在我看来，说那是完全不同的，只是一个形而上学的说法。

克：我知道。

默多克：你不介意这个说法？

克：我不介意。毕竟，自我是一个非常微妙、非常狡猾的东西，它可以藏身于祈祷之下。

默多克：噢，那毫无疑问。

克：它可以藏身于任何一个细微的活动之下：自认为高尚，自认为我在帮助人类，我在往善的方向影响人类。

默多克：就好像我是一个非常了不起的受众人敬仰的人——加括号的。

克：要了解自我是什么，需要对它进行大量的观察，在日常生活中观察它，不能只是说"我某一刻是自由的"，然后就到此为止了，而是需要对你所做的每一件事都倾注大量的关注。

默多克：你认为，如果某个人完全沉浸于外在的行动，他就不可能处在真理中？

克：那是最危险的事了。

默多克：所以说某种深层的宁静，与过一种有活力的生活是可以兼容的？

克：那种寂静不是思想的产物。

默多克：是的，好，这很好。

克：那种寂静不是被培植出来的。

默多克：是的，我想我也相信那种寂静。

克：寂静，安宁，其中是没有活动的。

永恒是时间的终结

默多克： 而这与你说的活在当下和永恒是联系在一起的？

克： 是的。你知道冥想是一件非同寻常的事。我跟一些冥想的人交谈过，藏族人、印度教徒、佛教徒、参禅者，你知道诸如此类的东西——那全都是一种有意识的、刻意的努力。而冥想并不是一件你因为"爱"它而做的事——你可以既"爱"同时依然自私。我所说的冥想是没有丝毫有意识的努力的冥想。

默多克： 是的，我想一个人采纳的任何向善的手段都有可能成为障碍。

克： 毫无疑问。

默多克： 之所以有可能，是因为我们寻找偶像，我们是偶像崇拜者。

克： 那就完了，那不是冥想。

默多克： 我是说，如果一个人在认为自己正有所行动的感觉中寻求慰藉的话。但尽管如此，做那种冥想还是会帮助你。

克： 不，我跟那么做了许多年的人交谈过——拜托，我是说真的——有个大约七十岁的人来找我，年纪比我还大很多，他说："我在丛林里待了二十五年，四处行乞，可我一直在欺骗自己。"

默多克： 哦，那应该恭喜他，我猜。

克： 我知道，那说明了一些问题。

默多克： 他准备好了说一些人们通常不肯承认的事情。

克：真正的安静是你无法培植的东西，你无法通过练习获得它。恰恰是在你的日常生活中你需要安静。

默多克：也许它的到来是一份礼物。

克：否则，如果对你的日常生活没有影响，如果你的日常生活没有摆脱冲突，你的安静又有什么价值呢？

默多克：嗯，当然，我经常说，与自己日常生活的结合才是最根本的问题。我是说，如果有人声称拥有了那种寂静，但日常生活中却行为不检，我就会质疑。

克：我知道，我也会质疑。

默多克：我认为我自己对这个问题的看法受到了柏拉图的影响。我觉得，也许你所坚持的一点，他也坚持，那就是无限、永恒的概念有着截然不同的含义，它与我们通常所认为的善——那是一种偶像崇拜——有天壤之别。

克：是的，偶像崇拜。

默多克：而且他用了"摧毁偶像"这种描述。如果你摧毁了意象，你就摧毁了偶像，你就可以前行了。但他把人生描绘为一种朝圣之旅，我想你并不这么认为。

克：如果我内心对任何事都没有意象，其中就没有自我。

默多克：你实际上描绘的是很多宗教人士所认为的旅程的终点，除了你想坚持一点：人无疑从某种意义上已经具备了到达终点的潜质。

克：我们也得当心这个说法，因为印度教徒相信人的内心存在着上帝、"真我",而这给了你一层层剥掉自身愚昧的机会,然后你就会成为上帝!那只是一个假设罢了,而我不想假设任何东西。

默多克:我不会称之为假设,因为那是我赞同的事情。

克:但它就是一个假设,一个观念。

默多克:是的,这是一个形而上学的或者宗教上的断言——只是你不希望用"宗教"这个词,因为那可能会让人误解。

克:我只是说那是一个人为培植出来的传统观念,它毫无意义,因为,你瞧,我抱持着"上帝在我心"这个概念,同时却又去杀害别人。

默多克:是的,任何涉及上帝这个**概念**的东西,在某种意义上无疑就已经是一种偶像了。

克:这就是我说的意思。我们是偶像崇拜者,无论是双手还是头脑制造的偶像。

默多克:对你来说,日常生活的过程,与这种处于真理之中、活在当下的生活——永恒的东西必定活在当下——这两者之间有天壤之别,我也许明白了你的意思,但我还是不太确定。你肯定坚持那种生活是完全有别于世俗偶像的。

克:绝对是这样,毫无疑问。归根结底,永恒正是人类一直所追寻的。可他们把它变成了概念……

默多克:……永恒不是时间的延续,而是截然不同的东西。

克:它是时间的终结。

默多克:是的,嗯,我想,参考柏拉图的思想,我大致理解了你所说的意思。噢!非常感谢你!

人脑与电脑可有不同？

阿西特·钱德玛尔（Asit Chandmal, 后文简称钱德玛尔），电脑专家和顾问，以及大卫·博姆（David Bohm, 后文简称博姆）

电脑是机械的、有局限的

克里希那穆提： 阿西特和我之前谈到了电脑的特性。我也见过几位来自美国和印度的专家，据我所了解，电脑可以实现某些与思想相同的功能。它们可以学习，它们可以纠正自己，它们可以打败象棋大师，它们拥有自己的人工智能。它们可以被编程，程序员越是敏锐、越是聪明和知识丰富，电脑的能力就越强。它还可以比人脑更快地解决问题。思想创造了它自身的智能，而电脑智能也许就等同于思想所创造的智能。就像电脑是程式化的，我们在某种程度上也被程式化了，成为天主教徒、新教徒、印度教徒、佛教徒等等。

那么，真正的智慧是什么？我们有了电脑的人工智能，而思想所造的智能可能也是人工的。那么，不属于这两者的智慧又是什么？如果电脑可以做思想能做的几乎所有事情，那么人类会怎样？人类一直依赖思想为生，建立了这个思想的世界，不是大自然，而是经济、社会和宗教世界，而思想制造的问题，思想是无法解决的。或许它可以解决经济问题，可以解决我们的社会问题，但我怀疑它究竟能否解决心理问题。如果电脑接管思想的活动，它可以自行诊断，纠正自己，不断学习，因而会变得越来越渊博，可以依据知识来工作，就像人类那样，那么人又会怎样？这是真正的问题。人类依靠记忆、经验、知识而活，而那些东西电脑都能具备，因为它能够学习、纠正自己并增长知识，或许还能发现新东西。那么人类身上会发生什么？你就从这里继续探讨吧。

博姆：可能我们应该先来探讨是不是这么回事，因为并不是所有从事电脑工作的人都认可这一点。比如说，电脑似乎无法解决经济或政治问题，因为这些问题是与心理问题结合在一起的。我认为，电脑毫无疑问可以做很多思想在做的事情，而且还可以做更多，但它是否能做思想所做的全部工作，这一点并不清楚。你知道，思想本身的特性就在于，为了实现思维的逻辑性，它需要建立某些假设、分类和原理，或者无论你叫它们什么，而数学家哥德尔（Goedel）已经证明，是不可能建立一套封闭的假设的。如果你说某些假设是完备的，它们之间就会产生不一致。为了保持一致，它们必须是不完备的，那样就会有越来越多的假设。这个体系是开放的，而不是封闭的。而问题就在于：一套假设也许在某个范围内是一致的，但是，如果你想让电脑超出那个范围，去操控一切，那么就需要在走出去的过程中不断改变假设。

钱德玛尔：哥德尔的理论讲的是电脑的局限，而我的观点是，同样的局限也适用于人脑。

博姆：哦，在人脑中，如果我们发现假设行不通，就可以改变它们。

钱德玛尔：我来解释一下我的意思。我并不是说电脑会变得无所不知、无所不能，或者变成上帝来解决所有的问题。我说的是，凡是人类的思想能做到的，电脑也可以做到。而人类的思想本身就有着极大的局限。哥德尔定理相当准确地说明了所有逻辑体系的局限性。

所以就出现了两个问题，一个是：人脑是不是也以同样的方式运转——建立假设、推断，运用归纳、演绎的逻辑方法，因而其局限便与哥德尔定理认为电脑所具有的局限是相同的？这是第一个问题。第二个问题是：这些局限是从何处开始作用于这些非常庞大的电脑系统的？在这些局限发挥作用之前，它们是不是在一定程度上已经比人脑的表现优秀很多了？另外第三点是：我认为，从根本上来讲，哥德尔说的是，一个系统单靠自身是无法保持一致和完备的，所以不存在限定不动的系统。但是，如果一个系统无法解决某类问题，因为你陷入了矛盾或者不完备，你就会让其他的电脑系统来解决那些问题。

博姆：但它们还会陷入同样的问题。

钱德玛尔：是的，它们会。但这就是人类目前的运转方式。人脑有局限性。比如说我不太懂医学，我可以去找一个非常懂医学的头脑，然后我们一起试着解决我的医学问题。但他的大脑也有局限性。所以我说的是，电脑确实有局限性，而人脑也是如此。

人脑是无限的吗？

博姆：哦，我质疑这一点。你瞧，我认为，人类可能实际上碰巧是以那种方式运转的，但并不一定他们就应该那样。人类也许是根据一些固定的假设在运转，但没有理由他们就应该那么做，除非是出于习惯或者传统。当你看到某个假设行不通，你是可以看到其中的矛盾之处的。而电脑能不能看到矛盾，我就不知道了。

钱德玛尔：我想这是可以做到的。你可以给电脑编程，告诉它其中存在自相矛盾的假设。但你还是会有另外一个问题——不完备，虽然一致性问题可以得到解决。

博姆：哦，不，因为你瞧，一直会有新的情况出现，那时任何一套假设都无法达成一致。你知道，任何一套假设都只在某个有限的范围内具备一致性，而在新环境下就会失效。

钱德玛尔：你是说人脑不是那样运转的？

博姆：对，我认为电脑是人脑极度简化的版本，但我认为人脑是无限的，而电脑是有限的。

钱德玛尔：这一点我并不清楚。人脑是程式化的。

博姆：在某种程度上是。

克：是的，程式化的。

钱德玛尔：你生来就带着一套程序，不是吗？继承而来的程序，比如说，你的心脏开始工作。孩子也显然被设定好了会去学习——一个半岁大的婴儿不会讲英语，也不会下棋，二十年后他就可以了，所以显然某种程式化的过程起作用了。

博姆：哦，并不一定就是一种程序让他学会了。你瞧那只是个假设。很难证明那样的事情。

克：你刚才说人脑是无限的，我个人也认为是这样的。但是请等一下。要让那种无限行动、运转、存在，思想就必须终止。

博姆：嗯，我们得看看这个问题，说说思想是什么。你可以说有某类思想是程式化的，但也许还有另一种更开放的思想不是程式化的。

钱德玛尔：有这回事吗？我质疑这一点。

博姆：嗯，你怎么才能证明有还是没有？

克：我想他说的是，由于大脑是无限的……

钱德玛尔：那也是一个假设，我们并不知道一定是那样的。

克：不，我不会把它叫作假设。我认为我们可以证明这一点。

钱德玛尔：我们先保持开放，把它当作一个假设。

克：我们暂且把它叫作假设；而你说也许还有另一种思想，它并非脱胎于知识。

博姆：它也不被知识所局限。

克：也包括这一点。

钱德玛尔：如果你说可能还有另一种不受知识局限的思想，你就需要定义思想。或者说,大脑可能存在另一种不受思想局限的运转方式。

克:我想引入另一个词:"洞察力"。可以吗,先生?洞察力并非思想的产物。

钱德玛尔:在我们说到洞察力之前——容我先这么表达:你是否介意以另一种方式使用"思想"这个词?思想就是知识、记忆。我们不太习惯用思想表达另一种意思,所以我们就选了"洞察力"这个词。我想这是一个很重要的问题。

克:这是一个很重要的问题。

钱德玛尔:问题是,思想永远无法运转,除非根据知识和记忆。因为,如果是这样的话,那就意味着电脑也可以做到这一点,而且会做得更好。那么人类会怎样?所以找到另一样东西就变得非常重要了。

克:是的,这里请等一下。思想实际上是对记忆、知识、经验的反应、回应或者它们的产物。它是一个物质过程,这点我们都同意。所以让我们先探讨智慧的问题,然后再回来谈思想。据阿西特和另一些人所说,电脑借助编程,同时自己又能学习和发现新的定理等等,因而就具备了它自己的人工智能。

博姆:我想知道它有没有那种智能。

克:他们说有。

钱德玛尔:因为电脑如今能完成的几项工作,五年之前完全没人想象它能做到。对大多数人来说,有一些例证就意味着,电脑已经发现了或者发明了新东西，或者已经能够思考了。毫无疑问，它已经证明自己能够为各种定理发现新证据，而这些证据人类之前从未想到过。发现的过程可以被定义为：有些东西你之前没学过，别人也没想到，而你想到了。这是个合理的好定义。

然后还有图灵测试——一个人跟一台电脑终端待在一个房间里，另一个房间里有另一台电脑。你用终端对话，并不知道是电脑还是一个人在回答你。如果你无法辨别是谁在回答，那么图灵就认为，大多数人也会接受：这是一个有效的测试，可以证明电脑能够思考。还有一个例子是一位象棋大师与一台电脑对弈，但不知道他的对手是一台电脑还是一个人，就那个人的案例而言，电脑也通过了图灵测试。还有其他一些类似的例子。这已经是若干年前的事情了，而科技的发展速度是如此惊人，到现在肯定有很多其他的例证了。到20世纪末，你必然会拥有一台能够就任何主题进行对话的电脑，没人能看出来有什么区别。

所以，如果情况真是这样，而电脑又比人的反应快很多，记忆也不容易出错，那么就可能发生两件事。一是人可能会放弃越来越多的思考功能，交给电脑来做，就像孩子们用计算器于是忘了如何做乘法一样。而那会让头脑萎缩吗？我们不知道。如果会，那么后果就会十分严重。然而，即使不会让人脑萎缩，但是，如果电脑能够做得比人脑更出色，那人脑还有什么用呢？它还有任何用处吗？我们实际上是不是就变成了一个濒危物种？迄今为止我们都是靠使用和改进大脑存活下来的，但如今有另一种东西比它优秀很多，那么人类这个物种会不会灭绝？

　　博姆：我认为有两个问题，一个是：电脑会接管思想所有机械化的功能。我想通常的逻辑思维就是机械的，电脑可以做得比人好，这点我并不感到惊讶，因为任何形式的逻辑思维，都是由建立某些假设然后根据那些假设的含义来推演构成的。只要假设是固定的，那么电脑就最终会做得比人类好，也许甚至现在就已经做得比人类好了。

　　钱德玛尔：是的，你也同意电脑在给定一些假设的情况下，或许甚至现在就可以对某个状况进行更为严密的逻辑分析了。所以问题出现了：是不是只有在非理性的领域，大脑才可能优于电脑？如果我可以那么讲的话！

　　博姆：哦，是只有当假设并不固定的时候。你知道，只要你能把假设固定下来，电脑就能算出结果，但是，当你进入一个假设并不固定的领域，这时我就不确定电脑能应付得来了。

　　钱德玛尔：你说的假设不固定是什么意思？人类什么时候会改换假设？比如说——容我试着举个例子，如果我正确地理解了你的意思的话。我打算从这里跑去洛杉矶，但是我发现我做不到，所以我做了一个假设：我无法从这里跑到洛杉矶，于是我试着去乘巴士。这可以作为一个假设的例子吗？我们能举出更好的例子吗？

　　博姆：你瞧，我认为现代数学里有一个倾向——把数学仅仅当作形式逻辑来看待。我认为这是非常大的一个退步，形式逻辑是机械的，最终电脑会做得更好，这并不奇怪。但我认为数学更像一种艺术形式，而不只是逻辑形式。数学中最基本的是等式，你说 A 等于 B，但只有当 A 不等于 B 的时候才有意思。你坚持不同的东西具有等同性，那就意味着，正是在打破逻辑的时候，才会变得有意思，这就表明你发现了一种不言自明的新结构。所以我认为数学有趣的地方不是逻辑或者证明，逻辑或者证明永远不可能是完美无缺的，因为它们是你无法确定的。但是，正如你指出的，通常数学家们所做的，以及很多人所做的，都是机械的，这一点我非常赞同。

钱德玛尔：人们会拿不机械的人脑怎么办？

博姆：哦，我刚才说过，当打破逻辑的时候，你会发现一些新蕴涵，那是电脑无法发现的，除非有人告诉它，它应该寻找此类东西。

洞察力不是机械的

克：我会说，阿西特，洞察力不是机械的。

钱德玛尔：洞察力是即刻看穿问题的能力或者过程，所以不会用到任何思维或者逻辑过程。

克：是的。

钱德玛尔：它也不是直觉，它是洞察力。

克：没错，它是洞察力。它不基于知识，不基于经验和记忆，也不牵涉时间。它是洞察力，是即刻的感知、行动，它不是机械的。

钱德玛尔：你是不是也会说，为了让它发生，机械的东西必须终止？

克：显然是的。

博姆：嗯，你不能被机械的东西支配。你瞧，电脑就是完全被机械控制的，尽管你可以把它变得越来越精密。

钱德玛尔：但是克里希那吉指出的关键点是，存在洞察力这种东西，它与知识、记忆、经验和思想没有丝毫关系。

博姆：我不会说毫无关系，我会说，它并非基于思想所做的假设。

克：没错。

钱德玛尔：那么为了让洞察力产生，我的问题是：这个过程是不是必须终止？

博姆：我想机械的、逻辑的过程必须终止。

钱德玛尔：它必须终止。那么，如果那是真正的智慧，我们为什么还在继续这个机械的过程，它为什么没有停止？

克：那就完全是另外一个问题了。

钱德玛尔：那是另一个问题。但这就是为什么我对电脑如此感兴趣的原因。我们只在这个机械的过程中运转，它没有停止。

博姆：除非你拔掉插头！

钱德玛尔：容我把话说清楚。我们困在了这个过程中，我们没有脱离它进入洞察力。我们只知道这个。

克：是的，我们被这样程式化了。

钱德玛尔：而电脑能够做得好很多。那么我们还剩什么？

克：这就是我们的问题，是一回事。

博姆： 思想比较机械的特性确实可以由电脑来执行。

克： 就是这样。

博姆： 而其中的很多特性人们过去以为并不机械，但实际上是机械的，很多数学是机械的。你瞧，我认为证明是机械的，它们只不过是从假设得出结论的过程。

钱德玛尔： 你认为，爱因斯坦的相对论跟一个孩子初次证明一个定理是不一样的吗？

博姆： 那不是证明，你知道，没有办法证明相对论。对相对论的必要性的感知和洞察，是灵光闪现的觉知，从那里出发，他开始提出相对论。而其中很大的一部分就是机械的。

克： 洞察力出现，而把它表达出来，则是机械的。

博姆： 嗯，相对来讲确实是这样的。你需要多一点儿洞察力才能把它提出来。

克： 没错。

钱德玛尔： 所以你说的是，相对论来自洞察力，贝多芬的交响乐来自洞察力。而把它们实实在在写下来和弹出来就是机械的。但还是有这个洞察的过程。

克： 你想说什么，阿西特？

钱德玛尔： 我的意思是，显然这种情况发生的概率极低。世上有多少爱因斯坦和贝多芬？因为我们所有人几乎都困在了一个电脑能够做得更好的过程中。

博姆： 我认为低概率无关紧要。你瞧，人们恰好容易困在机械的事物中。但概率很低这个事实，并没有让洞察力变得不重要。

钱德玛尔：没错。但我说的是，对世上的大多数人来说，让他们在现实中运转的唯一工具，就是他们的大脑。这也是为什么是他们而不是任何一种动物主宰了地球的原因。如果有另一个物种拥有那样一个更出色的大脑……

博姆：哦，我不认为那种情况会发生。

克：那是个假设。阿西特，让我们来看看更为清楚和简单的事情。据我所理解——必要时请纠正我——就我们现在的使用方式而言，思想是机械的，是以经验、知识和记忆为基础的。

博姆：还有逻辑。

克：还有逻辑。然后从那里产生了行动。我们从行动中学习，同样的过程一直在延续。这是机械的。而这些工作机器做得比我们好很多。

钱德玛尔：是的。

博姆：在这一点上是存在局限性的：任何机械化的系统都是有限的，而真相是无限的，必须由超越了机械性的人类来把关，因为到某个阶段，电脑可能会做出灾难性的事情……

钱德玛尔：哦，人类也是一样！

克：当然。

博姆：那是因为人类在模仿电脑！

钱德玛尔：我的意思是——我在重复我说的话：电脑不会是完美的，而人类也不会。但就爱因斯坦和贝多芬的例子而言，我不会说他们拥有洞察力，他们只有局部的洞察力。看看他们的生活！

克：当然，这一点很明白。所以我们说，思想是机械的，正是因为它自身的基础。那么存在不机械的思想吗？

博姆：也许存在。

克：存在，那就是我们要探究的。

博姆：思想变得机械，也许是因为它被误用了。

克：即使你正确地使用它，它依然不是那"另一个"。

博姆：没错，但是如果你持有"它是完全固化的"这个假设，那才会把它变得机械。那思想就像是一部机器了。人们对一切都提出了假设，并认为它们是绝对正确的，绝对是一成不变的。这就让思想变得机械了。但智慧不会定下如此固化的假设，而是会体会言外之意。所以智慧会到处收集知识，但不会把它们放入固化的范畴。思想是机械的，因为它把知识放入了预设的、完全一成不变的范畴中。那正是电脑所做的事。为了把你的信息分类，必须把它收集起来然后归入不同的范畴，比如这里那里、此时彼时、之前之后、内部外部。而如果那些都是完全固定的，电脑就能……

克：……做得更好。

博姆：……做得更好。但是你瞧瞧实际发生的，在我看来，是人类变成了电脑……

克：变成了电脑！

博姆：……然后又造出了另一台电脑……

克：你明白他说的意思吗？

钱德玛尔：他是说，人类被迟钝的电脑设定了糟糕的程序。

克：于是他又造出了一台会玩各种花样的电脑……

钱德玛尔：但你是不是也认为，电脑无法在非结构化的条件下工作？

博姆：除非有某种事先设定的架构，否则它怎么能工作呢？

钱德玛尔：那我可不能确定。

博姆：我是说它能做什么呢？它必须得到一些指令才行。

克：它可以学习。

博姆：但是只能在接收了指令之后，否则它无从学起。

钱德玛尔：但那跟人类有什么不同吗？

博姆：哦，我认为人类拥有洞察力，能够去掉错误的结构，消除它们、修改它们。当然，要是你能造出一台有洞察力的电脑就好了！

克：你瞧，人类可能拥有洞察的能力。电脑没有那种能力，因为它从根本上是由本身就有限的人脑设计的。

博姆：而且在机械的架构本身之中，它所能做的本来就有限。

钱德玛尔：因为那是一个机械过程，它是有限的。换句话说，问题就在于：你能设计洞察力吗？我们暂且假定你不能。再回到人类身上来。人像电脑一样运行，像电脑一样被设定了。而我们现在说他也有洞察的能力。

克：那种能力。是的，他可能有那股潜力。

钱德玛尔：如果他没有，他就厄运难逃了——你同意吗？

克：是的，当然。

钱德玛尔：所以找到这项能力就变得非常重要了。

克：没错。

人脑的洞察力怎样才能发生呢？

钱德玛尔：怎样才能找到呢？

克：现在我们进入一个完全不同的问题了。

钱德玛尔：是的，但那正是我们最终要回归的问题。找到那项能力就变得至关重要了，尤其是因为电脑正发展得那么迅速。可能两百年前还没有什么东西这么重要。

博姆：那很难说。你不知道会怎样，每种东西的发展都会兴起，到达巅峰，然后衰落。我认为没有永无止境的线性发展。电脑有很长的路要走，但是然后也许就会到达极限。

钱德玛尔：至少目前它还在以指数级的速度增长……

博姆：……还处在上升期，但有朝一日会衰落的。

钱德玛尔：但是先把时间框架撇开，找到另一种能力已经变得至关重要了，如果它存在的话。

克：是的，先生。那我们该怎么办？

钱德玛尔：现在你在要求一台程式化的愚钝电脑去发现洞察过程！

克：是的，问问电脑吧。

钱德玛尔：你是在跟我说：发现那个过程。

博姆：你不能接受你就仅此而已了，你不能接受你没有那股潜力。

钱德玛尔：我有那股潜力，但我如何才能找到并表现出那股潜力呢？你明白问题所在吗？

克：我明白。

钱德玛尔：你实际上是在要求一台电脑……

博姆：那不是一回事，因为如果你让一台机械的电脑拥有洞察力，那将是不可能的。

钱德玛尔：是的，因为它没有那股潜力。

博姆：它是有限的。

钱德玛尔：但是你在问一个程式化的系统……

克：不，我问的是，正如他最开始指出的，有没有不被程式化的东西。

钱德玛尔：可能存在一个不程式化的过程。

克：而那也许就是洞察力。然后你问，既然那种洞察力如此重要，它怎样才能发生？

钱德玛尔：它如何才能发生在以这种方式运转的系统中呢？

克：显然不能。如果我的心智、我的大脑，被设定好了以某种模式在某个特定的范畴内运转，那一切都必须停止。印度教徒和冥想就是从这里发端的。我很确信这一点。要停止整个思想过程。

你如何发现我有没有洞察力？

钱德玛尔：我可以问你一个问题吗？你非常了解我。

克： 我希望如此，我想是吧！

钱德玛尔： 你可曾见过我的心智的运转方式与一个程式化的、局限的心智有任何不同？

克： 见过。

钱德玛尔： 你见过？我在非常认真地问这个问题，先生。因为，好吧，我换个方式表达：人们只在这种程式化的、局限的心智模式中运转。

克： 不，我的说法不一样。当你不是用耳朵这个感官在听，而是用心在全然地聆听，在那个状态下，我们就是彻底安静的。当彻底安静时，洞察就有可能产生。此时感知中没有"我"这个感知者与被感知之物的分别——对吗？因此整个机械的思想过程，连同它的冲突，就都停止了。

博姆： 嗯，有个很有趣的问题：你认为电脑会有思想者和思想这样的分别吗？

克： 当然不会。它只有被设定好了才会说：观察者即所观之物！

博姆： 嗯，我认为编程者实际上就是观察者，不是吗？

克： 是的。

钱德玛尔： 对此我想谈点儿看法。如果一台电脑通过了图灵测试，又怎么能说它没有意识呢？我的意思是，如果另一个房间有一台电脑和一个人，我在这里互动，我不跟任何人说有个人在用电脑回应，那么毫无疑问那台电脑至少会跟那个人思考得一样好。

克： 是的，机械地思考。

博姆：你瞧，你得通过一种细致很多的交流，来确定那台电脑是否有洞察力。

钱德玛尔：但你如何发现我有没有洞察力？

博姆：嗯，这是个问题。

钱德玛尔：你瞧！

克：噢，是的，你可能有。

钱德玛尔：如何发现，先生？如果你能发现我有没有洞察力……

克：啊，不是你**拥有**洞察力，是你可能具有那种潜力。

钱德玛尔：你能通过跟我对话弄清楚那一点吗？

克：噢，是的。

钱德玛尔：假设你在跟一个电脑对话。

克：我知道你想说的意思。

钱德玛尔：你可能觉得电脑也有潜力，比如说。我的意思是：意识是什么？你为什么认为电脑没有意识？如果它打印出来说："我有意识。"你为什么说它没有？我们为什么假设——我为什么假设，不是你——还有别的东西存在？

克：不，我不假设，因为我有了洞见，然后依据它行动。

钱德玛尔：但我发现我没有那些洞见。

克：为什么？

钱德玛尔：你必须接受这一点。

克：不，我为什么要接受？

钱德玛尔：因为你看到了我的生活方式，先生。

克：不，你可能具有局部的洞察力。

钱德玛尔：那不是洞察力。

博姆：你为什么说它不是？我是说，那是有区别的，电脑就没有局部的洞察力。

钱德玛尔：我说的是这个意思：如果电脑通过了图灵测试，它说"我有意识"，你有什么理由说它没有？如果它通过了图灵测试，它跟一个人又有什么不同？

博姆：假设你在跟电脑进行这样的一场讨论……

克：它能领会所有的意思吗？

博姆：……问题是，电脑会给出什么回答？

钱德玛尔：我假设的是电脑通过了图灵测试。

博姆：但图灵测试也并不完备，因为我们可以说对一个人充分的测试就是：他拥有洞察力吗？

钱德玛尔：可实际上那正是我的问题。你是怎么假定，你是如何定义洞察力的？

克：我不会问一个人他是不是有洞察力。我认为那是个错误的问题。我会问：机械的思想过程究竟能否停止？还是说，大脑永远都要被占据着？

钱德玛尔：对大多数人来说，它就是一刻不停地被占据着。现在，假设有个人说"是的，它会停止"呢？然后又怎样？

克：等一下。它停止也许是因为它非常疲劳，或者因为各种原因，因为缺氧等等。那不是洞察力。

钱德玛尔： 电脑也可以这样。

克： 它当然可以。

钱德玛尔： 所以你如何才能发现我是否拥有洞察力呢，先生？

克： 可是你问的是正确的问题吗？

钱德玛尔： 我的问题是：你怎么知道一个人有洞察力？你怎么搞清楚这一点？

克： 你们俩都说过，贝多芬和爱因斯坦有局部的洞察力。

钱德玛尔： 是的，但我认为，他们所做的之前没人做到过，他们的成就极其罕见。我想，如今世界上有四十亿人，过去也有很多人，而爱因斯坦和贝多芬身上发生了一些事情——我只能这么说。我甚至都不愿意说他们有局部的洞察力，我不知道发生了什么。怎么才能知道呢？

克： 我想你可以从自己身上观察到。

你能帮助我发现自身的洞察力吗？

钱德玛尔： 先生，我可否问你另一个问题？如果你领悟了什么，你能把它教给另一个人吗？

克： 如果那另一个人愿意听的话。倾听。

钱德玛尔： 换句话说，如果贝多芬创作交响曲的过程，和爱因斯坦洞察力闪现的过程，被他们自己理解了，他们能把它解释给其他人听吗？

克：我想是可以的。

钱德玛尔：显然他们不能，他们也没有这么做。

克：洞察力不可能是某种完全不和谐的、缺乏和谐的东西，它必须是你的整个生活方式，你的行为举止，一切都必须是一个整体。当那种完整性发生时，洞察力立刻就会出现。我认为它就是如此运行的。你们同意这一点吗？

博姆：是的，一切都必须是一体的。

克：必须扫清一切障碍！

钱德玛尔：你说它是一个完整的过程，它不是支离破碎的。现在我来问你，我们假设你拥有那种洞察力……

克：那是另外一回事了。

钱德玛尔：如果你懂得了那个过程……

克：啊，不是过程！

钱德玛尔：我想如果我能找到合适的词，我们就会搞清楚的。如果你发现了洞察力得以发生的条件……

博姆：不存在条件。

钱德玛尔：好吧。

克：你瞧，你自己就可以回答这个问题，老兄。

钱德玛尔：所以我在试着澄清这点。你是说它就那样发生了？

克：不，不是碰运气，也不是靠算计。

钱德玛尔：不是靠算计，也不是靠有意识的努力。正如你书中所说，它是不请自来的。

克：不请自来的意思是你看清了问题，如果有问题的话，你不分析它，而是看到它的整体。

钱德玛尔：那我要跟你说：先生，我无法看到它的整体，帮帮我。你会怎么办？

博姆：在这里我可以问你一个问题吗：是电脑在说话吗？

钱德玛尔：是啊，你瞧。（笑）我现在就在请你把我设计得有洞察力，我就在这么要求！

博姆：但是电脑做不到这一点。

克：我不知道，也许它会呢，当它到达巅峰的时候。（笑）

钱德玛尔：我同意电脑做不到，我愿意接受这一点。我的意思是人类也做不到！

克：我不确定是这样，先生。

博姆：但如果是电脑在说这些话，可能就只是程序而已，对吗？

钱德玛尔：我接受电脑做不到这些。

博姆：对，但我的那句话问的是另一个问题。你瞧，比如说我们现在就在做图灵测试。你说了你是个电脑，所以得由我们来跟电脑交谈，看看它能否回答这个问题。

钱德玛尔：好吧，我很愿意说我不是个电脑，我有那个潜力。对此我会保持一种完全开放的心态，因为我希望拥有洞察力，真的希望。于是我说：你能帮助我吗，你能教我吗，你能跟我说明吗？你有什么办法做到这一点吗？这就是我的意思。

克：比如说，你对很多事情都拥有快速的洞察力——我来找你，我跟你说：瞧，我想拥有那种能力。我也许有那种潜力，但我希望它能绽放。那我的问题会是什么？我想拥有它？当我问那个问题时，就已经变得机械了。我不知道你们有没有明白我的意思？

钱德玛尔：我明白。

克：所以不要问那个问题。一旦你提出那个问题，你就是在寻找一个体系、一个方法——等一下——寻找你可以运用、你可以组织、你可以归类等等的某种知识信息。然而，假设你问了一个问题却丝毫没有那些意思，你还会那样问吗？

钱德玛尔：会。

克：不，等一下！

钱德玛尔：先生，我的问题非常简单：给我一种对洞察力的洞见，哪怕只有片刻。仅此而已。我不想要只能重复的一个体系。

克：我明白你的问题。

博姆：你瞧，我认为你正在采用电脑的方式来处理问题。如果电脑想得到洞察力，它就会问如何以及做什么才能得到它。这正是电脑会问的问题！

克：你明白他的意思吗？

钱德玛尔：我完全明白。事实上，先生，这证实了我的话：我只能像电脑一样运转。这就是我的意思。

克：那么就不要像个电脑一样运转。（大笑）

钱德玛尔：那么我的下一个问题就是：教我怎么办。我只知道这个，先生！

克：大卫，你能不能教我——我很认真地问，你能不能教我一件你立刻就领会了的事，教给我某种完整的东西？你能不能告诉我、教我，于是我就可以学会它？

博姆：不会通过一系列的步骤。

如果心不再机械，洞察力就是自然而然的了

克：你能向我传达那样东西吗？你完整地看到了某样东西，因而作为一个完整的人在行动，没有任何冲突，等等，诸如此类。你从**那里**行动。而我作为你的弟子或者无论什么人来找你，我说：告诉我是怎么回事，教给我——无论你用什么说法——我想捕获那种感觉，某种瞬间即可发生的东西。对吗？这就是你的问题。

现在，请等一下，我们这就探究这一点。提出这个问题时，我的心智处在怎样的状态？它在等待着某种东西，它在渴求某种东西，它说：如果我能拥有那个，我的问题就会得到解决。

钱德玛尔：那是一种状态，但现在我不处于那种状态。我可以告诉你我所处的状态吗？这儿有一个人，多年来我一直在日常生活中见到他，他也一直讲了很久，显然他拥有某样东西，我也想一窥其真面目。不是因为那样我的问题就会解决，而是我真的具有深深的兴趣，非常好奇，也非常认真。那样东西他讲了很久，他一直践行着它，一直在那么做，可那到底是什么，它为什么一直在躲避我？这就是我所处的状态，而不是我想解决我的问题。

克：好的，还是那个问题：你提这个问题的时候，你的心态是怎样的？我抱着什么心态，当我去找大卫——我打算叫你大卫了，我很久没这么叫你了——我去找大卫，说：瞧，你拥有这份洞察力，你能整体地看待事物，我不能。我想拥有洞察力不是为了解决我的问题，我对那个不感兴趣，而是我想学习、领会或者感受到一颗完整的心所具有的品质。你明白发生了什么吗？在问那个问题的时候，我的内心就到达了某个点。我不知道有没有说清楚？

钱德玛尔：还好。

克：它不是机械的。我丢了机械性，对吗？我丢掉它，因为我对这个问题感兴趣多了，机械性就暂停了。

钱德玛尔：是的，我想是这样的。我可能并没有丢掉它，但是……

克：……它处于暂时搁置状态，被丢到了地下室，对吗？

钱德玛尔：我不确定是这样的。

克：你明白我说的意思吗？当你问那个问题的时候，你的心是不是自由的，没有在机械地运转？

钱德玛尔：我不确定。

克：你是在机械地问这个问题吗……

钱德玛尔：不是。

克：……还是不机械地？等一下，停在这里。我去找他，我说：先生，我很确定我不是在机械地提出这个问题。

钱德玛尔：我不能那样说。我真的不知道我是不是在机械地问，我的确不知道。

克：因为我想领会那个东西。

钱德玛尔：我确实想领会。

克：我想弄明白那个东西是什么，所以我的心完全一无所知。

钱德玛尔：是的。

克：啊——一无所知，不再期盼，不再渴望！

钱德玛尔：你怎么能说不再期盼、不再渴望呢？

克：当然。不再期望从他那里得到什么。我去找他，说：先生，我想了解那份也许会转化一切的洞察力。

钱德玛尔：那难道不是期盼和渴望吗？

克：不是，我想**了解**它，**感受**它，感受它的轮廓，它的气味。

博姆：我想我们应该搞清楚，期盼跟你说的东西之间是有差别的。你瞧，期盼意味着**已经**对那是什么有了某种感觉，对吗？

克：当然，我没在期盼什么。

钱德玛尔：好吧，那样说来我没有。

克：我不知道它是什么。

钱德玛尔：我不知道，我真的不知道。

克：所以，我并不是在等待，如他所说，我没有期盼。

钱德玛尔：我没有，当我去找你的时候。

克：那你来是机械的还是不机械的？

钱德玛尔：我不知道，先生。

克：哦，去弄清楚，先生。你的问题脱胎于机械的反应吗？

钱德玛尔：不是。

克：不是，所以我去找大卫——这一点我非常清楚——我发现他有那份洞察的品质，而且非常强烈。他做各种决定，他做各种事情，都没有思想的运作涉入他的决定，对吗？当他看到某件事情，不是去把它想清楚，而是毫不机械地把它看清，但是然后再用机械的方式把它完成。

钱德玛尔：这个过程可以由思想做后盾。

克：由思想做后盾。于是我问了这个问题，知道了这一切，我说，这种洞察力是什么？我已经和它连接上了，你明白吗，先生？

博姆：你为什么说你已经和它连接上了？

克：因为我的心摆脱了机械性。

博姆：是的，嗯，那就是洞察力的核心。你是说，如果心不再机械，洞察力就是自然而然的了。

克：它不是机械的，它并非脱胎于知识，它不属于时间，它是即刻的感知。而电脑做不到这一点。我的大脑是机械的，一百万年以来一直是机械的，而大卫告诉我，你的大脑是无限的。我即刻明白了这一点。大卫刚刚那么说过。当他那么说的时候，我说："天哪，确实如此。"

钱德玛尔：那就是洞察力。

克：与逻辑毫无关系。

钱德玛尔：是的，你看到了它。

克：不是看到了它。那无限的……

钱德玛尔：它是完全自发自然地发生的。

克：是的。

钱德玛尔：我的反应是：我不知道，你为什么那么说？证明一下。

克：那是机械的。

钱德玛尔：是的，当然。

克：那句话是什么意思？你是用感官上的耳朵在听，那是机械的。

钱德玛尔：是的。

博姆：感官上的耳朵。

钱德玛尔：我的意思是，先生，我是说我就在这么做。我看到别人有了洞察力，于是我说……

克：等一下。你瞧，如果大卫让我冥想，如果他说让心安静下来，如果他说若要不机械的洞察力产生，就需要有一个无比安静的大脑，其他的那些东西都是受制于时间的。我不知道你明白没有？

钱德玛尔：明白。

把插头拔掉！

克：我把那一切都抛开了。然后他说到了"无限"，对吗？

钱德玛尔：是的，我看到你的眼睛明亮起来。但是你说你抛开了那一切，毫无疑问那就是洞察的过程。

克：当他说到"无限"，你为什么不一跃而过？

钱德玛尔：我解释了为什么。我的反应还是那样：如果你告诉我心是无限的，我还是会问：你为什么那么说，你能证明吗？我没发现它是无限的。

克：那是什么意思？机械的大脑是非常活跃的。

钱德玛尔：是的。

克：有各种争论、逻辑、推理、相互对立的观点，等等等等。它在不停地活动、活动。你是用那个程序运转的。

钱德玛尔：是的。

克：把插头拔掉！

钱德玛尔：你是对的，我们又回到了那一点上。

克：我们当然又回到了那一点上。大卫告诉了我一件事情，那就是，大脑是无限的。因为它是无限的，所以它不属于个人。

钱德玛尔：我会从理智上理解这句话。你有了一个洞见：大脑是无限的。有人说大脑是无限的，然后你有了一份洞见。然后你从那里行动，从洞见到洞见。你的过程——请容我把它叫作过程——是从洞见到洞见。

克：是的，先生。

钱德玛尔：而我的过程是从逻辑出发，也许是糟糕的逻辑，也许是不错的逻辑、观察，诸如此类。那么我会说，这条河跟那条河……

克：……流不到一块儿。毫无疑问。

钱德玛尔：而我发现这条河制造了一堆问题。所以，显然大多数时候，当我想得到这份洞察力，就是要摆脱问题。而你告诉我，你在这条河里，跳出来!

克：你办不到。不，你跳不出来。

钱德玛尔：终止它。

克：啊!

钱德玛尔：你就是这么说的。

克：拔掉插头!

钱德玛尔：我是说，无论是在深层的潜意识还是在意识层面，我都做不到。我只知道这个。那几乎就等于自杀。

克：当然，当然，当然。

钱德玛尔：你说扔掉你唯一知道的东西，我说我想那么做，可就是做不到。

克：不，我们必须回过头来说。大卫告诉我，因为大脑是无限的，所以它不属于个人，它不是你的大脑或我的大脑，这一点非常清楚。它既不是你的大脑，也不是我的大脑，对吗?

钱德玛尔：对。

克：所以它与个人无关。

钱德玛尔：是的。

洞察力和逻辑争辩毫无关系

克：你看清这一点了吗? 等一下，立刻就看清楚!

钱德玛尔：不，先生，区别在于——请容我解释这一点。我开头说，如果大脑的无限的，那么你说的其他话就成立。然而，你说**显然**大脑是无限的，这一点是**显而易见**的。

克：啊！因为当他那么说的时候，我在倾听他，我没有争辩。之后我可以争辩。当他说那句话的时候，我就跟那句话在一起。

钱德玛尔：我知道。

克：为什么？分析一下。为什么？我在聆听，我的心在聆听、探究、观察，而大卫在其中投下了一块大石，然后就……！你没有听，你在争辩：是这样吗？等等等等。

钱德玛尔：当你说你倾听的时候，你难道不检查那个说法吗？

克：不，我不检查，就是那样。继而大脑立刻就不再是个人的了。因为它是无限的，大脑就绝不会是个人的。机械的思想才会说：这是**我的**大脑。

钱德玛尔：这点我明白，先生。你的意思是：洞察是毫无检查、毫无分析过程的感知或聆听。

克：当然。

钱德玛尔：可那你怎么**知道**事实就是如此？

克：因为从那份洞察力出发，你就可以用逻辑争辩了。

钱德玛尔：即使你不能用逻辑争辩，它不是依然会在那里吗？

克：那里就什么都没有了。

钱德玛尔：它就不在了？

克：对。

钱德玛尔：所以你的意思是，你看到了某种东西，你就能用逻辑来支撑它？

克：是的。

钱德玛尔：那为什么不能把它就叫作逻辑呢？

博姆：如果你从逻辑开始，你就是用你过去错误的假设来开始的。你瞧这有多麻烦。而当你从洞察力开始，你就是从某种新东西、从新的觉知开始的，从那里出发你就可以继续用那份新洞察进行推理了。但是，如果你从逻辑开始，你就必定是从已知开始的，而已知从根本上来讲始终是错误的。

克：是的，毫无疑问。

钱德玛尔：我没法轻易接受这个说法。

克：这很简单。

博姆：嗯，已知必定是错误的。

克：你刚才说过思想是局限的，思想是机械的，逻辑是机械的，对吗？

钱德玛尔：对。

克：所以用逻辑你无法到达"另一个"。而一旦拥有了那份洞察力，思想就可以合乎逻辑地运转了。

钱德玛尔：我的意思是：你站在高山之巅，你可以下山来，而我就在山脚下。那么，要么有两条平行的道路，所以根本没有交会点，要么，如果你可以合乎逻辑地下到某个点，我也就可以合乎逻辑地爬上那个点。

克：那跟逻辑无关，洞察力跟逻辑毫无关系。

钱德玛尔：但你说你可以用逻辑支撑它。

博姆：我想你可以说，它是能够用逻辑来展开、来沟通的。但是那与洞察力实际上不是等同的。逻辑表达是**对于**洞察力的一种沟通方式。

克：是的，没错。

钱德玛尔：我的意思是——如果错了请纠正我——你无法用逻辑来交流它。

克：你无法用逻辑来交流它，因为逻辑就是思想。

博姆：你瞧，我认为洞察力会改变你推理的基础。人是从错误的基础开始推理的，这是通常的基础；也就是说，从那里出发，你哪里也到不了。从我们现在所处的地方不可能去到别的任何地方。但是，如果你有了洞察力，那就不再是这样的情形了，你的推理来自洞察力，而不是来自你的已知。

钱德玛尔：事实上，如果你有了洞察力，就没必要把它推演出来了，你拥有了它。只有当你试图把它传达出去的时候，推理过程才会存在。

博姆：以及应用它的时候。比方说如果你想用你的洞察力造一台电脑的话。又比如，从你对重力的洞见出发，你可以用推理来做些事情。

克：所以我们是从提出"思想是机械的"这点开始的。电脑是机械的。在某种程度上，思想能做的，电脑也能做。但思想因为是机械的，它永远无法捕捉不机械的东西。而洞察力不是机械的，完全不机械。请**倾听**这个说法，不要争辩。到现在你已经争辩得够多了，足以说明思想是机械的，电脑是机械的；在某个程度上，无论思想能做什么，电脑也能做到，它能够学习、能够重新学习、能够调整，以知识等等为基础，它可以做思想能做的各种事情。这些我们都同意。大卫告诉我，目前到这一点为止，是完全正确的。但这并不会带来洞察力，他告诉我。所以我说，好吧。我不说，我该怎么办？一旦我说我该怎么办，就又回到了那个循环里。对吗？他跟我这么说。他还说：非常清楚地看到这一点，不要离开。对于这个机械的过程，我们已经争辩得足够多了。我们可以继续追究更多的细节之类，但我们已经掌握其中的原理了。对吗？就是这样。不要从那里离开。不要说：洞察力是什么？如果你一动不动，它就在那里了。不知道这一点我有没有传达清楚。

钱德玛尔： 现在我开始明白你说的意思了。你是说，看到你心智机械的运作过程，只是看着这一点，仅此而已，**不离开**它，而只是**看着**它？

克： 看着它，完完全全地看清它。你可以到处给思想加加减减，但你发现思想是机械的。一旦你离开这个事实，就又会变得机械。如果你看到了这一点，就停在那里。

钱德玛尔： 是的，任何离开的活动都是……

克： 你知道，活动就是时间，我们探讨过这个问题了。活动就是时间。如果没有知识的活动——说到底，古代的印度教徒就有"吠檀多"这个概念。"吠檀多"的意思是终结知识。但是我们说：我如何才能终结它，我会练习这个，做这个做那个，而那依旧是同一个车轮在不停转动。

（停顿良久之后）我想这正是我弟弟去世时发生的事，当时完完全全没有离开的活动。①

钱德玛尔： 离开那种悲伤？

克： 离开那种悲伤，那种打击，那种感受。也就是说，克不寻求任何安慰，不寄望于轮回转世，也不追随任何大师。我不知道你明白没有？

钱德玛尔： 明白，先生。

克： 只有那个事实，别无其他。

钱德玛尔： 心与那个事实待在一起。

克： 是的，如果你跟事实，跟它的无限活力待在一起，看看会发生什么。

---

① 此处指在他挚爱的弟弟尼亚去世时，他所感受到的沉重悲伤。

心智可有东西方之分？

普普尔·贾亚卡尔（Pupul Jayakar, 后文简称普普尔），作家，英迪拉·甘地的前任文化顾问

印度人更多地活在抽象概念里

普普尔：克里希那吉，当今世界上有种奇怪的现象发生：东方到西方寻找给养，而西方到东方寻找——加引号的——"智慧"来填补存在的某种空虚。你会不会说，印度人的心智可能具有跟西方人同样的方向，或者悲伤、贪婪、愤怒等等同样的因素，只不过它们的发源地是不一样的？

克里希那穆提：你是不是问，东方的思想、东方的文化、东方的生活方式，是不是有别于西方？

普普尔：嗯，显然印度的生活方式跟西方不同，因为两者受到了不同的制约。但是在某种意义上，它们彼此也是互补的。

克：表现在哪里？

普普尔：比如说，东方，尤其是印度，可能缺乏把抽象的概念化为具体行动的精准度。

克：你是说，印度人更多地活在抽象的概念里？

普普尔：是的，他们不太关心对环境采取行动，或者类似的行动。

克：那你觉得他们关心什么？

普普尔：当然，如今正发生着巨大的变化，很难讲印度人的心智是怎样的。因为在某个层面上，印度人的心智同样也在寻求物质上的舒适……

克：……还有科技领域的进步，并把它应用到日常生活中。

普普尔：是的，技术进步和消费主义，这些已经深深地渗透到了印度人心中。

克：那么，印度人的心智、印度文化和西方文化究竟有什么差别？

普普尔：也许，尽管有这样的物质基调，但就探索过程而言，印度仍然存在着某种优势——如果我可以这么表达的话——钻研自我，探究内在，洞察世事。数个世纪以来，印度人的心智一直立足于这种感受而得到了滋养。然而，自古希腊人的时代开始，西方就有了一种离开内在而转向外在、转向环境的运动。

克：我明白。但是前几天我在电视上听到一个非常有名的印度人说，印度如今的科技让印度人的心智变得更加人性化了。我好奇他那么说是什么意思——"人性化"？科技让他们不再活在抽象的概念、理论和各种复杂的观念等等之中，而是让他们开始脚踏实地了？

普普尔：也许那在某种程度上也是必要的。

克：显然是必要的。

普普尔：所以，如果这两种心智有某种不同的本质……

克：我非常怀疑这一点——思想究竟能不能划分成东方的或西方的。只有思想而已，既不是东方的思想，也不是西方的思想。思想在印度和在西方的表达可能不同，但那依旧是思想过程。

普普尔：但是，西方的脑细胞里包含的东西，和东方也许数百年来的知识和死亡的智慧，都给头脑添加了一些内容，使得东西方看待世界的方式有所不同，这难道不也是事实吗？

克：我想知道你说的是否准确。我想质疑这一点，如果可以的话。当我去到印度，我发现如今那里的物质主义比以前严重多了——人们更关心金钱、地位、权力等等那一切。当然那里也存在着人口过剩和现代文明的所有复杂特性。你是不是说，印度人的心智有一种内在探索的倾向，在这一点上胜过西方许多？

普普尔：我会这么说。就像西方的心智拥有……

克：……一种对科技的关注……

普普尔：……不只是关注科技，也关注环境……

克：是的，环境、经济等等，还有生态。

普普尔：关注外在。内在的环境和外在的环境都是存在的。这样表达的话，我会说外在环境一直是西方的关注点，而内在环境一直是东方、印度的关注点。

克：但关注这一点的人一直是凤毛麟角。

是什么把世界划分成了东方和西方？

普普尔：但只有这极少数人能够创造文化。文化是如何形成的？

克：这是一个我们应该探讨的问题。但在我们探讨那个问题之前，东方思想和西方思想之间真的存在区别吗？我想先明确这一点。还是说，只存在这个非同寻常的现象：世界被划分成了东方和西方？

普普尔：可是什么划分了它？

克：首先是地理位置；然后是政治、经济，印度比西方拥有远远更为古老的文明——如果我可以用"文明"一词的话。这一切就是印度人的心智——如果你可以用"心智"来代表那一切的话。在我看来——我也许错了——西方世界更关注世俗事物。

普普尔：但是什么把它引到了那个方向上？

克：是更寒冷的气候，而且所有的发明、所有的现代科技都来自世界的北部，北方的人们。

普普尔：是的，但是，如果只是气候的原因，那么非洲，赤道地区的非洲，就应该拥有同样的心智。

克：当然不只是因为气候。西方的整个所谓宗教生活跟东方也大相径庭。

普普尔：这就是我说的意思。同一种群的人似乎在某个时期就产生了分裂。

克：分裂，是的，从苏美尔人就开始了。

普普尔：而西方所走的方向源自他们与大自然对话时的发现，从中产生了科技，以及所有伟大的科学真理。印度也跟大自然对话，但方式不同。

克：所以你的意思是，东方的心智，印度人的心智，比西方人更关注宗教问题？西方这里的一切都非常肤浅，尽管他们以为自己很深刻。而在印度，传统、文学和一切都说：俗世没有对自我、宇宙、最高法则和大梵天的了解那么重要。

普普尔：心智进行探索的敏锐度也许与西方不同，探索以及深刻的洞察也一直走在了不同的方向上。

克：当然。但是，在西方这里，在宗教问题上，怀疑、质疑和疑问是被彻底否定的。在这里无比重要的是信仰。而在印度的宗教中，在佛经等等之中，怀疑、质疑、探究则变得极其重要。

文化是什么？

普普尔：也正因为如此，可以说如今这两种文化都陷于危机当中。

克：是的，当然。你会不会说，不只是文化，而且人类的整个意识都陷于危机当中？

普普尔：你能把人类意识跟文化区别开来吗？在某种意义上，

它们是一回事。

克：没错，从根本上讲它们没什么不同。

普普尔：所以危机的根源正让东西方都在脱离他们自身寻找出路。他们感觉到某种不妥，于是转而投靠另一种文化。这种情况在东西方都有发生。

克：但是你瞧，普普尔吉，我问的是，在撇开了物质至上的世界观去追寻的过程中——如果我可以用"物质至上"这个词的话——他们是不是就没有被困在各种各样迷信、虚幻、神秘的观念中，还有蜂拥而至的这些古鲁等等诸如此类的一切中。我想搞清楚的，不只是人类意识中的危机能不能得到解决，才不致让战争毁灭人类，而且还有人类究竟能否超越他们自身的局限。我不知道有没有表达清楚？

普普尔：先生，我可以这么说吗？外在和内在就像是物质追求和内在探索，是人类所走的这两个方向的两个镜像。真正的问题是，如果人类要生存下去，这两者就必须……

克：……它们就必须共存。

普普尔：不是共存，而是必须形成一种将两者都囊括其中的人类文化。

克：那么，你说的"文化"一词是何含义？

普普尔：文化难道不就是大脑所包含的一切吗？

克：也就是说，你会不会说它是对大脑的训练和提纯？还有那种提纯在行为、举止、关系中的表现，以及会引向某种丝毫未被思想触及的东西的探究过程？我会说——**那就是文化。**

普普尔：你会把探究也包括在文化的范畴内吗？

克：当然。

普普尔：文化难道不是一个封闭的回路吗？

克：你可以让它那样，或者你也可以打破并超越它。

普普尔：就我们现在所理解的，克里希那吉，文化就是我们的感知，我们看待事物的方式，我们的思想、感受、态度，以及我们感官的运转。你可以不断地往里添加内容。

克：是的，还有宗教、信仰、信念、迷信。

普普尔：外在和内在，一直都在扩张。它也许在扩张，但始终在那个轮廓之内。而当你谈到一种与此毫不相干的探索，你会把那种探索、探究和观察纳入文化的范畴内吗？

克：当然。你会不会说——我只是想把问题澄清——文化的整个运动就像潮起潮落，就像涨涨落落的海水？而人类所做的努力就是这个进进出出的过程，从不探究这个过程究竟能否停止？我的意思是：我们行动和反应。这是人性——行动和反应，就像潮起潮落。我做出反应，从反应中行动，从行动中反应，来来回回。现在我问，这种因奖惩而做出的反应能否停止，然后转入截然不同的方向？我们运转，我们生活，我们的反应统统基于奖惩。身体上、心理上，一切方面都是如此。我们只知道这样，确实如此。而我要问：有没有另一种行动并非基于行动和反应？

普普尔：是的，这种行动和反应模式是脑细胞的一种冲动。

克：这是我们的局限。

普普尔：这是脑细胞的反应方式，是它们通过感官接收信息的方式。

克：我们的问题实际上是：什么是文化？

普普尔：什么是文化，我们探讨过这个问题了。它可以被大加扩展，但依然属于同一个领域。

克：同一个领域，但你可以拓宽那个领域。

普普尔：那你会不会说，文化是脑细胞里包含的内容？

克：当然，我们过去的所有记忆。

什么能为人类的大脑带来改变？

普普尔：还有别的东西吗？

克：这是一个很难回答的问题，因为我们必须非常小心。如果还有别的东西——只是如果——那么那个别的东西就可以作用于局限的脑细胞。对吗？如果大脑中还有别的东西，那么它的活动就会带来从这种狭隘、局限的文化中的解脱。但是，大脑中存在别的东西吗？

普普尔：但是即使从生理学上看，他们现在也说，脑细胞的运转只使用了其能力非常小的一部分。

克：我知道。为什么？

普普尔：因为制约局限了它，它从未摆脱局限它的那些过程。

克：也就是说，思想是局限的。

普普尔：是的，它把所有的鸡蛋都放在了一个篮子里。

克：思想是局限的，而我们都在那种局限中运转。因为经验、知识和记忆始终是局限的，所以思想是局限的。

普普尔：感官在对此的觉知过程中有什么作用？

克：这提出了另一个问题，那就是：感官的运作能否不受思想干扰？

普普尔：就它们如今的运作方式而言，克里希那吉，它们似乎有同一个根源。感官的活动就是思想的活动。

克：因此它是局限的。

普普尔：所以，当你问感官的运作有没有可能不受思想干扰，一个人要怎么应对这样的一个问题呢？

克：我在非常谨慎地探究，而且带着一定的怀疑精神：大脑经过了几千年的进化，历经了说不尽的悲伤、孤独、绝望等等这一切，也曾通过宗教上的各种尝试，寻求逃避自己的恐惧——这些脑细胞究竟能否改变，为自身带来一场突变？否则，一种全然不同的新文化就不可能出现。

普普尔：如果它们不能为自身带来一场突变，而又没有别的东西……你瞧这是一个悖论。

克：我明白你的问题。这也是一个永恒的问题。我的意思是，印度教徒很久以前、很多个世纪以前就提出了——关于这一点你可能知道得比我多——他们提出了这个问题：是否存在一股外在的力量，神、最高法则之类，它能否作用于受限的大脑。

普普尔：或者它能否在大脑内觉醒？这里涉及两种情况，一种是有一股外在的力量或能量在运行，另一种是，脑细胞的内部，脑细胞未被开发的部分，是否存在一种可以带来转变的觉醒？

克：我们来探究，我们来讨论这个问题。是否有一股外在的力量——我们暂且这么称呼它——能够为局限的脑细胞带来一种突变？

普普尔：问题是那股能量实际上从未接触脑细胞。人建造了太多的障碍，乃至于那股来自大自然的能量流似乎从未触及脑细胞并进行创造。

克：那么，我们两个在讨论什么？

普普尔：我们讨论的是，既不属于印度也不属于西方的人类文化产生的可能性——它囊括了全人类，如果我可以这么说的话。

克：既不是西方也不是东方的人类。

普普尔：同时外在和内在的分别也止息了。而且洞察就是洞察，不是对外在的洞察，也不是对内在的洞察。那么，若要让那种情形发生，大脑中就必须发生某些事情。

克：是的，我认为那是有可能发生的。但是需要完全不抱持这样的观点：有股外在的力量会净化局限的大脑，或者就像大多数宗教所做的那样，发明出一种外在的力量。恰恰相反，受限的大脑能否清醒地认识到自身所受的制约，进而觉知到自身的局限，然后短暂地安住其中？我不知道有没有把自己的意思表达清楚。你瞧，我们一直试图根据这个假设来行动：做事者有别于他所做的事，不是吗? 假设我认识到——例如说——我的大脑是受限的,因此我所有的行为、感受以及与他人的关系都是局限的。我领悟到了这一点,于是我说,这种局限必须被打破。所以我会对那种局限采取行动。但这个"我"也是局限的,"我"与另一个东西是分不开的。我们能否弥合这个鸿沟,看清"我"与它试图打破的局限是分不开的?自我的局限和制约的局限是相似的,是没有分别的。"我"与它自身的品质是分不开的。

普普尔: 与它所观察的对象是分不开的。

克: 只是一部分在观察另一部分而已。

普普尔: 当你说我们一直试图做些什么……

克: 对另一个东西采取行动。我们的整个生活就是这样,除了科技领域之外。我是这样的,我必须加以改变。所以大脑如今受制于"行动者有别于行动"这种划分,制约因而得以延续。但是,当我们认识到行动者就是行动,那么整个前景就会彻底改变。不过我们先把话题转回来。我们在问,普普尔吉,什么能为人类的大脑带来改变,不是吗?

普普尔: 这真是非常关键的一点。什么能让这种状况结束?

克: 是的,让我们对此稍做探索。人类已经在这个地球上生活了一百万年左右。可是从内心来讲,我们还跟以前一样原始。我们从根本上并没有改变多少,我们依旧在互相残杀,我们还在寻求权力、地位,在心理上,我们人类在当今世界上所做的一切,都是腐败的。什么能让人类,让全人类改变那一切?

普普尔：*深刻的洞察。*

克：等一下。洞察。而所谓的文化是不是阻碍这一切？你明白我的问题吗？以印度文化为例，印度有几个人，几位伟大的思想家，曾经探索过这个问题。而绝大多数人只是重复、重复、再重复。那只是传统而已，是一种僵死的东西。他们跟僵死的东西一同生活。而这里也一样，传统有着惊人的力量……

普普尔：是的，因为他们走的是另一条路——有几个人拥有对科学的深刻洞察。

克：所以，看到了这一切之后，什么才能让人类为自身带来彻底的突变？文化曾试图为人类的行为带来某些变化。宗教也说过，要如此这般，不要做这个，不要杀生，但他们却继续杀戮。要亲如兄弟，可他们没有亲如兄弟。要彼此友爱，可他们没有。条令和规章到处都是，可我们的行为却截然相反。

普普尔：但文化实际上已经沦陷了。

克：这就是我要探明的。它是否已经沦陷，是否不再具有任何价值，所以人类如今已经不知所措。举例来说，如果你去美国，他们没有传统。每个人都为所欲为，就做他自己的事！而这里的人们也做着同样的事，只是方式不同而已。那么，什么能为脑细胞带来一场突变？

普普尔：你的意思是，印度模式与西方模式是否不同根本不重要，大家面临的问题一模一样——人脑中的突变。

克：是的，就是这样。让我们紧扣这一点。我是说，归根结底，印度人，即使最贫穷的印度人，跟这里的人一样在受苦——孤独、绝望、不幸，这一切，跟这里如出一辙。所以让我们忘掉东西方之分，看看是什么妨碍了这种突变的发生。

普普尔：先生，除了洞悉事实，还有别的办法吗？

克：事实。这就是我们一直坚持了六十年的东西："现在如何"、事实，比对事实的观念更加重要。理想、概念和结论根本没有任何价值，因为那样你就离开了事实，离开了实际发生着的事。显然做到这点极其困难，因为我们就困在了各种观念当中。

我儿子死了，这是个事实

普普尔：然而觉知事实时，大脑中是没有任何活动的。

克：这就是我说的意思。如果你观察得非常仔细，事实本身就会带来改变。我不知道有没有说清楚。人的悲伤既不是西方的，也不是东方的，它是人类的悲伤。我们总是企图离开悲伤。然而，我们能不能了解悲伤的深度和含义？——不是从头脑上了解，而是实实在在地深入钻研悲伤的本质——悲伤既不是你的也不是我的。那么，是什么在阻止或者妨碍人类的大脑深入地探究自身？

普普尔：先生，我想问一件事：你用了"钻研"这个词，也用了"探究自己"这个说法——这两者都与活动有关。而你又说活动的终结是……

克：当然。活动就是时间，活动就是思想，活动的终结——它能否真正终结，还是我们认为它能终结？毕竟，人们过去和现在都或多或少探究过这类问题，他们总是把探究的实体和被探究的对象划分开来。这正是我所反对的。我认为这就是主要的障碍。

普普尔：所以，当你使用"探究"这个词，你指的是"觉知"吗？

克：觉知，观察，观看。我们很快就会探讨那个问题。但是，如果可以的话，现在我想回到这个问题上来：什么能让人类改变——简单地说——改变他们的行为方式？简单地说就是这样。这种可怕的残忍，什么能改变这一切？谁会改变它？不是政客，不是牧师，不是那些谈论环境的人、生态学家等等。他们不会改变人类。谁会改变它，如果人自己不改变的话，谁能改变它？教会曾试图改变人类，但没有成功。全世界的各派宗教都曾试图让人类更加人性化，或者让人类更智慧、更体贴、更有爱等等，他们没有成功。文化也没有成功。

普普尔：但是这些你都说过，克里希那吉，可那本身并没有让人类觉知到这一点。

克：所以什么能让他改变？比如说，你和另一个人有了这份觉知，我可能没有，那么你的觉知对我会有什么影响？还是会那样，如果你有了觉知、权力和地位，我就会膜拜你或者杀了你。对吗？所以我在问一个更为深刻的问题：我真的很想弄清楚，为什么人类在过了几千年之后还是这个样子——一个组织对抗另一个组织，一个部落对抗另一个部落，一个国家对抗另一个国家。所有的可怕之事都在上演。一种新文化，那会带来改变吗？人类希望改变吗？还是他说："事情都还不错，我们就继续吧。我们终究会进化到某个阶段的。"

普普尔：大多数人都这么认为。

克：是的，这就是为什么这件事会如此可怕。再给我一千年的时间，我们最终会成为了不起的人类的——那太荒唐了。与此同时，我们已经毁灭了彼此。

普普尔：先生，我可以问你一件事吗？面对事实的那个真实的时刻，那时的真相是怎样的？

克：什么是事实，普普尔？我们那天在这里跟一群人讨论过这个问题：事实是做过的、记得的事，和此刻正在做的事。此刻正在做的事，此刻的行动，还有昨天发生的事，以及对那个事实的回忆。

普普尔：甚或是出现的一阵恐惧、害怕，等等。

克：等一下。当你说"什么是事实？"的时候，我们来澄清一下其含义。昨天的事实，或者上周的事件，都已经过去，但是我记得它。这是对发生过的快乐或者不快的回忆，是存储在大脑里的事实。而此刻所做的事，也是一个被过去所渲染、所控制、所塑造的事实。所以，我能否如实看到这整个运动？

普普尔：如实看到它……

克：这整个运动——未来、现在和过去。

普普尔：如实看到它，就是没有丝毫陈词滥调地看清它。

克：没有丝毫陈词滥调，没有偏见，没有成见。

普普尔：或者说没有任何东西围绕着它。

克：没错。那是什么意思？

普普尔：首先，是否定出现的所有反应。

克：否定所有的回忆。暂且在这一点上停留一会儿。

普普尔：那些回忆来自……

克：……上周的事实：快乐或痛苦，奖赏或惩罚。而那可能吗？

普普尔：是的，那是可能的，因为那份关注本身……

克：……就驱散了回忆。也就是说：大脑能否如此全神贯注，乃至上周发生的事到此为止，不会在回忆中得以延续？我儿子死了，我很痛苦。但是对儿子的回忆在我脑中具有如此巨大的力量，乃至我经常回想起它。所以，大脑能不能说，是的，我儿子死了，事情就到此为止了？我们更深入地来探究一下。我儿子死了，我记得所有的事情，等等等等。钢琴上或者壁炉上有他的照片，回忆也不断涌现——流进又流出。

普普尔：但是，对那种痛苦的否定和消除，难道不会对大脑产生直接的作用吗？

克：我就要讲到那一点了。那是什么意思？我儿子死了，这是事实。我无法改变事实，他不在了。这么说听起来很残忍，但他就是不在了。但是我却一直带着他，对吗？大脑把他作为回忆一直带着，也一直有东西在那儿提醒，我一直带着那个回忆。我从不说：他**不在**了，这是**事实**。相反，我活在记忆里，也就是死去的东西里。记忆并不是事实。而我说的是：那个事实完结了。我儿子不在了，这并不意味着我失去了爱或者别的什么。我儿子死了，这是个事实。

普普尔：一旦觉知到那个事实，那还剩下什么？

克：我可以说句话吗？希望不会让你感到吃惊。什么也没有剩
下。我儿子、我兄弟、我妻子，或者无论谁，他走了。这不是一句
表明我冷酷或者否定我的慈悲、我的爱的断言。它并没有否定我**对**
我儿子的爱，它否定的是把爱**与**我儿子相**认同**。我不知道你是不是
明白其中的差别。

普普尔：你区分了爱我儿子和爱……

克：……和爱本身。如果我在那个词最深层的意义上爱自己的
儿子，我就会爱全人类。不只是爱我儿子，我也爱整个人类世界，
爱地球，爱树木，爱整个宇宙。但那是另一个问题了。所以你问了
一个非常好的问题，那就是：当有了对事实的纯粹觉知，没有任何
偏见，没有任何逃避等等诸如此类，那会发生什么？全然地看到事
实，那可能吗？当我沉浸在对儿子过世的悲伤之中，我不知所措，
那是一种巨大的打击，那是已经发生的一件可怕的事。在那一刻你
是无法跟那个人说任何话的。当他从那种困惑、孤独、绝望和悲伤
中走了出来，也许他就能够敏感地觉知这个事实了。

普普尔：我总是会回到这一个问题上来：对事实的这份觉知，
它难道不需要……

克：……巨大的关注？

普普尔：……大量的观察？

克：观察，当然。

普普尔： 你不能告诉一个刚刚失去至亲的人……

克： 没错，那就太残忍了。但是如果一个人说，我儿子死了，死亡对全人类来说都是司空见惯的，它究竟是怎么回事？……一个敏感的、在询问、在探究的人，他是清醒的，他想要找到解答这一切的答案。

普普尔： 先生，在某个层面上，这看起来是如此简单。

克： 我也认为我们必须让它保持简单，不引入很多头脑上的理论和观念。

普普尔： 那我们为什么——是心智害怕简单吗？

克： 不，我认为我们的智力过于发达了，这一直是我们的教育和文化的一部分。观念变得无比重要，概念被当成了核心，那就是我们文化的一部分。说"拜托，观念不太重要，事实才重要"的人，一定是非常简单的。

至高无上的就是消融自我

普普尔： 你瞧，先生，你说的是：在整个印度文化的领域中，至高无上的就是自我的消融。你也说到了事实的消融，那实质上就是自我的消融。

克： 是的，但自我的消融已经变成了一个概念。我们在膜拜概念——就像人们在全世界做的那样。概念由思想发明，或者通过分析等等发明出来——人们得出一个概念，把它当作最非凡的事物加以攀附。

所以我们回到这个问题：什么才能让全世界的人类端正行为？不是以我的方式或你的方式来端正行为。"端正行为"的意思是不杀生，不恐惧，你知道的，拥有浩瀚的爱等等，而什么能带来这些？没什么成功过。知识没有帮到人类。对吗？

普普尔： 难道不是因为恐惧如影随形吗？

克： 恐惧，而且我们也想知道未来会怎样。

普普尔： 那也是恐惧的一部分。

克： 是的，我们想知道，因为——这很简单——我们在如此之多的事物中寻找安全感，可都失败了。于是我们说安全感必定存在于某个地方。但我质疑究竟是不是存在安全感，哪怕是在上帝之中——它只不过是人自身恐惧的投射罢了。

普普尔： 对脑细胞、对大脑本身的这种消融行动究竟是什么？

克： 我会用"洞察"这个词。洞察不是一件记忆、知识和时间上的事情，那些都是思想。所以我会说，洞察是作为时间和记忆的整个思想活动的彻底缺席，于是就有了直接的感知。那就像是过去一万年来我一直在往北走，我的大脑习惯了往北走，然后有个人过来说，那是条死胡同，往东走吧。当我转身往东，脑细胞就已经有了变化，因为我有了一份洞察：往北走是行不通的。

等一下，我换个说法来表达。思想的整个活动是局限的，它现在正作用于全世界。它是最重要的活动，我们被思想所驱使。但是思想无法解决我们的任何问题，除了技术问题。如果我看清了这一点，我就停了下来，不再往北走了。我认为，随着某个方向的结束，随着持续了几千年的活动的结束，那一刻就会有一份能够为脑细胞带来变化、带来突变的洞察。你非常清楚地看到了这一点。但是你问，什么能让人类改变？什么能让我儿子、我女儿改变？他们听到了这些，他们也从生物学家、心理学家等人那里读到了这些，可他们依然延续着旧有的生活方式。是不是过去的传统太强大了？过去一千年来我都只考虑自己，如今我依然只考虑自己——"我必须实现自我，我必须变得伟大，我必须成为某某人物。"这就是我的局限，这就是我的传统。是不是过去强大得不可思议？而过去不停地在当下现身。延续我们的局限，那是我们文化的一部分吗？

普普尔：我认为那是我们文化的一部分。

克：看看这个问题。我非常认真地审视了这个问题，传统是一种多么强大的钳制——不是迷信的传统，我说的不是那些，而是过往东西的延续一直在不停地进行着。过去裹挟着自己的动力不断延续，而我们就是那些东西。文化也许是我们障碍的一部分，宗教观念也可以是我们的障碍。那么大脑该怎么办？现在有人说，大脑的一部分是旧的，另一部分则是全新的，如果我们可以打开通往新的那部分的大门，变化可能就会发生。因为据专家们讲，我们现在只使用了我们大脑非常小的一部分。

普普尔：显然当全神贯注时，支离破碎的状态就终止了。

克：是的，就是这样。我们可以这样谈论下去，什么是关注，探究它，而说到最后，一名听众说："好吧，这些我都明白，可我还是我。我从智力上、字面上明白了这一点，但它并没有触动我深层的存在。"

普普尔：但这难道不是与脑中的思想才初次接触的问题吗？先生，我有一种感觉，我们谈的是观察思想。这与全神贯注的实际状态是截然不同的。

克：我明白，但我们在偏离核心问题。世界正变得越来越肤浅，越来越拜金主义，全是权力、地位、成就、身份，全是我、我、我。你周围的一切都在助长这些。你曾周游世界，你也看到了这一切，那么你是怎么看待所有这些把戏的？既有这些极端聪明、机灵的人，也有最为愚蠢的、神经质的人，还有那些得出了一个结论然后绝不肯舍弃的人，比如极权主义的世界就是那样，他们得出了某个结论，然后绝不更改。

普普尔：但那些都是你无法触动的信念。你只能触动那些没有深信不疑的人。

克：而谁又是那些没有深信不疑的人呢？

普普尔：我认为如今那一点是健康的标志之一。

克：他们是年轻人吗？

普普尔：如今，最近的二三十年中，确实有些人不对任何事深信不疑，以前从未出现过这种情况。

克：我质疑这一点，我真的很想质疑这一点。

普普尔：确实是这样，先生，我会这么说。一方面，你可以看到一切都在经历这种可怕的退化，另一方面，也存在这种脱离信念的动向。他们也许不知道该往哪儿走，他们也许没有方向，他们也许……

克：但是不要属于任何东西。

普普尔：他们不属于任何东西。

克：有这样的人，我知道。你瞧，他们变得非常迷茫，他们变得非常困惑。

普普尔：是的，因为这一切都被诠释成了概念。很容易把你说的话变成概念。

克：当然，当然。

普普尔：然后把你说的话奉为格言。但是一种文化之所以如此鲜活，是因为它只仰赖洞察……

克：我不会用"文化"这个词。

普普尔：但是我所想到的那种文化，可能就是栖居在洞察中的心灵的文化。如果可以，我想问，在那种状态下，世人所见、所知的所有文明会发生什么？

克：会消失，就像古埃及文明一样。

普普尔：不，它们也许已经消失了，但依然留存在了人类身上。

克：是的，当然，那是一回事。

我们觉察到自己是时间和思想的囚徒了吗？

普普尔：但是，当你彻底抹除了……

克：也就是说，普普尔吉，说到底，什么是自由？我们有没有发觉我们是自身的幻想、想象、结论和观念的囚徒，我们**觉察**到这一切了吗？

普普尔：我认为我们觉察到了。

克：普普尔，如果我们觉察到了这一切，对此全神贯注，它就会化为灰烬！

普普尔：也就是，当然，在某个点上我们无法……因为你不认可有一种中间状态。

克：对，那是不可能的。

普普尔：这就是整个问题所在。

克：那就像是一个暴力的人努力变得不暴力，而在那种中间状态里，他依然是暴力的。

普普尔：不，不一定。难道那不也是这整个时间运动的问题吗？

克：时间和思想之类，而那又是什么？是局限。如果我们首先承认或者看到这个事实：思想在任何方面、在任何领域都是局限的——外科手术、科技、电脑等领域，同时思想也探究自身，而因为思想是局限的，所以你的探究也将是非常非常局限的。

普普尔：差别就在于，先生，我可能明白了这一点，但是在我清醒的时候，一直保持活跃所需的那份注意力并不存在。是那份注意力的数量、能力和强度……

克：你瞧，你如何才能拥有那份热情？你如何才能拥有那股不会被思想、被任何行为所损耗的持续的能量流？我认为，只有当你领会了悲伤和悲伤的终结，它才会到来，那时就有了慈悲、爱等等那一切。那份智慧就是不会消沉的能量。

普普尔： 你是说它既不升起也不落下？

克： 没错，它怎么可能起起落落呢？要起起落落，你就必须觉察到它在起起落落。可谁又是那个觉察的人呢？

普普尔： 但是有没有可能一整天都抓住那种……

克： 它就在那里。你不必抓住它，它就像是四处弥漫的一股芬芳。这就是为什么我认为一个人必须了解我们意识的全部局限。我认为，探索这个作为全人类共同立足点的意识，才是真正的学习、真正的探究。而我们从没有探究它，我的意思并不是像一名教授或一名心理学家那样探究，而是我们从不说：是的，我要研究，我要审视这个意识，也就是我。

普普尔： 不，我们那么说了。我不能说我们没那么说，我们确实那么说了。

克： 但是我们不这么做。

普普尔： 我们做了。

克： 做了一部分。

普普尔： 我不同意这一点，先生。我们这么做了，我们关注，我们探究。

克： 然后又怎样？你结束它了吗？

普普尔： 我们突然发现自己是漫不经心的。

克： 不，我认为漫不经心并不重要。你也许是累了，因为你的大脑今天已经探究得足够多了。那没什么不对劲。但是你瞧，我还是反对这个关注与漫不经心的问题。

普普尔：但那是我们大多数人心中最基本的问题。

克：我不会那样说。我会说，只要彻底结束了一件事，就会有崭新的开始，它会有自身的动力。那与我无关。也就是说，一个人必须彻底摆脱自我。而摆脱自我是最为艰难的事情之一，因为它藏在各种石头底下，藏在各棵树、各种行为的背后。

有可能终结恐惧吗？

罗纳德·艾尔（Ronald Eyre, 后文简称艾尔），作家兼电视制片人

"嬉戏"是不是就是一种关注？

艾尔：我想请教你关于"嬉戏"（playfulness）的问题，这一点对我来说越来越重要；我知道，如果我带着一种严肃的态度处理某项工作，可以说就破坏了它，但是，如果我的方式中有一种嬉戏的因素，让它自然地发生……

克里希那穆提：我想知道你说的那个词是什么含义。

艾尔：哦，你有个想要实现的想法，于是你从一开始就有了一个目标，你知道它要发展成什么样子。我说的"嬉戏"是允许事情——想法或者念头——以你未曾预料的方式进入。

克：你是说，工作的时候你集中注意力，当精力不集中的时候，其他的事情就会进来？

艾尔：是的，就像我们大多数人那样，我是以一种十分严格的

方式被抚养长大的，让我相信努力是一件非常好的事。我认为我必须了解努力是一把双刃剑，它可能会变得过于严肃，会把你推向结论，会遮蔽你的耳目，让你无法感知各种你本应看到和听到的事物。我觉得我需要安坐一旁，更多地"玩耍"。这么说有道理吗？

克：让其他的念头进来，而不是只有一种持续的努力和一个想法。

艾尔：并且让它变换，那样它就可以自然地成形，也许会走在你未曾预想的方向上。

克：你的意思是说分心是必要的？

艾尔：那就是分心，不是吗？也许我们可以把它叫作"留意的分心"，但它又不是简单地对一切都保持开放。

克：不是脑袋空空。

艾尔：没错。

克：也就是专注（concentration），同时带着一种你能觉察到的分心。

艾尔：那似乎非常重要。

克：可是当你觉察到那是分心，它还是分心吗？

艾尔：那可能就是一种极其微妙的专注了。我同时感觉到有一丝恐惧的因素进来——你可能会出错，或者你不希望的事情会发生。然后它就把你给定住了，你以为你很专注，但实际上你是在进行排除。你认为这么说正确吗？

克：只有一部分是正确的。我们能否先讨论一下专注是什么，然后再谈另一个？当我们说"专注"，那是什么意思？集中自己的思绪吗？

艾尔："集中"听起来好像你的目的性有点儿太明显了。

克：是的，专注于你所做的事，不让别的任何事进来。

艾尔：换句话说，就是完全扑在自己所做的事上。

克：是的，没错。当一个人如此专注、精神如此集中的时候，会发生什么？你难道不是在排除其他的所有念头、其他的所有分心吗？——如果我们可以用"排除"这个词的话。所以你在自己周围建了一堵墙，说："拜托，不要想别的任何事情，我们就来思考这个。"

艾尔：当你那么说的时候，你知道，你就做了一个看起来有些焦虑的姿态：请不要打扰我，我要把精力集中在这上面。尽管我确实也经常这么做，但对我来说这里面是有恐惧的，而且相对于可以简单而又安静地把其他事情撇开的一种开放性来说，那可能也不太有用。

克：我不确定是这样的。

艾尔：啊，那就多跟我讲讲吧！

克：我们能否从探讨"什么能让我们专注"开始？有个动机，有个方向，有个目的，有强烈的欲望，也就是意志力，它说："我必须做这个，这是必要的。"我集中精力，因而把进来的其他所有想法都推到一边。所以我暂时在自己四周建了一道围墙，而这是一种形式的抵抗。这是一种形式的——我可否换个说法——一种想紧抓住某件事的自我中心的企图，它随后就变成了恐惧。

艾尔：是的，那样的话，显然就是失败的前兆了。正是之前发生了这样的事，所以随后你才无法做到。所以我感兴趣的是超越那种情况的状态，在这种状态下你是非常——我们还用"专注"这个词，但也许还有另一个词比较合适——那种状态是自由而开放的，随时允许东西进来。

克：还有另一个词，那就是"关注"（attention）。

艾尔：关注，这个词更好，是的。

克：但这要复杂多了。并不是说一个人有空，而是他全神贯注。

艾尔：在关注中，你允许自己对来到你面前的东西感到惊讶吗?

克：我想讨论一下这个问题。"关注"意味着付出你所有的能量、所有的敏感性，付出你的整个神经系统，于是不仅你的听觉、你的视觉非常敏锐，而且一切都有惊人的活力。在那种关注状态下，没有"我"这个中心在关注，所以那里面没有恐惧。我不知道是不是表达清楚了。

艾尔：我明白了，是的。

克：我们从小所受的训练就是专注。老师们说："集中精神，不要看窗外。"但这里就有了矛盾，我想看窗外，所以恐惧和努力就出现了。

艾尔：我认为这就是为什么我一开始要说到"嬉戏"。我对你说的那种非常必要而又无惧的关注感兴趣，那不是不认真，但又不是严肃。

消遣活动是对恐惧的逃避

克：关注就是关注。

艾尔：它就是它实际的样子。我对"玩耍"（play）这个词感兴趣，因为从小到大，以及在职业生涯中，我从来没有厌倦过故事。这既是我的负担，也是我的享受，所以我自然而然就去了剧院工作，给别人和自己讲故事，或者把它们写下来。而"play"一词的另一个含义"戏剧"，当然也恰好被用来称呼这些活动，而当我在印度拍电影时……

克：你见过"舞动的湿婆"这个雕塑吗？

艾尔：当然。我希望你能跟我聊聊这个，因为"玩耍"这个词确实就应该用来描述事物实际的存在方式，这听起来很棒。

克：但是跳舞、踢足球、打高尔夫球等等——为什么这些事情如今变得如此重要？玩耍就是玩耍。但是，当我们玩耍时，那是一种从专注中的释放。这就是我们所做的——整天在办公室工作，朝九晚五，或者无论几点，然后去酒吧，通过看电影、通过这个或那个来寻找消遣，而这里边存在着巨大的矛盾。

艾尔：那些都不是玩耍。

克：那些都不是玩耍，那是消遣。但是假设我们暂且丢掉"消遣"和"玩耍"这些词，这时会发生什么？

艾尔：你是什么意思？

克：我一直在工厂里上班，那是一份极其劳累、肮脏、吵闹和腥臭的工作。我回到家或者去酒吧，在那里我可以放松，喝杯酒等等。我在那种放松状态下回到家，我妻子开始跟我吵架，我很恼怒，但这件事止步于我们两人之间。我们中间也会有性行为等等，同时我继续着原有的生活方式。所以性也变成了一种消遣。你明白吗？工作，这整件事情逼迫我去消遣——去夜店，等等诸如此类。

艾尔：是的，我想我认为自己是相当自由无羁的，因为我经常从一份工作换到另一份。但从另一个角度来讲，我是从一种消遣换到另一种消遣，我实际上是进入另一个环境寻求舒适——如果从事一份新工作，我会暂时感觉很舒服，然后它最终会变成紧身衣来囚禁你，于是你不得不离开那座监狱。所以我不太明白——哦，我知道肯定有另一种选择的！

克：你瞧，这里面都有恐惧的因素。我工作做得不够好，我喝太多酒了，或者耽于性事，我要偏离正轨了。所以这驱动了恐惧的循环。

艾尔：而这个循环不是我们**想**打破就能打破的，对吗？

克：还有另外一个问题。我们所做的是不是我们热爱的事？

艾尔：即使有，也不太多。（笑）

克：即使有的话。一个人出于环境所迫成为一名专门化的木匠、科学家或者作家。于是大脑本身逐渐变得非常狭隘和局限，而这种局限本身就成了一件令人厌烦的事。我们想从中突破出来，于是我们就去玩耍，啤酒、性、夜店、高尔夫和足球也就应运而生。

艾尔：这些东西的每一样差不多都有同一个过程。在刚改变的那一刻，我们就好像吸了氧，被注入了额外的能量，然而一旦你进入了下一阶段的消遣，啤酒、性或者无论什么，它就逐渐失去了吸引力，氧气也就流失掉了。

克：那么，有没有一种能量是根本不会耗费的？因而也就没有恐惧？

艾尔：而且这种能量究竟有没有可能持续存在？

克：它就在那里。

艾尔：它就在那里？

克：当然。但我误用了它，我做了自己讨厌去做的事。我想在一个美好的清晨去散步，可我妻子说，我们要去教堂。

正是对生的恐惧让我们害怕死亡

艾尔：是的，没错。那么我们害怕的是什么？

克：这就是我想问的。我们现在谈的不是玩耍还是不玩耍，而是恐惧的终结以及生活，对吗？

艾尔：是不是因为我们以为，如果我们不找到下一个消遣，我们就会死掉？

克：当然，当然，存在对死亡的巨大恐惧。

艾尔：以各种微妙的形式存在着。

克：先生，我不知道你是不是愿意探讨这些。

艾尔：请继续，是的，我愿意。

克：你瞧，这就涉及"成为"，不是身体上的成为——我身体很弱，但我会变强壮，我跑步不多，但我应该跑步，让身体变得健康。我要为此付出巨大的努力。人们如今都在这么做，这是时尚。然而，这一点是不是泛滥到了内心领域？我不知道有没有把这点传达清楚。

艾尔：是的，我明白。你是说，我们谈的不是对死亡的恐惧，我们所谈的可以说是尝试避开生活的这种循环。

克：是的，所以我们的整个生活方式变成了一场恐惧的活动——害怕死亡，害怕失业，害怕我的妻子或丈夫，害怕无法成功。你明白吗？这整个生活方式变成了一个一步步迈向对死亡的终极恐惧的过程。

艾尔：是的，很好，非常棒。所有恐惧的根源都可以回溯到对死亡的恐惧。如果哪一刻没有了恐惧，那就是对死亡的战胜。

克：不，重点是了解生活，生活的意义，而不是这场永无休止的战斗、挣扎、冲突：我必须拥有更多、变得更好，自己与他人这种永无止境的攀比——他很有名，所以我也必须出名，他上了电视，可我没有！内心存在这种可怕的贫乏感，而在致富的渴望中，就有着恐惧的负担。我可能永远无法致富，因为有的人要富裕多了。

艾尔：因此从某种意义上来讲，我发现我们逐个栖身的这些小监狱、这些小消遣，是不完整的，我们内心有某种东西知道那样行不通。这就是巨大不幸的肇因。我的意思是，如果你去一个你觉得可能很不错的地方，至少你觉得你没有欺骗自己，直到它变得污秽不堪！我们内心有某种东西知道那样行不通。

克：我们知道那样行不通，但我们继续那样做。

艾尔：这难道不是很奇怪吗？

克：比如战争，我们知道它很可怕，是种极大的浪费，极具破坏性。有一天我听说他们在庆祝二战盟军在西欧的登陆日，而当时的第一次进攻就死了两万年轻人。两万！而政客们对此完全不放在心上。

艾尔：问题就在于，举例来说，如果你不观看纪念盟军西欧登陆日的庆典，或者对于所有这类纪念活动嗤之以鼻，你就会被认为对那些死去的人不敬，不是吗？但实际上正好相反。我的意思是，那实际上让人非常愤怒！你的感受是，因为我关心那些死去的人，所以我不想跟那些纪念用的人造罂粟花扯上任何关系。当我拍宗教题材的电影时，我发现宗教显然经常被当作避风港，用来逃避对死亡的恐惧。但我们不能就停留在那里，因为任何事情，房子、工作或消遣都可能成为那个意义上的宗教，所以这个世界没那么有条理，对吗？如果我们说只有宗教在这么做，我们会觉得很自由。但事实并非如此。

克：那我们谈的是什么？

艾尔：哦，我觉得是对死亡的恐惧。因为我认为它是无处不在的，我弄不懂为什么我的生命中不时会有某种审查官或者法官……

克：你会说死亡也是玩耍的一部分吗？

艾尔：绝对是，在"好死也是玩耍的一部分"这个意义上。

克：你说的"好死"是什么意思？

艾尔：哦，也许就像攀登某个东西，你可能会摔下来，但你不在乎。这就是我说的"好死"。

克：比如说，一个生活中应有尽有的大富翁写了一本书，他在结尾写道："我过了快乐美好的一生。"然后他死了。同时世界上又有那些瘫痪的、残疾的人，以及所有那些与日俱增的可怕的事。对于他们，那些伤残者、患有不治之症者来说，死亡也许就是一件非同寻常的事了。但我们谈的是对死亡的恐惧，还是对生活的恐惧？——正是对生的恐惧让我们怕死的。

艾尔：似乎是这么回事。

为什么生活变得如此没有意义？

克：那么我们为什么害怕生活？理由是什么，原因是什么，都有哪些原因让我们害怕生活？

艾尔：我要是知道就好了。

克：我们来探讨一下这个问题。一个原因是，我们从小到大都被逼迫去学习、去记忆，同时被训练去解决问题。从小一直到学院、大学，人的大脑都被设定了去解决数学问题——问题，问题，还是问题。所以大脑被问题所局限，然后当它面对一个问题时，那个问题的解决方案把问题变得更为复杂，它的解决办法招来了另外十个不同的问题。这就是政客们在做的事情。

艾尔：是的，正如你所描述的，我们的教育看起来是一系列为了解决问题而进行的试炼。但是当问题呈现时，它永远不是你之前通过试验解决的那个问题。

克：没错，因此会怎么样？

艾尔：你运用之前学到的规则，希望它们能行得通。

克：它们行不通。

艾尔：可它们行不通。

克：所以这就是人类真正面临的问题之一：要完全不抱着问题去解决问题。

艾尔：很好。事实上，我认为你接受的教育已经替你给问题下了定义，但实际上问题可能完全不同。所以你只能解决你之前被教过如何解决的那些问题。你只会把事情看成你之前被教过如何解决的问题，而实际上可能会有严重得多、可怕得多的事情。

克：因此你带着一颗被训练去解决问题的头脑去接触问题。举例来说，世界上的大多数宗教人士都相信上帝，他们相信若要达到神性，你就必须折磨自己、禁欲、历经各种苦行——禁止性欲，不许四处张望，不要有任何感情，控制你的欲望。而我们就受制于此。所以为了接近上帝，我就要经历那一切，然后我就会成为一名圣人！

艾尔：你只要想想这些，就会觉得太疯狂了。举例来说，在基督教的经典中，有不计其数关于外道、妓女等等的描述，但是当宗教在传习过程中变得刻板固化时，那些描述就不见了，不是吗？

克：确实很疯狂。所以我们暂且来看一看这个问题。我们害怕生活。所以我们问生活的意义、含义是什么，因为找不到任何意义，于是我们发明了——哲学家、专家、心理学家就涌现了出来——我们发明了意义，而那些发明变成了我们的安全感。我于是执着于它，为它而战，为它而杀戮。

艾尔：那就像是毒药，不是吗？

克：就是这样，这就是实际发生的事，先生。

艾尔：我来给你讲一个小故事。当我第一次来到这里时，我需要等两个小时，于是我被安置在一个房间里看你讲话的录像。两个小时之后，我心里充满了对你强烈的厌恶。

克：厌恶，很好。

艾尔：强烈的厌恶。然后我带着我的厌恶去吃午饭，这时我听到身后有个声音说："你该尝尝这个胡萝卜泥，味道非常好。"那个人就是你，之后我们相处得很好。这里有趣的事情是，我之前显然在捏造你的形象，我试图预见你是什么样的。我得到了各种想法，而它们的影响是非常令人沮丧的。但实际上胡萝卜和你的出现都很好，对此我完全没有问题！

克：所以我们在探讨，为什么生活变得如此没有意义，不是吗？树或者老虎不会问这个问题，它们会说："我就在活着啊。"如果我们的生活中没有冲突，没有任何冲突，我们也绝不会问这个问题。

艾尔：关于生活毫无意义的问题。

克：生活的意义。

艾尔：因为那个问题中隐含了一个概念：你应该拥有某种完美的状态——而这是另一个幻想。所以我们一直跌跌撞撞地从一个幻想走向另一个幻想。

克：从幻觉到幻觉，从幻想到幻想，诸如此类。是什么让人类提出这个问题的？是因为他们自己的生活没有意义——朝九晚五地去办公室上班，一直到你六十岁，背负着所有的责任、房子、贷款、保险以及关系中的冲突，等等。然后到了六十五、七十或者八十岁，你就一命呜呼了！所以你问，这一切意义何在？死亡就在下一站等着你。因此你说："我要死了，我希望我来世再活一次。"这整个循环就开始了：希望，绝望，沮丧，恐惧。在这一世我取得了如此多的成就，可到头来，这又有什么意义？有人告诉我有个极其富有的人，他的橱柜里堆满了金子和各种纸币，尤其是瑞士的货币。在弥留之际，他说："既然这些我都带不走，那就把所有的橱柜都打开，这样我死的时候就可以看着它们了。"你来想想看！

艾尔：这最后一念真是太绝了！我觉得当我们谈论死亡时——我们把它当成了污秽的事情，当成了你不愿意提起的事情，19世纪是性，到了20世纪就轮到不能谈论死亡了——我觉得正是因为没有跟死亡真正地生活在一起、坐在一起，才让我们的境遇变得如此不堪的。

克：我不确定是这样的，先生。说到底，死亡意味着彻底的终结——终结所有的记忆，所有的经验、知识、依恋、恐惧、悲伤、焦虑。终结就像是有人把你收集来的所有丝线剪得粉碎。我们应该讨论一下终结是什么。我们可曾真正终结过？还是说终结当中存在着另一种延续？终结是什么？那就是死亡。我也许相信来世会再获生命。我希望相信这一点，因为那令人感到欣慰。说"至少我还有机会"，这给我了巨大的安慰。

艾尔：我明白你的意思。

克：整个亚洲世界都相信轮回转世。这种观念现在已经有一部分被西方接受了，有些书在讲这些事情，人们说：我相信轮回转世。

艾尔：是的，这个国家传统上就有一种对来生的普遍信念。

克：在基督教世界中，他们相信的是另一种形式，诸如复活之类。

艾尔：这是一种让你对此刻发生的事保持沉默的微妙方式。

克：是的，所以既存在死亡、结束，也存在生活。生活已经变得如此——这些我们不必细说，我们知道得很清楚。而死亡就等在那里——不是等——它就在那里，我们都会一命呜呼，死掉。这就是问题。有一个时间间隔，也许是五年、五十年或者一百年。在那段时间内，我活着、行动、受苦，还有绝望等等诸如此类。我没有解决这种生活方式带来的问题，没有发现是否存在另一种生活方式，其中没有痛苦、没有苦难。然后还有死亡，也就是那一切的终结。然而，如果没有时间间隔，生与死就是并肩而行的。也就是每天都把一切了结：你的执着，这是**我的**学派，**我的**这个，**我的**那个，你明白吗？是那些让大脑变得如此狭隘、如此局限。

艾尔：但我们执着的手段是如此强大。比如说，一个人可以庆祝自己摆脱了执着 A，可同时 B 到 Z 就在那儿排队等着你去攀附！

克：是的，先生。

艾尔：这是一个非同寻常的、几乎置人于死地的问题。

人有没有可能不执着地活着呢？

克：那么有没有可能不执着地活着？

艾尔：你觉得呢？

克：噢，是的，我认为是可能的。这是唯一的生活之道，否则你就是在经历炼狱。唯一的出路就是生活，因而生活包含了死亡，因而生即是死。所以每一天都要把你积攒的一切抛在一旁。如果我执着于这间房子，我知道死亡会到来跟我说："老兄，你不能继续活着了，你的生命到头了。"于是我说："好吧，我会摆脱对这间房子的执着。"不要执着。

艾尔：不执着，但使用这间房子。这里有一个问题，因为不执着经常会以抗拒的形式出现。

克：你彻底摆脱了它。也就是说，我生活在这间房子里，我对这间房子负责，对这里发生的事负责，但我也会死。可当我今天还活在这里的时候，我就会负起全责。

艾尔：我们内心肯定有个声音认为：如果我们践行它，生命会受到伤害。就好像当你心里说："是的，我知道相信任何一种东西是避风港，无论是关系、酒精还是工作，都是愚蠢的。"同时心里必定还有一个细微而安静的声音在说："另一个选择更加可怕。"

克：是的。你瞧，这就是为什么我们必须去探究：是否存在一种"成为"，而"成为"的终止就是恐惧。

艾尔："成为"的终止就是恐惧——是的。

克：然而究竟存在心理上的"成为"吗？世界上确有这样一种"成为"：你得先做学徒才能成为一名木匠师傅，你日积月累地和他一起工作，直到你变得跟他一样优秀。但同样的态度泛滥到了或者说延伸到了另一个领域，心理、内在的领域——我必须成为什么人。如果不那样，我就会不知所措，我就是失败的，我会沮丧：瞧，你成了人物，可我是个无名小卒。

艾尔：这在某种程度上隐含了：后来的阶段优于之前的阶段，师傅比学徒更胜一筹。我有种感觉：我仰慕的那些人，抛开他们的实际年龄，他们似乎停留在了另一个年纪上。我真正喜欢的那些人拥有那种好奇的、可以说天真无邪的东西。我始终有些怀疑逐步建立什么或者成长为什么之类的想法。一个人努力设想出来用以打破自身小监狱的方式，无论是什么方式，都嵌入了恐惧，因为它不过是一个观念罢了。

克：确实，所以说观念会变成恐惧。

艾尔：没错。所以解脱的概念也是恐惧。所以我们只能等着。

克：不是的。

艾尔：那我们要做什么？

克：我们去搞清楚有没有可能终结恐惧。

艾尔：终结恐惧。

克：不是特定的恐惧，而是恐惧这整棵大树。而我们却试图修剪具体的恐惧。

艾尔：斧头是什么？你怎么实现这一点？

所有时间都是现在

克：我们会探究的。什么是时间？不是钟表上的时间、日升日落的时间。

艾尔：我认为我只能依照过去的东西来理解时间。

克：先生，你那么说过了。所以时间就是昨天发生的事。

艾尔：这给了我时间的概念。

克：是的，昨天、一千个昨天当中发生的事，或者人类生活在地球上的据说四万五千年的时间内所发生的事，这些都在当下。

艾尔：我们的思想就在当下，关于过去我们所知道的一切，都在当下。

克：是的，那一切都在当下。而未来也是当下。

艾尔：我们假设有个未来，然后把它变成了一种投射。

克：未来，明天。而过去就是现在，它就在当下。

艾尔：这是我们必须接受的，是的。

克：就是这样，这是事实。我记得去年见过你，所以有个时间段，然后有了识别，如果我认出了你，那么未来就跟现在是一回事，因为我明年还会见到你，还会说："你好，老兄。"所以未来也是现在。现在包含着过去、现在和未来，所以未来并不存在。我不知道你有没有明白这点。

艾尔：是的，我确实明白你的意思。

克：未来就是你现在的样子。

艾尔：是的，我们是如何栖身于未来、这个发明出的"未来"的，真是一件不可思议的事。

克：所以未来就是现在。而如果此刻没有对"我"的打破，那么明天我还会跟现在一模一样。所以我质疑究竟有没有任何心理上的进化。

艾尔：是的，我也质疑。

克：不存在任何心理上的进化。

艾尔：看起来是不存在任何心理上的进化，除了某些人发明出来的虚幻的概念。

克：所以我发现，对我来说不存在"更多"或者"更好"。更好是未来，是衡量，是我应当如何。而我**应当**如何是对我**现在**如何的逃避。所以这就制造了冲突。如果我真的看到了——而不是从理论上或者感情上看到了——这个千真万确的事实：所有的时间都是现在，因而不存在"成为"，不存在要去达成的理想……

艾尔：这是一个如此激进的想法。人们对它的感觉是：我们好像听说过，它很熟悉，但同时又极其陌生，因为它挑战着我们所赖以生存的一切。也请跟我说说这把斧头是什么样的吧。

克：我们就要讲到了。

艾尔：因为我打算把它带走！

克：先生，什么是改变？如果根据未来的理想来改变，那个理想就是思想投射出来的，思想中也隐含了时间，思想就是时间。所以，如果一个人真的领会了"**所有时间都是现在**"这个说法或者这种感受的深意，进而不存在"我明天将会成为什么人"这个意义上的明天，那么冲突就止息了。

艾尔：是的。

克：这是一个影响巨大的因素。我们之前接受了冲突是我们的生活方式，但是现在完全没有了任何冲突。也就是说，我必须理解"改变"：我是这样的，但是如果我不改变，我明天还会跟现在一模一样。所以我问究竟有没有心理上的改变？还是说只有"现在如何"？而全神贯注于"现在如何"就是"现在如何"的终结。然而，当你抱有理想时，你就无法全神贯注于"现在如何"。

艾尔：没错。

克：有一次我被邀请到联合国给人们讲话。首先，"联合国"，从字面上就是自相矛盾的。他们有个理想：我们必须团结起来，成为朋友，诸如此类。可那从未实现。因为那个基本原则就是错的——我的国家和你的国家，我的上帝和你的上帝。俄罗斯人有他们的理想，其他人也有自己的理想。所以，如果一个人真的能认识到、感受到其中的深意——所有的时间，它的全部，都是现在，那就像是一道会带来剧变的闪电。

死亡是不永恒，而占有是希望获得永恒

艾尔：当你说"所有时间都是现在"，"现在"一直是开心的吗？

克：它为什么要开心？

艾尔：没错，这就是我的意思。

克：它为什么一定要是什么东西呢？你知道，这里有一件事我们应该探讨一下。什么叫一无所是？因为我们都想成为什么。需求是一种缺乏感。我没有一座好房子，我想要一座更好的房子。我不知道书本上的所有知识，我必须读书。所以有着这种巨大的渴求。而这种渴望是什么？我们想要和平，我们渴望和平，可我们依然暴力地活着。

艾尔：我们总是寻找我们自身之外的暴力源头。

克：就是这样，因此我们说：要实现非暴力。一个人是暴力的，暴力地活着，战斗、争吵，身陷冲突，可同时他又在为和平而工作！

艾尔：我来告诉你我问的"开心"是怎么来的——我用"开心"这个词并没有想到它会带来问题。只是我想起了在奥林匹亚看到的一次盛大的展览，主题是心、灵跟其他的什么。那里有各种宗教信仰的许多小展台，里面的所有人都在微笑。他们在售卖这种微笑，这种"欣喜若狂"的品质。而我当时就特别希望找到一个每个人都头痛欲裂的展台！

克：没错！所以，先生，"改变"这个词意味着：我是这样的，我必须变成那样。我们从小就受到了这样的制约。

艾尔：要有所期盼。

克：如此深重的制约。我看到了一辆小汽车，我必须有一辆更大的汽车。我看到你上了电视，我为什么就没在上面呢！你知道存在着这种强烈的渴望，不只是渴望名气，内心还渴望上帝，渴望启迪，渴望过正确的生活，以及我们必须都团结一致。我们为什么有这样的渴望？

艾尔：我不知道。这里有一种巨大的"缺爱感"，那种你没被真正爱着的感觉，可能更大的汽车就能把你拥在怀里——而这一点小汽车是做不到的——大汽车才会弥补那种缺爱感！我觉得那是对缺爱感的一种替代。

克：一部分是的。是不是因为一个人内在的那种不足感？我不被爱。

艾尔：这一点对我来说感觉非常真实。

克：我不被爱。我不被那个女人或那个男人爱，可我必须被那个女人或那个男人爱。但这又导向了另一个非常复杂的问题：爱是什么？

艾尔：我会倾向于说，通常爱就是占有。

克：当然是的。占有、依恋、嫉妒、性快感、渴望更多。

艾尔：还有自爱。

克：我们把那些都称为"爱"。有人跟我说过：没有嫉妒怎么可能有爱呢？可嫉妒就意味着恨！我们也需要问：爱与死亡之间是什么关系？所以这里有两个问题：爱是什么？与死亡并存的爱的状态是什么？在通常那种"爱"的含义里，有任何关系存在吗？如果有一种关系存在，它又是如何展现自己、表现自己的？

艾尔：我发现我们所说的通常意义上的爱，是一系列对抗死亡的错误的保险计划，这栋安全屋是注定要倒塌的。但你还是会办理这份保险。

克：首先，我们从来不问那个问题。

艾尔：死亡与爱之间的联系，没错。当我们一头扎进爱里边，我们当然不会问到死亡。

克：那么，如果可以的话，如果我问你这个问题：它们有什么关系，你的回答是什么？它们有任何关系吗？如果有的话，其本质是什么？

艾尔：哦，占有那个意义上的爱像是逃离死亡、不让它发生的一种企图。占有，就我们所说的那个意思而言，是企图在不存在永恒的地方拥有永恒。所以它是一种对抗"万物终有一死"这个事实的企图。

克：就是这样。死亡是不永恒。

艾尔：死亡是不永恒，是用一个永恒的词来描述一种不永恒的情形。

克：死亡是不永恒，而占有是希望获得永恒。

艾尔：毫无疑问，企图让它永远继续下去。廉价的情诗总是让一切永远延续下去，而优秀的情诗通常描写的是事物的崩塌，这真是一件趣事。

是否存在真正的对立面？

克：那么它们有什么关系？黑暗与光明有什么关系？也就是说，黑暗，没有月光，没有星星，什么都没有的时候，森林里的那种黑暗。我到过那样的地方，黑暗，完全无法穿透的黑暗。可是太阳升起之后，一切就都光芒四射了。这两者之间有什么关系？

艾尔：你来告诉我。

克：我认为没有任何关系。光明就是光明。我换个说法来讲。善恶之间有什么关系？它们之间有任何关系吗？

艾尔：在谈到善恶之前，我们先来看看黑暗与光明。如果让我描述某件事，我确实需要先借助其中一个，然后才能说明另外一个。比如说，如果我要描绘这片森林，在里面我一棵树都看不到，这是黑暗，然后当阳光出现时，树木当然就变得清晰可见了。

克：所以你是根据你的感官知觉来判断光明和黑暗的。

艾尔：是的，没错。

克：这是显而易见的。但是我们要往前更进一步，走得更深入一些。善与所谓的恶之间有什么关系？善是脱胎于恶的吗？因为我知道什么是恶，或者经历过痛苦，等等诸如此类，所以我要离开恶，或者努力从恶走向善。

艾尔：我会用善恶来形容非常短暂的影响。

克：不，善是短暂的吗？善的，美的，并不是短暂的。

艾尔：为什么不是？

克：我们先来看看第一个问题。如果善，或者你想用的任何一个词，是恶的产物，根植在恶当中，那么它就不是善，它就是恶的一部分。所以每个对立面的根源都存在于它的反面之中。

艾尔：是的，我明白这点。

克：那么，有没有并非脱胎于恶的善？

艾尔：那就不是我能用那个词来表达的东西了，因为我们已经以其他方式使用过那个词了。

克：那就用另一个词，没关系。这些都是非常好的老式词语：善，美，真。现在，我从根本上质疑究竟是不是存在对立面。

艾尔：善的对立面，还是任何东西的对立面？

克：任何东西的对立面。当然男女、高矮这种对立面是存在的，我说的不是那些。

艾尔：那是为了方便起见。

克：是的，撇开方便，有没有某种如此绝对、与相对毫无关系的东西？

艾尔：处理这种问题时，我总是会限制自己。我无论如何都做不到。我会非常害怕那些那么做的人，因为他们变成了凶手。

克：不，恰恰相反！

艾尔：你是什么意思？

克：我是说善的自由，而不是滥用自由。滥用自由正是世界上所发生的事。但自由是善的，它里面有善的品质。我不喜欢用道德品质这样的词，那毫无意义，而是指里面包含的那份深意。

"现在"——恐惧，能否被彻底消除？

艾尔：我们似乎又跟"恐惧"这个问题碰面了，自由意味着恐惧的缺席。

克：当然。那就是我们为什么说：有没有可能完全摆脱恐惧？不只是涉及可能发生什么，我可能害怕什么，或者过去发生了什么我害怕的事情，而是过去和未来这两个因素，都是"现在"。那么，"现在"，也就是恐惧，能否被彻底消除？

艾尔：以你探究这个问题的角度，"现在"的呈现，几乎取决于一个人把过去和未来这些虚假的东西带在身边的做法。

克：没错。

艾尔：所以哪怕是谈论"现在"都有风险。

克：但我们必须使用那个词。你坐在那儿，我坐在这儿，这就是现在。

艾尔：但是你得用这把手术刀挖得更深一些。

克：当然。我是说，在这个问题上你必须有一点敏感性！

艾尔：是的，没错。但是恐惧依然存在，直到那把刀更深入地挖掘下去。

克：当然。那么恐惧是什么？不是理论上，而是实际上在一个人的心里，在一个人的脑子里，恐惧是什么，它是如何产生的？它的来源、根本以及开端是什么？

艾尔：粗略地说，我总体的印象是，那是一种没待对地方的感觉，觉得你没在自己该在的地方。恐惧里边涉及一种"应该"，应该怎样。

克：我们这么说过了。应该怎样，我应该怎样。但它的根源是什么？我们说过恐惧就像一棵大树。这里有一棵不可思议的橡树，它覆盖了一英亩的土地。我们的恐惧就像那棵大树一样。但是那棵橡树的根就在那里，处于核心地位，尽管它的枝叶无比庞杂。

艾尔：其根源是什么，你会怎样描述那个根源？还是说，你想让我描述它？

克：不是描述它。它的**真相**是时间和思想，时间和思想是恐惧的根源。我们正试着了解有没有可能从心理上彻底摆脱恐惧。而它的根源，那棵橡树生长然后枝繁叶茂的发端，它的根本是时间和思想——时间就是：我将会怎样，如果我做不到，我就会害怕。思想说："我过去那样，我的天，我希望我将来能这样。"

艾尔：有没有一种恐惧是跟思想无关的？还是说，所有的恐惧都与思想有关？

克：都与思想有关。

艾尔：如果你突然出了什么事，那会吓坏整个身体……

克：那一瞬间是没有恐惧的，但是随后思想就进来了。

艾尔：是的，思想迅速插手进来，比光速还要快，然后就产生了恐惧的反应。

　　克：那么问题就出现了：思想能不能只在某些领域活跃——写信、说话，在那里充分活跃，但是在其他的领域，在内心领域完全不活跃？

　　艾尔：我从来都完全搞不懂发散性的思想是怎么一回事。我甚至从来都没感觉到自己是怎么把句子组织在一起的。我总是觉得，对我来说有意义的东西，从来都是像电光火石般闪现的。

　　克：我们的思想是线性的。

　　艾尔：嗯，我们就是以线性方式被训练的，但我对此一直感觉不舒服。那就是学校教育，那就是你通过考试或者考试不及格的地方，不是吗？

　　克：思考始终是一连串的关联、联想。

　　艾尔：所以，你在布洛克伍德这里开办的这所学校，是以"停止思考"这个思路为基础的吗？

　　克：不，在某些领域思想是绝对必要的，那里也需要大量的关注、知识、能力、技巧、真诚和发明创造。但是，同样的活动是不是泛滥到了、延伸到了另一个领域？

　　艾尔：非常好，这点很棒。知道它在哪里有用，可以把它作为有用的工具。

　　克：当然。如果我理解了、真的看到了这一点的深意和重要性，那么我就会质疑为什么思想总是在内心世界中活动、活跃。内心世界就是"我"，我的意识，我的失败，我的成功，我的声誉，我的"必须如何"，我的"不可以如何"，我的信念，我的信仰，我的教条，我的宗教立场、政治、恐惧、痛苦、快乐、苦难，那一切都是"我"。那些都是记忆，"我"就是记忆。

艾尔：而且那个"我"，如果你像这个国家里我们很多人那样被抚养长大……

克：……全世界都一样。

艾尔：……可能全世界都差不多，在一种班扬传统中长大：坚守你自己的东西，你要对自己负责。我是说，这里边也有一种有道理的因素，同时又有一种颇具破坏性的因素。

克：所以思想和时间是恐惧的根源。然后有人就会问这个问题：为什么思想会进入这个领域，这个心智的领域？

艾尔：我也好奇。看起来是为了防止危险。当你有了一个想法，那就像是用石棉拿着很烫的东西，你有种幻觉，认为思想能够让你控制在失控的情况下可能会很严重的事情。

克：所以既有一个思想者在拿着很烫的东西，还有一个想法在说："不要拿着它。"

艾尔：是的，当心。

克：所以存在两个分离的实体：思考者和你思考的对象。那么，思考者是什么？

艾尔：是一个想法。

克：对，但思想说："我是**独立**的思考者。"

艾尔：是的。

克：认识到观察者、思考者、经验者和被观察之物、思想和经验是一体的，不是分开的，先生，就意味着一场巨大的、内在的、心理上的革命。那意味着没有分裂，没有冲突。而当你对这个事实付出全部的注意力，这个事实就被烧光了。但思想要留下来种下那棵树，让它开花。

艾尔：这么说很有道理，是的。

克：所以，如果你全神贯注于那一点，它就永远不会制造问题。

艾尔：是的，我明白。我们所说的一切都把事情引到了一个丁字路口。因为我们无法想象，想到我们必须抛弃各种应对世界的办法，这让我们非常不舒服。

克：前些天有个人说："你必须烧掉你的偶像。"

艾尔：烧掉你的偶像，确实。是的，这让人不舒服，而且也没法绕过这件事。

克：所以，当你烧掉你的偶像，死亡就在了——你明白吗？

艾尔：明白。

知识的终结本身就是创造

克：还有，我不知道你有没有探究过这个问题，不是从理论上，而是真正地探究这个问题：什么是创造？不是发明，我说的不是那个。发明脱胎于知识，科学家可以发明更多的原子弹，或者什么新东西，但那始终是源于知识的。

艾尔：那么，创造指的是什么？

克：并非来源于知识的创造。因为知识是有限的。

艾尔：毫无疑问，不管我以自己平凡的方式做的是什么事情，确实有过一些奇特的时刻，比如当时写出的东西，显然不是任何一种预设的知识的产物。我的边界看起来几乎是不存在的，我没有被什么原因所限制，此时就有另一些东西被注入了进来，你写出的东西或者做出的事情，具有一种本不属于你的力量。

克：不，我们来把这点说清楚。创造一定要被表达出来、被诉诸写作，或者通过雕塑和绘画表现出来吗？

艾尔：不，我看不出它为什么一定要被表达出来。

克：所以，如果我们两个都看到了这个事实：创造不可能脱胎于知识……

艾尔：是的，毫无疑问。

克：发明可以不计其数，可以有各种样式，可以发生在各个层面等等，但那些都脱胎于知识。然而，有没有一种头脑或心灵的状态是没有知识存在的？

艾尔：那么创造在哪里？哦，我想肯定是有的，我确信创造是存在的。

克：首先，我作为一个一直在写作或者发明的人，把那些叫作"创造"。或者莱昂纳多·达·芬奇画了幅画，然后我说："多么了不起的一幅创作。"我们用那个词涵盖了发明以及……

艾尔：……用来指一件产品。因此，当你得到了一位大师的一幅草稿，比如说，一幅未完成的作品，一件过程中的半成品，不知怎的它会让你莫名激动，而成品可能就不会。

克：当然。

艾尔：付钱买这幅画的赞助人，经常是在未完成的阶段就见到了它。然而，在创作过程中产生的那股能量，或者无论叫什么，不一定会把它推向那个结局，而是只存在于早期阶段。

克：你瞧，这一直是最为古老的问题之一：有没有一种知识止息了的心灵或头脑状态？知识在其他方面是有用的，但我们不要把事情混淆了。只有伴随着知识的彻底止息，新东西才会出现。而**这**就是创造。

艾尔：知识的终结本身就是创造，是的。

克：这需要的不是一种言听计从的戒律，而是一种惊人的敏锐，一种深刻的警觉，乃至于另一个东西根本不会溜进来。

艾尔：那么你必须褪除一切，你不会再是现在的你了。这是个很可怕的想法。

克：我们最好就到这儿打住吧。

你的秘诀是什么?

───────

伯纳德·列文（Bernard Levin, 后文简称列文），作家、记者及节目主持人

我的生活中从未有过冲突

列文：克里希那吉，你的秘诀是什么？你知道哪些我们其他人不知道的东西？

克里希那穆提：噢，我可不知道那些！

列文：但你肯定知道些什么事。看看你——平静，觉悟，喜乐，没有冲突——你是怎么做到的？你的秘诀是什么？

克：我的生活中从未有过冲突。

列文：没有冲突？如果是这样，那你肯定属于人类中几乎独一无二的了。

克：那不是因为环境，不是因为我受到了保护，也不是因为任何让我安全的外在影响。我想是因为一份领悟，即：冲突不仅会摧

残心灵，也会破坏觉察的所有敏锐度。所以我从未有过冲突，这对我来说很自然，毫无冲突并非努力而为。

列文：可对我们大多数人来说，那都是一种努力，那么我们如何才能克服它呢？

克：我想，只有当你直接洞察到冲突会破坏人类的尊严，破坏人类的深刻感，那种情形才能真正到来。如果你对此拥有一种深刻的洞察，冲突立刻就止息了——对我来说是这样的。

列文：啊，那对我们来说呢？

克：噢，是的，对每个人来说都一样。

你必须做自己的明灯

列文：对每个人来说都一样？那我们怎样才能得到它呢？那几乎就像是找到了涅槃，找到了终极目标，不是吗？

克：不，终极目标——如果你要那么表达的话——是找到完全神圣的东西，丝毫未被思想沾染的东西。

列文：那么思想就是污染物了？

克：是的。

列文：你知道，对于大多数人来说，这是一个非常奇怪的概念。

克：这不是一个概念，这是事实。你为什么把它降格为一个概念呢？

列文：哦，因为这就是我们的思维方式，我们所学到的就是认为：思想本身是我们所拥有的最重要、最强大和最有力的工具。

克：当然。

列文：难道不是这样吗？

克：可思想是非常局限的。

列文：请继续，为什么？

克：因为它脱胎于知识，脱胎于记忆、经验，而关于任何事情的知识都绝不可能是完备的。

列文：可什么比它更完备呢？你说思想脱胎于经验、记忆和知识，当然是这样的，但我们如何才能超越那些呢？

克：我认为，只有当你赋予思想以正确的位置时，那才能真正发生。到这里来你需要思想，安排所有这些灯光和摄像机之类，你需要思想。你也需要思想来制造原子弹和巡航导弹。但思想是有限的，它被知识所制约，而知识在任何情况下都绝不可能是完备的。所以，当你认识到了这一点，思想就有了它正确的位置，然后你就不会从内心对自己或对任何事建立意象了。你会如其所是地看到事实。

列文：我们都倾向于认为我们一直就是这么做的。

克：是的，但以所有的宗教为例，无论是基督教、印度教、佛教还是伊斯兰教，它们都是以思想为基础的。思想，无论它创造了什么，都不是神圣的，所有的仪式，以上帝之名进行的所有事情，都不是神圣的。

列文：你说的是仪式，还有教会的架构和等级制度，但那些原始的教义呢？比如说，你不会那么说基督或者佛陀的教义，对吗？

克：我也会那么说，因为它们已经被印成了文字，被人们诠释，就为了迎合人类，在基督教中它们被称为天启，而在佛教中，佛陀确实有某些东西通过他的弟子被传承了下来，但那依然不是直接的洞察、直接的领悟，不是对永恒之物的一种直接而又重大的洞察。

　　列文：但是这些教义还有别的什么途径传递吗？——毕竟你也写了书，也上了电视。

　　克：是的，很不幸。

　　列文：我的意思是，这就是这些东西**实际**的传递方式——要不然还能怎么传递呢？

　　克：比如说，如果你能够看清词语并非事物本身，书籍，无论上面印的是什么，都不是那真实的事物，它们只是那些看到了某些东西然后希望与其他人沟通的人采用的一种交流手段。

　　列文：当然。

　　克：而在沟通过程中，就会产生扭曲，那个人变得无比重要，而不是他所说的话。

　　列文：嗯，我认为这就是我刚才关于教会的那番话要表达的意思。如你所说，教会把伟大的导师、伟大的领袖、伟大的先知制度化，然后加以扭曲，但那并不会影响教义本身。说到底，以我们都非常熟悉的一件事为例——"山中圣训"——基督说了那些话，它们被记录了下来，于是现在我们就可以亲自读到了。而它们依然是基督说过的话，不是吗？

　　克：我们可以换个方式来表述这整个问题吗？你必须做自己的明灯。

列文：嗯，请继续。

克：你不可能依赖任何人。你不能借别人的光，无论那个人是谁——上帝、救世主还是佛陀——它无法被传递给别人，你必须完全地、彻底地做自己的明灯。这并不意味着自私，也不意味着自我中心的行为，恰恰相反，做自己的明灯意味着如此彻底地了解自己，乃至于那份了解中不存在对真实的自己的任何扭曲。

列文：你是说，那样的话，我们任何人都不需要传递给我们的这些教义，我们都可以自己去发现这些东西？

克：每个人都是全人类的故事——显然如此。如果你知道如何读自己，自己的故事——它非常复杂，需要极大的注意力——你就有了一颗不会扭曲事实、不会扭曲实际所见的心。带着这样一份警醒、敏锐的觉察——它不是一件费力的事——你就可以毫无幻觉地读自己了。

必须摆脱思想制造的所有幻觉

列文：但是我想，有一条清晰的线，能够区分你所说的那种关注和我们大多数时候的做法，也就是只专注于我们自身。

克：那不过是自我中心的行为。

列文：嗯，确实，当然如此，但那时我们**就是**自私的。

克：所以，由于我们是自私的，而那会为世界造成巨大的破坏，那为什么我们不能认识到我们所带来的不幸呢？

列文：哦，这是个该由我来问你的问题——为什么我们认识不到这一点？

克：要么是因为我们对世界以及所发生的一切完全漠不关心，要么是因为我们被自己的欲望和享乐耗尽了精力，只要我们得到了满足，世上发生什么都无关紧要。

列文：但是难道我们甚至都不能追求幸福吗？

克：幸福是一种副产品，它本身并不是一个目标。

列文：没错，但我的意思是，拿不以他人的痛苦为代价的幸福为例，比如说没人会受到伤害，那么，为自己或者实际上也为他人——为我们所爱的人——追求幸福，有什么不对吗？

克：你说的"幸福"这个词是什么意思？

列文：哦，也可以说，那个词的意思是纯真的快乐。

克：就是这样。只要你有了快乐，你就把那叫作幸福。可享乐是爱吗？爱是欲望吗？

列文：哦，显然那是爱的一部分。

克：不，不是。

列文：我的意思是，在我们当前的生活中，这就是我们使用这个词的方式。

克：是的，我们接受了这一点，这就是我们人类的局限，我们似乎从来没有打破它。那么，什么才能让全世界的人类打破它，了结这一切？

列文：但是，我们为什么要那样做呢？毕竟爱是最——我是说我想知道你对此的想法，我不是在告诉你爱是什么——但爱难道不是人类最为有益的一面吗？

克：它是，但它不能等同于欲望、快感、性、满足，不等于一种在生活中享乐的感觉——所有那些被**称为**爱的东西。我认为那不是爱。

列文：那什么是爱呢？

克：我认为，当我们发现了爱不是什么——它无疑不是野心——我们才能领会爱和慈悲，也就是智慧究竟是什么。

列文：我能明白对于自私的野心、运用权力支配别人的野心来说，确实像你说的那样。但是，去行善、去助人的野心呢？

克：你**只是**行善而已，而不是**野心勃勃**地去行善。如果有野心，那就变成了自私的、自我中心的行为。你**只是**行善而已，然后就到此为止。

列文：但我们活在一个依赖这些东西的世界上，不是吗？

克：我们活在一个思想创造的世界上，我们活在一个我们赋予了思想极端重要性的世界上，而思想制造了所有这些问题：原子弹、战争和战争工具、民族划分、宗教划分。

列文：它确实制造了那些东西，但是它难道不也为世界创造了一些好东西吗？

克：我正要那么说——外科手术、医药。

列文：还有艺术。

克：艺术，还有其他各类东西，当然。但思想最具破坏性的部分，正是无休止的战争存在于我们所生活其下的苍穹。似乎没人能制止它，没人想制止它，因为商业主义等等诸如此类的原因。

列文：那我们该如何停止它呢？而且我想我们最好从我们自己开始。

克：是的，就是这样。

列文：我们如何做到这一点呢？

克：归根结底，一个人的意识就是全人类的意识。它不是我的意识或你的意识，它是全人类的意识，而那个意识的内容是由思想造就的，贪婪、嫉妒、野心，所有的冲突、不幸、痛苦，一股非同寻常的隔绝、孤独、绝望和焦虑感，这一切都在我们的意识之中。信仰——我信仰上帝，我信仰信念，而信仰导致了大脑的萎缩。

列文：但是你反对信仰本身吗？

克：是的。

列文：你反对？

克：彻底反对。

列文：你没留什么余地，对吗，克里希那吉！

克：当然没有，这就是我为什么说一个人必须摆脱思想制造的所有幻觉，才能看到某种真正神圣的东西——而它通过正确的冥想而来。

列文：那什么是**正确**的冥想？你的意思是还有错误的冥想。

克：噢，如今各种古鲁推出的各种冥想（大笑）以及诸如此类的东西全都是胡说八道。

列文：为什么？

克：因为首先你必须让房子井然有序。

列文：但那些难道不是带来秩序的办法吗？

克：啊，你瞧，那是错误的。他们以为通过冥想你就能让房子井然有序。

列文：难道不是这样吗？

克：不，恰恰相反，你必须先让房子有秩序，否则那就会变成一种逃避。

列文：但我们确实需要逃离自我，逃离自己，逃离内心的这些欲望、这些需求，安静的冥想无疑是达到那个状态的有效途径，不是吗？

克：你瞧，这个问题非常复杂。让房子有序意味着没有恐惧，了解欲乐，以及终结悲伤。从那里就会生发出慈悲和智慧，而那个过程——我们暂且称之为过程——是冥想的一部分，然后去发现思想究竟能否停止，也就是说时间必须停止。此时从中就会出现无边的寂静，正是在那种寂静中，你可以发现神圣之物。

列文：可就我而言，我相信对大多数人来说也是如此：停止思想，关掉头脑，是生活中最困难的事。

克：你瞧这一点又是相当复杂。关掉头脑的是谁？

列文：我想我得说，是头脑本身。

克：它本身。

列文：我认为这是不可能的。

克：不，当你认识到观察者就是被观察之物，控制者就是被控之物，经验者就是经验，当你不是从头脑上、从字面上认识到，而是真正地、深刻地认识到了这一点，那么这份洞察本身就停止了它。那就像是看到了危险。如果你看到了危险，你就会闪开。举例来说，一个冲突不断的人也许会"冥想"，他也许会做各种各样的事，但冲突依然在继续；但是，当他看清心理上的危险、冲突的毒性，他就会停止它，冲突就结束了。

别让时间溜进来！

列文：但是依你这番话，在我看来似乎是没有道路通向这个状态的。

克：噢，是没有。

列文：那我们如何到达那里呢？我是说，到达某个无路可循的地方，看起来确实是非常难以实现的想法。

克：你瞧，思想早已设下了这些道路，印度教有整个进步的概念，还有佛教、基督教的途径。但真理不是一个固定的点，所以你无法找到通往它的道路。

列文：但是必须有一条路，或者我希望有一条路，通往冲突的终结。

克：没有路，但是，确实可以终结冲突、悲伤和那一切，当你意识到——不，让我们这么表达：当你毫无扭曲地、敏锐地、真正地觉察到自己真实的样子，毫无选择地觉察到它，由此所有的混乱就都终止了。

列文：哦，当你说到只有对自己真实样子的这份觉察，毫无选择、毫无幻觉的充分觉察才行，听起来好像我们都只能坐在这儿等待瞬间的天启了。

克：噢，那样你可以坐上一百万年！

列文：确实。

克：就像我们一直在做的那样。

列文：我们确实在这么做的。

克：你瞧，所以我们必须探明什么是行动。有没有一种行动是不会制造冲突的，其中没有遗憾，在任何情况下，无论我们生活在贫穷还是富庶的社会，都是而且必定始终是正确的？要弄清这一点，你就必须探究这个问题：我们现在的行动是什么。它要么是与未来有关的理想主义的行动，要么是基于过去的记忆，也就是基于知识的行动。那么，有没有一种行动是独立于未来、独立于时间的？这就是整个重点所在，不是吗？

列文：我们无法停止时间的脚步，它会继续轮转。

克：依钟表、依日子计算的时间会继续，可是存在心理上的、内在的时间吗？不存在，是我们制造出了这种时间架构。

列文：如此说来，无论这个东西是什么，它都是完整的、瞬间发生的，它不是你一层层建构起来的东西。

克：绝对不是。没有一个渐进的过程；那样的话就不是觉悟了，因为你让时间溜了进来，以期逐渐变成什么。

你能教会我们如何正确地生活吗？

列文：你知道，在这样的情境下，我想问你一件事。你在这里有一所学校，你会给孩子们教什么？我假设，如果你不能为他们、为我们任何一个人——无论长幼——把这个建构起来，那你教些什么呢？

克：教各门学科。

列文：是的，但在这些领域……

克：当然，同时也会指出这些：如何正确地生活，那意味着什么。

列文：各个时代的哲学家们都探讨过这个问题，如何正确地生活——正确的生活，正如苏格拉底所说。

克：是的，正确的生活。

列文：你能教这个吗？

克：你可以指出来。你可以说，不要做社会的奴隶，不要做这种人或那种人，但是你得说明，你得指出来，然后就取决于他们了。

列文：但是在我们所处的这个真实的世界上，我们能生存吗？我们得赶火车、去办公室上班、去商店买面包……

克：是的，那些事我都做过。

列文：我们怎么才能融合我们周围所有的世俗压力呢？

克：我不会在压力之下做任何事情。

列文：你不会——我真希望我也不会！

克：不，我拒绝身处压力之下，无论是智力上还是心理上。我不介意挨饿，我不介意没有工作，但我拒绝被置于那种处境。

列文：你瞧，当我问你秘诀是什么时，我实际上想说的就是这个意思，因为你说你绝不愿被置于压力之下。其实我能明白和理解这一点，一个人只能通过参看你、读你的书、听你讲话才能明白这一点，但我们其他人怎么办呢？我们如何才能从压力之下解脱出来？

克：如果我们都说我们不愿意处于压力之下……

列文：我们所有人都一直处于压力之下。

克：不，我们不愿意。

列文：我们怎样才能拒绝它呢？我们怎样才能生活在这个真实的世界上？——工作在等着我们，我们要迟到了，我们有个约会。

克：等一下，这就引出了这个问题：社会能否被改变？共产主义者和社会主义者都试过了，各种体制都在试图改变社会。而社会又是什么？它是从我们的人际关系中抽象出来的一个概念。如果我们的人际关系彻底改变了，社会就会改变。但我们不愿意改变，我们认可战争，我们接受了这整个可怕的生存状态。

列文：是的，确实如此。我们怎样才能停止这种状况呢？

克：反抗它。不是通过变成一个共产主义者或者诸如此类的东西来反抗，而是从内心反抗它。

列文：但那肯定必须由每一个人来完成。这不是一件可以由集体完成的事。

克：还是那个问题：你说的"个人"是什么意思？

列文：哦，我们都是独立的、分离的人格。

克：我们是吗？

列文：哦，难道不是吗？

克：我怀疑这一点。我们不是个体，我们是一百万年来集体的经验、记忆等等那一切的产物。我们以为我们是个体，我们以为我们是自由的，可我们不是。对我们来说，自由意味着选择。而实际上选择意味着困惑，如果你是清晰的，你就不会选择。

列文：你曾经说过，也是我记得的你让人印象最为深刻的一句话：你的目的是解放人类。

克：是的，那听起来……（笑）

列文：毕竟这是世界上最重要的事，但是你要如何着手去做这件事呢？我们如何解放自己？因为想必你的意思正是**我们**必须解放自己。我们如何才能解放自己？

克：觉察到我们的局限。我们的局限是什么？

列文：哦，毫无疑问每个人的局限是不同的。

克：我怀疑这一点。我们受制于恐惧，受制于快感，这对于全人类都是相同的。我们受制于我们的焦虑、我们的孤独、我们绝望的不确定感，这些都是局限心灵的因素。

列文：那我们能简简单单地把它们抛开吗？

克：不，你提出了一个错误的问题。如果你看清了这种局限所包含的各种后果、痛苦等等那一切，它自然就终止了。这就是智慧，并没有一个实体在说我必须终止它。

列文： 然后我们就自由了？

克： 你说的"自由"是什么意思？

列文： 哦，我的意思是除掉这些恐惧、焦虑，这些不可能实现的欲望、徒劳的渴求。

克： 是的，那就是自由。

列文： 对我来说无疑是这样的。

克： 除非有了那种自由，否则你不可能成为自己的明灯，除非有那种自由，否则冥想就毫无意义。

列文： 你瞧，每个人都持有相反的想法。你把这个看法反转了过来，不是吗？

克： 那是事实。

列文： 我们认为体系、信仰、信念、工作是到达这种自由状态的手段，而你是从一种自由状态开始的。

克： 信仰会使大脑萎缩。如果你一直不停地重复、重复，就像他们那样，你的大脑就会萎缩。

列文： 那我们能通过一次巨大的跨越进入自由吗？

克： 是的，那就是通过洞察这一切。

列文： 瞬间洞察？我们任何人都做到这一点吗？

克： 是的，任何人，只要他在全神贯注地探究、探索，在试着了解生活中这可怕的混乱。

列文： 在任何年纪都可以？

克：不，当然不是，一个婴儿，一个小孩子，是做不到的！

列文：但是我们难道不需要穷尽毕生来修习它吗？

克：当然不必。死亡就在那里等着你。

列文：它等待着我们所有人。

克：我们所有人。

列文：非常感谢你，克里希那穆提。

人能在这乱世上拥有清明吗?

———————

休斯顿·史密斯（Huston Smith, 后文简称史密斯）, 麻省理工学院哲学教授

"如何"根本不该出现在脑子里

史密斯：克里希那穆提，也许我只有一个问题，我会以各种不同的方式反复回归到这个问题上去。我们如今生活在这样一个混乱而又令人迷惑的世界上，被外在各种相互矛盾的声音和内心各种相互矛盾的压力所撕扯，带着命运多舛的心灵和从未消退的紧张，在这样的生活中，在这样的世界上，我们有没有可能带着一份全然的清明生活？如果可以，又如何才能做到？

克里希那穆提：我想知道，先生，你用"清明"这个词指的是什么意思。我想知道你说的是不是"清晰"。

史密斯：那的确是首先会浮现在脑子里的意思，是的。

克：这份清晰是一件头脑感知的事情吗，抑或它是一份并非仅

仅用你存在的一个片段，而是用你的整个存在进行的洞察？

史密斯：无疑它具有后者的特性。

克：它不是支离破碎的，因而不是智力上的、情绪上的或者感情用事的。那么，在这个混乱的世界上，清明有没有可能存在——这个世界有着如此之多的矛盾，不仅外在有如此深重的不幸和饥馑，同时又有许多富庶的社会，而且，内在、心理上也有如此严重的不足——那么，活在这个世界上的一个人，能否在自己内心找到一份持久的清晰，一份真实的、没有矛盾的清晰，一个人有没有可能找到它？

史密斯：这就是我的问题。

克：我看不出为什么一个真正认真的人会找不到它。我们大多数人一点儿都不认真，我们希望得到娱乐，希望被告知我们该怎么办，我们想让别人告诉我们如何生活，告诉我们那份清晰是什么，真理是什么，上帝是什么，什么是正直的行为，等等等等。然而，如果一个人可以彻底摒弃所有心理学专家和宗教专家的权威，如果一个人能够真正深刻地全面否定那种权威，那么他就得完全依靠他自己。

史密斯：哦，我可能离题了，也可能跟你说的话矛盾，因为你刚才说那种清明对你来说是可能的，我马上就有股冲动想问你——如何做到？

克：等一下，先生。

史密斯：但你会说我在指望权威。

克：需要做的正是摆脱权威，而不是问"如何"。"如何"就隐含着方法、体系，别人踏出了一条路，然后来告诉你：这么做，然后你就会找到。

史密斯：那么你是不是说，问你这份清明如何才能达到，是一个不恰当的问题？

克：不是，完全不是。但是"如何"隐含着一个方法、一套体系。一旦你有了一套体系和一个方法，你就会变得机械，你只是照着别人说的去做。那不是清晰。那就像是一个孩子从早到晚听命于他母亲的指令，所以他会变得依赖母亲或者父亲。所以若要拥有清晰，第一要务就是自由，摆脱权威的自由。

史密斯：我感觉这里有一种困境，因为这种自由很吸引人，我想朝那个方向前进，但我也想借鉴你的想法，问问你如何前进。如果我那么问，是不是就偏离了我的自由？

克：不是的，但我要指出困难所在，指出"如何"这个词的含义。它本身就意味着有一颗心在说：请告诉我该怎么办。

史密斯：是的，但我还是要问，那是一个错误的问题吗？

克：我认为是的。如果你问，妨碍清晰的东西或者障碍是什么，那我们就可以探讨了。但是如果你从一开始就说：方法是什么——好吧，有一大堆方法，可它们都失败了，它们没有带来清晰、觉悟或者人内心的安宁境界。恰恰相反，这些方法分裂了人类；你有你的方法，别人有他的方法，这些方法相互争讼不休。

史密斯：你是说，一旦你抽取出了某些原则，把它们归纳成了一个方法，就会显得过于粗糙，乃至无法应对各种错综复杂的细节？

克：没错，错综复杂的细节，纷繁复杂之处，以及那份品质鲜活的清晰。

史密斯：所以"如何"必须始终直接发源于一个人、那个特定个体的立足之处。

克：我根本不会用"如何"这个说法，"如何"永远不该出现在脑子里。

史密斯：哦，这份教导真是太难做到了。它也许是对的，我在努力接近它，然而我不知道那是否可能——我不觉得彻底摒弃"如何"这个问题是可能的。

克：先生，我认为我们应该能够互相理解，如果我们进行得稍微慢一点，不讨论"如何"，而是来探讨妨碍清晰的事物。通过否定来达到清晰，而不是通过遵循体系这种肯定的方法。

史密斯：好的。否定的方式，很好。

克：我认为这是唯一的方式。"如何"这种肯定的方式导致人类分裂了自身，划出了各自的忠诚、各自的追求；你有**你的**"如何"，别人有他的"如何"，有这种和那种方法，然后我们就都迷失了。所以，如果我们可以暂且抛开"如何"的问题，也许你以后就再也不会提出这个问题了。我希望你不会。

史密斯：哦，我们等会儿再看。

不存在任何心理上的权威

克：所以重要的是发现有哪些障碍、阻碍和绊脚石，妨碍了清晰地洞察人类的焦虑、恐惧、悲伤、孤独的痛苦、爱的完全缺乏等等。

史密斯：我们来探讨一下否定的益处吧。有哪些益处呢？

克：首先，我认为必须有自由，摆脱权威的自由。

史密斯：我们可以在权威这个问题上稍做停留吗？当你说我们应该弃绝所有的权威，对我来说，全然自由和自立自主的目标是合理的，然而在那条路上，在我看来，我们确实依赖也应该依赖某些领域里的各种权威。当我来到一片新地方，我停下来问加油站的服务员该走哪条路，我接受他的权威，因为关于这些他知道的比我多。

克：毫无疑问专家比外行知道的多一点儿。专家，无论是外科手术还是科技领域的，显然比任何一个不熟悉那门特定技术的人都知道的多得多。但我们考虑的不是那类专业领域的权威，而是整个权威的问题。

史密斯：我们需要了解那些有专业权威的领域，我们应该接受那种权威，而又在哪些地方……

克：……权威是有害的，是破坏性的。所以权威这个问题涉及两个问题：存在专家的权威——我们暂且先这么称呼他们——那是必要的，但也有说"心理上我知道而你不知道"的那些人的权威。

史密斯：是的，我明白。

克：这是对的，那是错的，你必须这么做，你不能那么做。

史密斯：所以一个人永远不能把自己的生命交付给……

克：……任何人。因为全世界的各种宗教都说：把你的生命交给我们，我们会指引它、塑造它，我们会告诉你做什么。这么做，追随救世主，追随教会，你就会得到安宁。但是，恰恰相反，各种教会和宗教都发动了可怕的战争，也造成了心灵的分裂。所以问题不是摆脱某种特定的权威，而是摆脱整个观念上对权威的接受。

史密斯：是的，我能明白人永远不能背弃自己的良知。

克：不，我这里说的不是良知。

史密斯：哦，我想到的良知指的是我应该如何过自己的日子，我应该如何生活。

克：但我们是从这个问题开始的：人类生活了两百多万年，为什么依然不能清晰地洞察和行动？这就是问题。

史密斯：是的，而你的第一个观点是，那是因为他没有承担全部的责任……

克：我还没有讲到那里呢。我说的是，我们必须以否定的方式来处理这个问题，也就是说，我必须发现障碍是什么。

史密斯：障碍。

克：妨碍洞察的障碍。而主要的绊脚石或者障碍之一，就是这种对权威的完全接受。

史密斯：所以要做自己的明灯。

克：没错，你必须做自己的明灯。做自己的明灯，你就必须否定其他的所有灯光，无论那盏灯有多伟大，无论那是佛陀的还是甲乙丙的灯光。

史密斯：也许可以偶尔接受一下，但是，至于你发现它在什么地方有效，你保留最后的决定权。

克：不，因为那就是我自己的权威了。我有什么权威？我的权威就是社会的权威。我受到了制约要接受权威，当我拒绝了外在的权威，我就会接受内心的权威。而我内心的权威正是我的成长环境的产物。

史密斯：好的。我唯一不太清楚的一点就是，对我来说，在取得、接受、确认和坚持自己的自由时……

克：啊，你无法接受。先生，一个囚犯，除了从概念上或者理论上，他怎么能**接受**他是自由的呢？他在监狱里，我们必须从这个事实出发。

史密斯：我明白了。

克：不可能接受、遵守一种虚幻的、概念上的、并不存在的自由。实际存在的是人完全屈服于这种权威。

一个人有没有可能彻底摆脱恐惧？

史密斯：没错，这是我们必须首先看清并且去除的东西。

克：毫无疑问。对于认真的人，对于想要发现真理、看清真相的人来说，那是必须彻底消除的。这是要点之一。而这意味着不仅仅要从权威中解脱出来，而且也要摆脱导致他接受权威的恐惧。

史密斯：对，这听起来也是对的。渴求权威的背后是我们指望权威帮我们摆脱的恐惧。

克：没错。而恐惧让人变得暴力，人不仅热衷于领地方面的暴力，也热衷于性和其他各种形式的暴力。所以从权威中解脱意味着从恐惧中解脱，相应地也意味着各种形式的暴力的止息。

史密斯：如果我们停止了暴力，那么我们的恐惧也会消退？

克：我们可以换个方式来说。人在心理上、语言上是暴力的，在日常生活中也是暴力的，而这最终会导致战争。人类接受了战争就是他的生活方式，无论在办公室、在家里，还是在运动场上。在所有的领域，他都接受了战争是一种生活方式，而这正是暴力、攻击性以及它所牵涉的一切内容的核心。所以，只要人接受了暴力，过着一种暴力的生活，他就是在永无休止地延续恐惧，进而带来更多的暴力，于是在这个过程中也接受了权威。

史密斯：是的，所以这三者是一种恶性循环，每一个都诱发了另一个。

克：而教会说，要和平地活着，要友善，要爱你的邻人，这完全是赤裸裸的胡说八道。这只不过是毫无意义的字面上的口号罢了。那只是一个观念，因为社会的道德观，也就是教会的道德观，是不道德的。

史密斯：所以，在试着看清挡在我们和清明、自由之间的东西的过程中，我们发现权威、恐惧和暴力联合起来阻碍着我们。然后从那里我们要往哪里走？

克：不是要往哪里走，而是了解这个事实：我们大多数人都活在这种氛围中，活在这个权威、恐惧和暴力的牢笼中。你无法突破这个牢笼，除非你从中解脱出来，不是从智力上或者理论上，而是真正摆脱一切形式的权威，不是专家的权威，而是对权威的依赖感。那么，一个人有没有可能彻底摆脱恐惧？不仅仅在一个人意识的表层，而且在更深的层面，也就是所谓的无意识层面。

史密斯：有可能吗？

克：这正是问题所在，否则你就必定会接受某个人的权威，任何一个汤姆、迪克或哈利，只要有点儿知识、有点儿狡猾的解释，或者有某个智识上的方案，你就必定会上当。所以问题是，一个被教堂、社会、道德等等的宣传所沉重制约的人，这样的一个人究竟能不能从恐惧中解脱出来。这是最基本的问题。

史密斯：也是我愿闻其详的问题。

克：我说是可能的，不是抽象地讲，而是真的可能。

史密斯：这时我还是有股冲动要问——如何做到？

克：你瞧，还是那样，当你问"如何"，你就停止了学习，你就停止了了解。因为我们在学习、在了解人类恐惧的本质和结构，从最深的层面以及最浅的层面上，我们在了解它。当你在了解，你不能突然问：我如何才能了解？不存在"如何"，如果你感兴趣，如果问题够重大、够强烈，如果它必须被解决才能平和地生活，那么就没什么"如何"，而是你会说：我们来了解它。所以，一旦你引入了"如何"，你就偏离了了解的核心事实。

史密斯：那就让我们继续往了解这个问题的方向上走。

克：那么，了解是什么意思？

史密斯：它的意思是，看到在一个给定的领域中一个人该如何前进。

克：不，先生，肯定不是。这里有个恐惧的问题，我想了解它。首先，我一定不能谴责它，我不能说，这很糟糕，然后躲开它。

史密斯：听起来好像你就是在以这种或那种方式谴责它。

克：不，我想了解。当我想了解某件事，我会去看，丝毫没有谴责。

史密斯：嗯，我们要通过一条否定的路线来处理这个问题。

克：我就在这么做。

史密斯：而恐惧是一个障碍。

克：那是我要去了解的。所以我不能谴责它。

史密斯：嗯，谴责可不好，你不提倡那样。

克：我既没有提倡，也没有不提倡。这里有恐惧这个事实，我想了解它。一旦我了解了某个东西，我就摆脱了它。所以了解最重要。了解中隐含了什么？首先，要了解某件事，谴责或者辩护就必须彻底停止。

史密斯：是的，我能明白这点。如果要了解什么，我们就需要把自己的情绪排除在外。

克：如果我想了解那台摄像机，我就会开始观察它，拆解它，研究它。所以要了解恐惧，就一定不能有对它的谴责和辩护，因而也不会借助文字逃避恐惧的事实。但人们习惯的倾向就是去否认它。

史密斯：否认现实。

克：恐惧的现实，"是恐惧带来了所有这些东西"这个事实。通过说"我必须培养勇气"来否认它。我们要探究恐惧这个问题，因为这确实是一个非常重要的问题：人心究竟能不能摆脱恐惧？

史密斯：它当然可以。

了解恐惧就要面对恐惧，觉察恐惧

克：也就是说，心能不能看着恐惧，不是作为一个抽象的概念，而是在恐惧发生时真切地看着它。

史密斯：面对恐惧。是的，我们应该这么做，我同意你的看法：我们不能否认它。

克：面对恐惧，觉察恐惧。要了解恐惧，就必须没有谴责和辩护。那是一个事实。所以，心能不能看着恐惧？什么是恐惧？有各种各样的恐惧：怕黑，怕自己的妻子，怕自己的丈夫，害怕战争，害怕暴风雨，心理上的恐惧非常之多。你不可能有时间去全部分析它们，那会耗尽毕生的时间，哪怕穷尽一生你也不会了解它们。

史密斯：所以重点是恐惧这种现象，而不是任何……

克：……任何特定的恐惧。

史密斯：好的，那么我们要了解什么？

克：等一下，慢慢来。若要了解什么，你就必须与它充分接触。我想了解恐惧，因此我必须看着恐惧，我必须面对它。而面对它就意味着有一颗不想解决恐惧这个问题的心。

史密斯：看着恐惧……

克：……而不是去解决恐惧的问题。理解这一点很重要，因为如果我要解决恐惧，我就更关心恐惧的**解决办法**，而不是**面对**恐惧。如果我说，我必须解决它，我就已经离开了它，我没在看它。

史密斯：你是说，如果我们试图解决恐惧的问题，我们就没在真正地面对它？

克：非常对，先生。你瞧，要面对恐惧，心就必须对它付出全部的注意力。如果你只给予恐惧局部的注意力，也就是说，我想解决它、超越它，你就没有对它付出全部的注意力。这里涉及几个问题。我们通常认为恐惧是在我们外面的某种东西，所以就有了观察者和被观察之物的问题。观察者说：我害怕，于是他把恐惧当成了某种与他分开的东西。

史密斯：我不确定是这样。当我感到恐惧，我害怕，我觉得它就在这里。

克：在这里，但是当你观察它，情况就不一样了。

史密斯：当我观察恐惧……

克：……然后我把它放在外面。

史密斯：不，这还是听起来不太对。

克：好吧，在恐惧的那一刻，既没有观察者也没有被观察之物。

史密斯：这点很对。

克：这就是我说的意思。在危急时刻，在真实的恐惧发生的那一刻，是没有观察者的。

史密斯：这时满眼只有恐惧。

克：然而，一旦你开始去看它，面对它，就出现了这种分裂。

史密斯：在恐惧的自我和那个……

克：……那个不恐惧的自我之间。所以，在试图了解恐惧的过程中，就出现了观察者和被观察之物之间的这种分别。那么，有没有可能不带观察者地看着恐惧？这的确是一个非常微妙、非常复杂的问题，所以我们必须非常深入地探究它。只要有个要了解恐惧的观察者，就会产生分裂。

史密斯：确实如此，我们没有与它充分接触。

克：因此在那种分裂中就存在试图去除恐惧或维护恐惧的冲突。所以，有没有可能看着恐惧而没有观察者？那样的话你就始终与它保持着充分的接触。

史密斯：嗯，那样你就是在体验恐惧。

克：我不喜欢用"体验"这个词，因为体验意味着经过某种东西。

史密斯：好吧。但至少看起来比"看着"要好，因为那个词似乎就隐含着观察者和被观察之物之间的分裂。

克：我们可以用"观察"这个词，或者无选择地觉察恐惧，因为选择隐含着观察者，他在选择我喜欢还是不喜欢这个或那个。所以，当观察者不在了，就有了对恐惧无选择的觉察。然后会发生什么？这就是问题。观察者制造了他自己和被观察之物之间言语上的分别。语言插手进来，文字妨碍了与恐惧充分接触。

史密斯： 是的，文字会成为屏障。

克： 这就是我们说的意思。所以文字一定不能干涉进来。

史密斯： 我们必须超越它。

克： 但是可能超越文字吗？从理论上讲，我们说可以，但我们实际上却是文字的奴隶。

史密斯： 是的，千真万确。

克： 心必须觉察到自己受到了文字的奴役，意识到文字绝不是事物本身。那样心才能摆脱"看"这个词，摆脱其中隐含的一切。先生，我的意思是，两个人，丈夫和妻子之间的关系，就是意象之间的关系。

史密斯： 显然如此。

克： 你对她抱有形象，她也对你抱有形象，关系不过是这两个意象之间的关系。然而，当意象不存在时，真正的人际关系就存在了。同样，当文字不在了，观察者与被观察之物之间的关系就止息了。于是我们就与恐惧产生了直接的接触。

史密斯： 我们穿越了屏障。

克： 是的。存在意识层面的恐惧，这些我们很快就可以了解。但还有更深层的恐惧，存在于内心所谓隐藏的部分。那么，有没有可能不加分析地觉察到那些？分析要花时间。

史密斯： 无疑是可能的。

克： 你说是可能的。是这样的吗？存在着这整个恐惧的仓库，无意识的全部内容——它的内容就是无意识。要发觉那一切，而不是借助梦境，借助梦境也会花去太长时间。

史密斯：你问的是，我们能不能了了分明地觉察到心的全貌？

克：是的，全部内容，心的全貌；既包括有意识的，也包括更深的层面，觉察意识的整体。

史密斯：*我们能否了了分明地觉察那一切？我不确定。*

克：我说是可能的。只有当你一整天都觉察到你说的话，你用的词句，你的动作，你说话的方式，你走路的方式，你的想法是什么，彻底地、完全地觉察到那一切，那才是可能的。

史密斯：*你认为在全然的觉察中，那一切都可以呈现在你面前？*

克：是的，先生，毫无疑问。当没有任何谴责、没有任何辩解时，当你直接接触它时。

史密斯：*在我看来，心就像是一座体积庞大的冰山……*

克：是有可能看到它的全貌的，如果一整天你都能觉察你的思想、你的感受、你的动机，而这需要一颗高度敏感的心。

史密斯：*我们当然能比我们平常觉察到的多得多。当你说我们能够觉察……*

克：全然觉察，是的，先生。

史密斯：*……觉察到所有的心理因素……*

克：我在告诉你，在解释给你听。如果你否认这一点，如果你说，这是不可能的，那它就是不可能的了。

史密斯：不，我愿意相信这一点。

克：这不是一个信念的问题。我不需要相信我看到的东西。只有在我看不到的时候，才要信仰上帝，信仰这个或那个。

史密斯：这对我来说是一个信念的问题，也许对你来说不是，因为你……

克：信念是生活中最具破坏性的部分。我为什么要相信太阳会升起？我看到了太阳升起。当我不知道爱是什么的时候，我才会相信爱。

史密斯：就像有很多次，当我听你讲话时，那对我来说像是半个真理，但你却把它当整个真理说了出来，所以我好奇你只是为了强调的缘故，还是你实际的意思就是那么绝对。

克：不，先生，对我来说真的就是那样。

人大多数时候都活在过去

史密斯：我们之前一直谈的是阻碍我们的因素，阻碍我们过一种清明而自由的生活的东西：权威、暴力、恐惧。我不想把所有的时间都花在这些障碍上。对于这种境况，我们有没有什么肯定的东西可说？

克：先生，任何肯定的东西都隐含着权威。只有一颗权威性的心才会说："我们来肯定吧。"那是否定的对立面。而我们说的那种否定没有对立面。

史密斯：哦，当我问你肯定性的说法，就我而言我并不是打算召唤权威。我只是想听听你有没有什么有意思的话要说，然后我可以加以评断。

克：关于什么的说法？

史密斯：关于是不是适用于我的境况，适用于在我看来我们正通过语言描述来探索的那种生活状态。

克：你是不是说，先生，生活只存在于当下？生活能不能被划分成过去、现在和未来，因而变得支离破碎，还是说，有一种对生活的整体洞察？

史密斯：哦，还是像往常那样，对我来说，两种情况都是答案。从某种意义上来说，它是一个整体，它就在当下，当下是我们所拥有的一切，但人是一种被时间所限的动物，就像他们说的那样，会瞻前顾后。

克：所以人是时间的产物，不只是进化的时间，而且还有物理时间和心理时间。他是时间的产物：过去、现在和未来。而他大多数时候都活在过去。

史密斯：是的，大多数时候。

克：他就是过去。他就是过去，因为他活在记忆里。

史密斯：不完全是这样。

克：等一下，先生。一步一步地跟上。他活在过去，因此他从过去的背景中思考、审视和观察。

史密斯：这样也好也不好。

克：不，这不是过去好不好的问题。他活在过去，从过去中审视一切，从过去中投射未来。所以他活在过去，他就是过去。而当他考虑未来或者现在时，他依旧是从过去的角度思考的。

　　史密斯：在我看来，大多数时候那是对的，但也有新鲜的洞察、新鲜的体验，能够冲破过去的整个驱动力。

　　克：只有当过去不在时，新体验才能脱颖而出。

　　史密斯：哦，在我看来，那更像是融合了我们必然会从过去带过来的东西，而那些东西可以作用于当下的新颖和新鲜。那是两者的一种融合。

　　克：但是，如果我想了解某种新东西，我就必须用清澈的眼睛去看它。我不能带着过去，以及所有的识别过程、所有的回忆，然后把我看到的东西诠释成新的。毫无疑问，发明了喷气机的人，肯定已经忘了或者极其熟悉推进器，然后在那些知识缺席时，他发现了新东西。这是人生唯一的运作方式。也就是说，我必须全然觉察——必须有对过去的全然觉察，而在过去缺席时，才能看到新东西或者遇到新东西。

　　史密斯：我勉强同意这一点，因为我想我明白你说的话，我想我也同意你的观点，但是，人确实也可以根据他掌握的记号来运作。那并不像是我们完全从头开始。

　　克：但我们必须从头开始，因为生活需要这样，因为我们一直过着这种生活，接受了战争、仇恨、残忍、竞争、焦虑、愧疚，这些我们都接受了，我们就这样活着。我认为，要带来一种不同的品质、一种不同的生活方式，过去就必须消失。

史密斯：我们必须对新事物保持开放。

克：是的，因此过去必须不再具有任何意义。

史密斯：我不能带着过去前行。

克：这是全世界都反对的。现存的既定秩序说：我不能放手让新事物产生。同时全世界的年轻人都说：我们要反抗旧东西。但他们不了解其中全部的复杂性。所以他们说，你们都给了我们什么，除了考试、工作和不断重复旧模式——还有战争，你们最热衷的战争。

史密斯：嗯，在我看来，你指出的是不做过去的奴隶的重要性。而这一点非常正确。

克：过去就是传统，过去就是道德模式，也就是社会道德，而那是不道德的。

史密斯：但与此同时，只有一代人，说白了就是我们，把未来的世代跟原始人区别了开来。

克：这些我都同意。

史密斯：如果原始人要被彻底消灭，我们就得马上开始。

克：噢，不，打破过去需要大量的智慧，需要对过去高度敏感。你无法就那样脱离它。

史密斯：好的，我确信是这样的。

理想是概念性的东西里最为愚蠢的形式

克：所以问题实际上是：我们能够以另一种方式生活吗？另一

种生活方式当中没有战争，没有仇恨，人们相互友爱，没有竞争，没有分别，不说你是个基督教徒，你是个天主教徒，你是个新教徒，你是这个。那些都太幼稚了。那毫无意义，那是一种智力上的、世故的划分。那根本不是一颗宗教之心，那不是宗教。一颗宗教之心没有仇恨，毫无恐惧、毫无焦虑地活着，其中没有一丝的对抗。因此一颗爱着的心——那是一种完全不同的生活境界。然而却没人想要那样。

史密斯：可从另一个角度来说，每个人都想要那样。

克：但他们不去追求它。他们被如此之多的其他的事情分了心，他们被他们所执着的过去深深制约。

史密斯：但我想有些人是愿意去追求它的。

克：等一下，先生，那样的人非常少。

史密斯：数量并不重要。

克：少数人往往是最重要的部分。

史密斯：克里希那穆提，在听你讲话的时候，我试着透过语言听到你话里的意思，在我看来，我听到的是：首先，我应该，每个人都应该自己实现自己的救赎，不依靠外在的权威；其次，不要让语言文字形成我们与真实体验之间的屏障，不要误把菜单当作餐食；第三，不要因为响应过去的制约，让过去吞没现在、控制现在，而是始终对新鲜、新奇、薪新的事物保持开放。最后，在我看来，你说这么做的关键在于彻底反转我们的观点。就好像我们是在铁窗后向着光明努力奋争的囚徒，寻找我们偶然瞥见的外面的一抹光亮，想知道我们如何才能挣脱出去，然而实际上，牢房的门就在我们身后大开着，只要转过身去，我们就可以走出去获得自由。在我看来这就是你说的意思，对吗？

克：有点儿那个意思，先生。

史密斯：好的，还有什么？

克：毫无疑问，先生，事实上人们身陷旷日持久的斗争、冲突当中，困在自己的局限当中，不停地努力、挣扎，打破头想要获得自由。同时，我们从各种宗教等等之中接受了努力是必不可少的，是生活的一部分。在我看来，这是最高形式的盲目，是对人最严重的局限——说你必须永无止境地活在努力之中。然而，若要毫不费力地活着，就需要最高的敏感性，以及最高形式的智慧；那并不是说，好吧，我不会奋争，我要成为一头奶牛。你必须了解冲突是如何产生的，了解我们内心的二元性，了解"现在如何"的事实与"应当如何"之间的冲突。如果没有"应当如何"——那是概念性的，是不真实的，是虚构的——同时你看到了"现在如何"并且面对着它、与它共处，丝毫没有"应当如何"，那么就根本不会有冲突。只有当你用"应当如何"来比较和评估，然后用"应当如何"来看"现在如何"时，冲突才会产生。

史密斯：理想与事实之间不应该有冲突。

克：根本就不要有理想。我们为什么要有理想？理想是概念性的东西里边最为愚蠢的形式，我为什么要抱有理想？事实已迫在眉睫，我为什么还要对任何东西抱有理想？

史密斯：哦，当你那样表达时，在我看来，你就又把事情变成了非此即彼：不是理想而是事实。然而对我来说，真理或多或少是两者兼备的。

克：真理不是理想和"现在如何"的混合物，那样你就会制造出一堆乱七八糟的大杂烩。只有"现在如何"。举个非常简单的例子：我们人类是暴力的。我为什么要抱持非暴力的理想？我为什么不能处理事实呢？——处理暴力的事实，完全抛开非暴力。理想是一个抽象的概念，是一种分心。事实是：我是暴力的，人类是暴力的。我们来处理这个问题，我们来紧扣这个问题，看看我们能否没有暴力地生活。这之中没有二元化的过程。只有这个事实：我是暴力的，人类是暴力的，然后看看有没有可能摆脱那些。为什么我要引入那些理想主义的无稽之谈呢？

史密斯：没有二元性，你说，没有分裂，那么在你眼里，是不是真的不存在任何分别？

克：毫无疑问。

史密斯：你我之间有任何分别吗？

克：身体上是有的。你有一套黑西装，你比我漂亮，诸如此类。

史密斯：但你感觉不到二元对立。

克：如果我感到有二元对立，我就不会坐下来跟你讨论了，那样的话我们就只是在玩智力游戏罢了。

为何你的教诲如此难以实行？

瑞尼·韦伯（Renée Weber, 后文简称韦伯），拉特格斯大学哲学教授

真正优秀的教育者既在施教又在受教

韦伯：总的来说，我的问题事关你的教诲可能会给人带来的一种感受：要么全部，要么没有。我们以教学和教育为例。你所阐述的观点之一似乎就是：一个并未彻底摆脱恐惧、悲伤和各种人类问题的教师，实际上是无法成为一名真正的教师的。这给人的印象是，一个人要么是完美的，要么是无用的。

克里希那穆提：我想这里肯定有某种误解。

韦伯：希望如此。

克：因为，如果一个人说，除非他是完美的，或者无论用什么词来形容，并且摆脱了某些心智状态，否则他就无法教学，那么那就成了一种不可能的状况，不是吗？

韦伯：对。

克：学生，或者无论谁从你那里学习，都会迷失。所以，教育者有没有可能说：我不自由，你也不自由，我们都受到了制约，我们有各种形式的局限，让我们来探讨它，看看我们能否摆脱它？那样你就可能打破它了。

韦伯：你难道不认为教育者至少应该比学生更了解这个过程吗？

克：也许关于这个问题，他书读得多一些，研究得多一点儿。

韦伯：但他不一定知道怎样能做得更好。

克：所以在与学生的交流中，或者与他自己的交流中，教育者认识到他既是老师又是学生。并非他先学会了然后再传递出去，而是老师既在施教也在受教。他同时在做两件事情。

韦伯：你是说，他并非一个传授机宜的先知。如果他是开放的，那么他的学习和教授就是同时进行的。

克：那才是一位真正优秀的教育者，而不是一个说"我知道，所以我来教你"的人。

韦伯：我猜想，那就意味着，这样的一个人必定摆脱了类似于自负这样的缺点。

克：那些是很明显的事情。假设我是一名教育者，满怀自负、虚荣、野心等等诸如此类，人类身上通常发生的那些蠢事我都有份。在与学生或者与我一起学习的人交谈的过程中，大家发现了我很自负，学生也以自己的方式自负着，于是我们开始探讨这个问题。如果一个人是诚实的，而且真的能够自我批判、自我觉察，那样的讨论就会具有无限的可能性。

韦伯： 但你的意思是，即使师生双方都不完美，这个过程依然可以发生在他们之间？

克： 我不会用那个词，我不知道什么是完美——那样我们就偏离到别处去了。但是，如果我们能够与学生或者与彼此建立一种关系，从中可以进行开放的对话，一种自我批判、自我觉察的自由对话，可以提问、质疑、探询，那么我们双方就都在学习，都在交流彼此的看法、彼此的困难。那样的话，如果你真的想要非常深入地探究那个问题，你们就会互相帮助。

韦伯： 这不一定是我的看法，但假设有人会说：那就带来了一个问题，因为那会让学生觉得老师懂的不比他多，那可能会削弱他对老师的信任。

克： 我会跟他说：你瞧，我研究得稍微比你多一点儿。比如说，我研究过印度或者佛教的各种哲学，我学过，这方面我知道的稍微多一些。

韦伯： 确实。

克： 那并不意味着我有什么了不起。

韦伯： 所以你认为，如果老师只是非常诚实地……

克： 那是他的职责。

韦伯： ……谈及他的强项和弱点："我知道的多一些，但我并不是无所不知。"

克：假设我在讨论佛教，或者讨论亚里士多德或柏拉图——就以柏拉图为例。你研究得比我多。我根本没研究过柏拉图。所以你说，瞧，我知道的多一点儿，这很自然，否则我就不会是你的教授了。

韦伯：确实，否则我就不是教授了，那样就不诚实了。

克：但是，虽然我没有读过柏拉图、亚里士多德或者任何此类人的书，我会说，你瞧，我没读过，但我愿意非常深入地探讨这个问题，不是从我特定的观点出发，也不是从亚里士多德、柏拉图或者佛教的观点出发，而是作为一个人在和另一个人探讨，我们来探讨这些问题：生活是怎么回事，存在是为了什么，世上究竟有无公平可言——实际上是没有的——等等等等。

韦伯：我想这样就清楚多了，因为至少在那样的情况下，抱有关怀和自我批判精神的成年人，会感觉到他们是可以教其他人的。反过来，如果他们自己必须是完美的，那谁还能教别人呢？

一个人必须真诚无比

克：但是很少有人能够自我批判、对自己以诚相待、觉察到自己所想，意识到自己是否恰当地表达了自己的想法，等等。我的意思是，在这些问题上，一个人必须无比诚实。

韦伯：你认为是什么能让一个人那么做而不是相反？你说极少有人能够完全诚实。为什么会这样？

克：这是事实，有些人是认真的，有些人则不是。

韦伯：一个人需要什么样的品质才能对自己非常诚实？

克：不害怕发现你实际的样子，不羞愧，不畏惧探索。能够坦诚直白地说，这就是我实际的样子：我就是一大堆言辞、一大堆别人的看法，我没有能力独立思考任何事情，我总是在引经据典，我总是依赖环境和压力，依赖这个和那个。除非你能够自我觉察和自我批判，否则你最终就会像个……

韦伯：所以至少需要觉察和勇气才能那么说。

克：我不喜欢用"勇气"这个词。

韦伯：那你会用哪个词？

克：一个真正认真的人，想要探究这一切的人，自然是心无所惧的，他会说，好吧，如果我会丢了工作，那就丢了吧。

韦伯：但是，我们可以说，即使没有工作这类外在的评判，你难道不认为很多人会有这种感觉或者恐惧：如果我直面这一切，即使是面对自己，都只会让问题更加严重，而不是变得更好？这就是他们所恐惧的。

克：那会带来更多的不确定性。

韦伯：就是这样，因此……

克：那就面对不确定性。而不是说，哦，那会带给我更多的不确定、更大的问题，所以我什么也不想做——那实在是一种毫无意义的生活。

韦伯：嗯，你也许会说那是逃避和躲藏。

克：是的，一部分是躲藏。

韦伯：他们可能也会辩解说——我听到有人这么说过——那"另一个"会把我瓦解的，那样我就没法作为一个理智的人生活了。

克：你所谓的理智可能正是不理智。这个世界上发生的事情是非常疯狂的。如果你想适应那种疯狂，好吧，那就做疯狂的一分子好了。但是，假设你不愿意失去理智，你会说，抱歉，我反对这股潮流，我不会与它同流合污。

那种心灵状态发生在自我缺席的时刻

韦伯：这就引发了另一个会反复出现的问题，那个问题与这一点有关，但内涵要广一些。在这里以及在印度，让包括我在内的大多数人都感到困惑和迷茫的是，我们觉得你讲的是一种圆融而又清醒的状态，或者无论叫什么名字，你甚至用了"光"这个词，而我们中有几个人也说过：是的，我偶尔品尝过那种滋味，对此我略知一二。

克：大部分人都那么说。

韦伯：确实。然后我们说，它似乎消失了，或者不知怎的漏掉了，变淡了。

克：它溜走了。

韦伯：你的回答是，如果它溜走了，那么从一开始你就根本没有体验过它，因为它不是那种会来来去去的东西。你能澄清一下这点吗？这让人们很困惑，也很不开心。

克：问题在哪里？问题是，我体验到了某种东西——清明或者某种完整感，一种整体的生活之道，我对它曾有惊鸿一瞥，然后它消失不见了。它也许持续了一天，也许持续了一周，但它消失了。而我记得它，它留下了痕迹，留下了回忆，我希望让它回来。我希望它能延续，或者希望与它一直生活在一起，把它作为我生活的一部分，或者找到留住它的办法。所以问题就来了：那种状态，那种在人们的生活中鲜有发生的东西，是受邀而来、请求而来的吗？还是说，它来得自然而然、出乎意料，未经丝毫的准备和训练？它自然而然地到来，当你不在的时候，当你没有了任何问题，那时它就到来了。而现在它走了，你又回到了旧有的心智状态，于是你想让它回来。你想看看你能不能想方设法把它一直留下来。

韦伯：是的，但你想让它回来，难道不是因为……

克：你希望与它一同生活。

韦伯：那看起来是最好的生活方式，你感觉一切都在智慧地运行。

克：是的，你有过那种体验，那种自然发生的心灵状态，它不请自来，当你不考虑自己的时候它就发生了。

韦伯：是的，你突然有一种一体感。

克：你没有一直在挂虑自己，当你忘了自己的时候，它就发生了。然后你说，在那种状态下，我可以了了分明地看到一切。

韦伯：确实如此。

克：没什么问题我对付不了，什么都没有，没有抗拒，没有阻碍，一无所有。

韦伯：没错。

克：那我要做什么？

韦伯：就是这样。

克：问题实际上是：那种心灵状态，或者无论你叫它什么，发生于自我不在时，一个人的自我、个性、问题、野心、贪婪之类，统统暂时搁置的时候。这就是它发生的时刻。

韦伯：这是我的第一个问题。自我不在了。而你说的是"暂时搁置"。那意味着它只不过隐入了背景之中，离开了舞台的中央。

克：也许，我是说。

韦伯：还是说，它就是消失了？

克：不，当然不是。如果它就那样消失了，另一样东西就永远无法幸存下来。

韦伯：没错，所以它不知怎的被推到了……

克：不，事情就那样发生了。你走在一条美丽的林荫道上，你凝望着那无处不在的美，忽然说："天哪，快看一看。"在那一刻，自我，连同它所有可恶的问题，都不在了。

韦伯：是的。

克：连同它所有的喜怒哀乐都不在了。而当那一刻过去，你又回到了原来的自我。那么问题实际上就变成了：有没有可能摆脱自我？而不是如何回到那种心灵状态，或者如何与它一同生活，也不是如何通过某些训练或冥想体系捕捉到它。那些做法都是对自我的鼓舞。

韦伯：好的。那么，我们能不能暂时回到那种状态？因为在那种状态下，可以说我当时是完全和……

克：不是**你**当时怎样。

韦伯：你会怎么表达？

克：我会说，那种状态带来了一种你可以看清一切的感觉。

韦伯：是的。

克：清清楚楚地看到你的问题，看清一切。

韦伯：是的。不是总有东西挡在中间成为障碍。那里什么都没有，没有任何阻碍。可又是什么让它发生然后又让它消失的？

克：是什么让它发生的？很简单，在没有自我的时候。

韦伯：但那是由什么引发的？为什么突然就没有了自我？

克：因为你不再担心自己的问题，你看着那些橘子树，看着那些美丽的花朵。有那么一秒钟，**你**不在了。

韦伯：可下一秒钟**你**又回来了。

克：然后你说，现在我回来了，看在老天的份上，我希望还能拥有那个状态。你没有意识到正是对它的渴望本身……

韦伯：……阻挡了它。

克：不仅阻挡了它，而且强化了自我。

韦伯：因为正是**我**希望得到它。

克：当然。于是又回到了原来的抗拒当中。那就是为什么我说，这里需要一个人具备大量单纯的谦卑和诚实，而不是知识带来的自满以及诸如此类的东西。那就否定了"另一个"。

韦伯：但你认为——我会告诉你为什么这个问题对人们来说很重要——如果一个人对"这个"有过一瞥，会不会有所帮助？

克：我们必须谨慎一些。你说的"**这个**"是什么意思？它不是什么神秘古怪的东西，不是通过冒牌的冥想以及诸如此类的把戏引发的东西。

韦伯：我不是那个意思；我说的"**这个**"，意思是……

克：我会说：那种状态。

韦伯：对那种状态的一瞥，是的。

克：我说那种状态不是什么神秘的东西，不是某种你必须经历一番周折才能获得的东西。

韦伯：我明白这一点，但你也同意它是罕见的。

克：因为人类是如此可怕的自私，他们千方百计最关心的就是自己。

韦伯：是的，要么狡猾隐蔽，要么明目张胆。

克：是的，隐蔽的那些更难以发现，但仍旧是一回事。

韦伯：好的，比方说，如果你对那种存在状态有了一瞥……

克：不是存在状态。

韦伯：……那种生活状态。你会叫它什么？

克：一种自我缺席的状态。自我就意味着时间，自我就意味着进化，自我就意味着积累起来的这些记忆、问题，以及所有那些可怕的东西——自我借由它们得以显现。

韦伯：好的。

克：还有权力、地位、对别人的依赖。当有那么一秒钟它不在了，"另一个"就在了。那"另一个"并非什么奇特的东西。

韦伯：它并不奇异，也不浪漫。

克：显然如此。

韦伯：是的，但随后问题还是会不停地冒出来，而且这个问题就在印度，就在马德拉斯被提了出来，你还记得吧？你那里所有的朋友都问了这个问题：如果那个状态存在过，为什么它来了又去？为什么对某些人来说，那种状态就是一种生活方式，而对其他人来说，就只是非常零星、非常偶尔的一瞥？

克：这很简单。能让它留在身边的人是无私的。你们似乎不看重没有自我时的心灵状态。

韦伯：那是什么意思？

克：不自私，也没有相应的所有复杂性。

韦伯：你那么说并不一定指的是利他吧？你根本不是那个意思。

克：那就是社会工作了。

韦伯：好吧，所以要不自私……

克：也不是成为一名僧人或者隐士，也不试图变成什么。

韦伯：好的。那么不自私是什么意思？我就是我——这是普通人的说法：我就是我，我必须做决定，我必须……

克：自私意味着什么？以各种方式挂虑自己，方式要么粗俗明显，要么隐蔽或者极其优雅，躲藏在各种掩饰之下，假借助人之名、古鲁之名。自私无所不在，你可以看得一清二楚。

韦伯：我明白。那么，借用你的描述……

克：不是我的描述，而是事实。

我的思想就是全人类的思想

韦伯：好的，如果有人说：你瞧，有些人不是知识分子，不是冥想者，也不去投奔古鲁，而只是一些不怎么考虑自己的普通人，那些人怎么样？——你说的也不是那些人。

克：当然不是。首先，思想是所有人类共同的特性，每个人都有。这一点由顶尖的科学家以及最贫穷、最缺乏教育、最不谙世故的人所共有——他们也思考——所以思想为全人类所共有。

韦伯：是的。

克：它由全人类所共有，所以它不是我的思想，不是个人的思想。思想由你、由我、由她、由那个人所共有。但我们却说：**我的**思想。

韦伯：你觉得它是作为一个集体过程被共享的？

克：不是集体的，而就是共有的。我不需要把它当成集体的或者非集体的，它就是那样。阳光为全人类所共享，它不是**我的**阳光。

韦伯：那是类似的？

克：当然。

韦伯：有人会说：可是只有我知道我的想法，我不知道你的想法，我也不知道他的想法。

克：不，我们说的是"思想"，我为什么要知道你的想法？

韦伯：思想与它的产物不是一回事。

克：当然。思想的表达也许不同，科学家会用最复杂的科学方式来表达，而贫穷的村民、贫穷的文盲会直接说："我想要这个。"但是思想是全人类所共有的。

韦伯：作为一项功能，是的。

克：你也许会用另一种方式表达，因为你读过柏拉图而我没有。所以我会用更简单的语言来表达。

韦伯：但是，你知道，我们追究的是大多数人的自私是如何……

克：我会讲给你听的。所以，当我说，这是我的思想而不是你的思想，我知道对此的表达会有各种不同的方式——对吗？你是个柏拉图主义者，我不是，你是个佛教徒，我不是，如果你是个基督教徒，你就会把你的思想表达为某种……

韦伯：……符号系统。

克：……符号、术语等等诸如此类。对你来说，救世主很重要，对我来说就不重要，我完全不相信那些。所以你的表达和我的表达不同，而我们以为这些不同的表达就形成了个体性。

韦伯：我明白。

克：但事实并非如此。思想由我们所有人所共有，它不是你的也不是我的。

韦伯：你是说，思想活动本身是所有人共有的，它才是核心问题，而不是思考的结果或者内容。

克： 对。

韦伯： 然而我们却紧盯着结果和内容不放。

克： 比方说我画画，我是个艺术家。作为一个艺术家，我觉得自己比别人高超，比别人优越，诸如此类。所以我从未发现我的思想和你是一样的，因为我在画布上对它的表达是不同的。那给了我一种感觉：我是与众不同的。你不会画画，可是我会。然而，看看这个想法的美：我们都共享着太阳，共享着阳光。你也许造了一座美轮美奂的房子来防止太阳曝晒，而我也许住在一间茅屋里，一间小村舍里，但我们共享着同一样东西。然而，一旦我让自己**认同**我作为一名画家的表达，认同一座大房子，那么分别就产生了。所以认同是自私的要素之一。然后就有了对那份认同的依赖，和对自己观点的执着。我说我对耶稣抱有极大的信仰，而假设你没有——那么我无疑是一个信奉者，我便与你割裂了开来。

韦伯： 是的。

克： 而你也信奉着别的什么东西。

韦伯： 比如说——只是举例，不是说我——另一个人认为，有信仰的人既容易上当受骗又很愚蠢，那么我的优越性就出来了，我什么都不信。

克： 一旦你认同你的优越性，你也就没什么两样了。

韦伯： 没错，我很现代，我什么都不信。

克： 一旦认同那些，你与他们就是一丘之貉了。而自私会自行其道，它无与伦比的聪明，它可以藏身于最残忍的事背后，也可以藏身于最隐微的表达方式背后，不停地改善自我，让自己变得越来越自私。

韦伯："无我"的**自我**是最危险的，因为它实际上是在愚弄自己！

克：没错。那就是我为什么说需要大量的谦卑和诚实，不对任何事含糊其辞。当一个人想要这样的生活之道，他就要活得非常诚实，一丝不苟，而如果你是诚实的，在谦卑之中你自然就会非常清明。所以这并不需要进化。

他们做不到只是因为不想做

韦伯：这份对自己绝对的诚实，跟信心或者缺乏信心有什么关系？

克：我们为什么要有信心？

韦伯：比如说信任你自己的觉知力。

克：你为什么要有信心呢？

韦伯：我可以给你一个显而易见的答案吗？我认为没有信心的人是最自我中心的，他们总是觉得不安全，总是忧心忡忡。

克：大多数人都是神经质的。

韦伯：是的，那很常见。但我的意思是，我们没感受到你说的这种不设防，这种开放的无我……

克：我们必须非常清楚，我们说的无我或者开放是什么意思。

你不能随随便便地使用这些词。我的意思是，我或多或少说过了自我的本质是什么。它制造了神明并膜拜神明。这是另一种形式的自私。

韦伯：但你会不会说，它创造的一切都是如此？比如，艺术也是其中的一种形式吗？

克：一旦我让自己认同我创造并崇拜的表达，或者认同我说"多了不起"的东西，或者能带给我利益以及诸如此类的东西，那就是自我的活动。所以毫无认同地活着——无论是认同你的经验、你的知识，还是你用双手或头脑创造的表达。这就是为什么那"另一个"东西如此罕见的原因。

韦伯：你认为有没有哪怕一个人做到了？

克：我希望有。

韦伯：我的意思是，毫无疑问，对于大多数人来说，这是非常困难的事。

克：因为他们不践行它。

韦伯：他们想践行。可他们为什么不那么做呢？

克：他们不想那么做，他们做他们想做的事。如果他们想做，他们会做的。

韦伯：这一步很难理解。比如说，很多人对这些想法非常感兴趣……

克：但他们不想那么做。

韦伯：……但多年来他们一直在尝试。

克： 不，你不能**尝试**这个。那就像是一个人尝试变得不暴力。

韦伯： 我明白。但是你说他们并不是真的想那么做。而证据就是，如果他们真的想，他们会那么做的。

克： 当然，他们想上月球，然后他们就做到了。

韦伯： 但那要容易一些。

克： 啊，不。

韦伯： 那**确实**容易一些。

克： 不，那也需要极大的能量。

韦伯： 但那是我自己之外的东西。

克： 即使在那里你也必须有能量。

韦伯： 确实如此。

克： 即使在那里，你也必须具备协调、合作、效率等等。而如果你把这些都应用到自己身上，说：瞧，我真的想要这个东西，想过一种没有任何冲突的生活，你当然就能做到。

韦伯： 我可以回到登月这个例子上吗？我可以把能量、热情、努力运用到我外部的事情上，但是在这里，我着手解决的是我的自我，那实际上是一种对自我的死去。

克： 不，谈话一开始我们就说了，必须有一种诚实的品质、学习的品质，也就是谦卑，而不是信心，完全不是那些东西。

韦伯： 不是信任，不是信心。

克： 当然不是。信任什么？

韦伯： 信任你是诚实的，你看得很清楚。

克：不，你要么诚实要么不诚实。你能发现这一点。

韦伯：你是说，当你诚实的时候，你直接就能知道。

克：没错。你瞧，这很简单。我知道我有野心，同时又假装我没有野心；我想成为某个头目，同时又大谈权力有多荒唐。这一切都是如此简单：我想操控人们，同时却说我很民主。这就变得太幼稚了。

韦伯：但你也说了，如果一个人确实很认真而且想那么做，事情会发生的。

克：当然。

韦伯：你瞧，这听起来非常简单，人们听你说过这些，然后他们也尝试过了，可就是没有发生！

克：你不能**尝试**它。你不会**尝试**不把手放进火里！你知道火会烧伤，你不会进到火里。

韦伯：可那是一回事吗？

克：**就是**一回事。你认识到，这种复杂自私的生活方式制造了一个接一个的问题，在解决一个问题时，你又引来了十个另外的问题。这种情形发生在这个国家的政界，也在世界各地发生着。当我认识到这种生活方式是毫无意义的，意识到它的根基是深层的、未经探究的自私——我们或多或少定义了"自私"这个词——我认识到了这些，于是我说：我愿意这样生活吗？大部分人**确实**愿意这样生活，因为这是最简单的方式——最简单是因为你只要随波逐流就行了。然而如果你不愿意，你就会说，抱歉，我完全不想这样。

你不需要做的就是努力

韦伯： 好的，假设你就处在那个节点上，然后下一步该怎么办？

克： 然后我也许会做一名教授，也许会做一名厨师，无论做什么，我会继续生活下去。

韦伯： 那有什么改变了？

克： 改变的是我看待生活的整个方式，而不是我的职业。我也许是个木匠，我得那样来谋生，但不再有"**我**是个木匠"这种感受了。那不过是我履行的一项职能，但职能并不会带给我某个身份。

韦伯： 你的意思是，不一定会从外在的视角发生变化，而是我如何与万事万物建立关系，我如何看待这个世界。

克： 不是你如何建立关系。一旦你说"**我**如何建立关系"，那你就在强调自我。

韦伯： 是的。那你会怎么表达？

克： 为什么我们想要身份认同？名字，形式。

韦伯： 名字，形式，我得知道晚上回哪间房子，喂养哪些孩子。

克： 请探究得更深入一些。为什么我想知道我的曾曾祖父是谁？谁关心这个呢？重要的是我**现在**如何。谁关心某个人是王子还是王后呢？那些都太幼稚了。

韦伯： 那些更容易看穿。有些人不关心那些，但他们仍旧会……

克：等一下。绝大多数人都想成为那样的人，那样他们就可以掌控全世界了。看一看，这种事就发生在你的鼻子底下。

韦伯：是的，不可否认，我明白这点。我想我的问题是：说他们想要那"另一个"的少数几个人，仍然没有那么做。他们为什么不那么做呢？

克：不是因为缺乏意志力，因为意志力与此无关。显然如此。意志力就是欲望。我渴望变得不暴力，但我依然暴力。

韦伯：但是之前你说过，如果有些人很认真，真的**渴望**那个，他们会去做的。这里你指的并不是欲望对吗？

克：来看看这里发生了什么。我说那是可能的，因为感受到了它，我自己就是那样生活的。我说这是可能的，然后你说：告诉我怎么做到。我都跟你说明了，但你的意愿可能非常非常表面，你仅仅满足于描述、分析、定义，你把那些带走了，从中得出了某个观念，然后说：好吧，我要如何实现那个观念？

韦伯：是的，那是错误的做法。

克：你到此为止了，你完蛋了。

韦伯：好吧，我来找你，我很认真。我说我想以智慧的方式、没有自我地活着。我很认真。下一步我该做什么？

克：这显而易见，不是吗？不是你下一步**做**什么，而是你**不做**什么，因为否定是最积极的事情。于是你说，瞧，我不需要做什么？

韦伯：我们不需要做什么呢？

克：你不需要做的就是努力。努力意味着成就。比如我认识到有可能过那样的生活，于是我努力去实现它。做出努力的人依旧是老样子。

如果不执着，你就有了自由

韦伯：这一点很清楚了。但是存在一个悖论，因为，与此同时，你今天还有以前都说过，一个人必须对此非常认真，必须把它当作最重要的事来对待。

克：确实如此。当你说这是最重要的事——等一下。以你的国家、你的上帝之名，以基督等等之名去杀害别人，这些事他们都做过。要认识到杀人是最严重的邪恶、罪行，或者无论你叫它什么。认识到这一点很简单。于是你说，天哪，我不会杀人，哪怕是我的上帝、我的总统或者首相让我去杀人。你有没有读过那个著名的阿根廷作家说过的一句话？我忘了他的名字。

韦伯：豪尔赫·路易斯·博尔赫斯（Jorge Luis Borges）？

克：大概是吧。他说，马岛战争就像是两个秃头的老男人为一把梳子而开战。（大笑）

韦伯：说得太精彩了！而你觉得我们大多数时间就在这么做？你的意思是，这就是在世上各种所谓斗争的伪装之下所实际发生的事？

克：在这个所谓的文明世界上，也包括在原始蒙昧的世界上。所以我们问：有没有可能活在这个世界上，没有丝毫问题，也没有丝毫冲突？而只要人类是自私的，各种问题就会存在，冲突就会存在。我们已经得出了这一点。"自私"包含了这个词最深层的含义和表面上的含义。那么，如果你跟我那么说，我就会说："瞧，我是一个认真的人，我看到了世界上发生的所有荒唐无稽的事，然后把那些抛在了一边，我从中完全脱离了出来。不是从肉体上，肉体上我是无法从中脱离的，而是从内在、从心理上脱离了出来，这就已经让我变得不同了。并不是我意识到了我的不同，而是我脱离了那股洪流。"

韦伯： 脱离了那股洪流？

克： 是的，脱离了那股洪流，也许99%的人都属于那股洪流。

韦伯： 你是说我不再对它做任何添加？

克： 没错，我不再属于它，我不再那样思考，我不再那样看待生活。所以我说，究竟是什么东西让自我变得那么重要？我不该做什么？哪些事情是不必要的？

韦伯： 我能放开什么，就像你之前说的？

克： 执着。而那有着丰富的内涵，有着非同寻常的意义。不再执着，意味着拥有一颗无比迅捷、无比敏锐的心，因为通常我执着于太多东西了。

韦伯： 那些东西捆绑了能量。

克： 是的，我可能执着于这张桌子。这是一张非常古老的桌子，我花费高价把它买了来，那边那个橱柜也非常古老，我执着于它；或者我执着于某些知识，或者执着于所有的知识。

韦伯: 你是说,执着带走了、限制了能量?

克: 不,那种执着是一种自私。

韦伯: 我把我的一部分放在了那儿?

克: 不是一部分,那**就是**我。

韦伯: 那**就是**我。

克: 如果我执着于那个橱柜——它非常古老,而且花费巨万——我就会说,"我的天,它是我的,我必须好好照看它",我执着于它,于是我就变成了那件家具!我执着于我的妻子、我的丈夫、我的孩子、我的上帝、我的经验、我的知识。所有这些都是"我"的表达。

韦伯: 你实际上是说,我是由这些东西构成的,那就是"我"产生的过程。

克: 当然。执着就是"我"。

韦伯: 是的,就是"我"。所以在提出这个问题时,我能放开什么……?

克: ……执着。

韦伯: ……执着是首先要放开的。

克: 当然。如果不执着,你就有了自由,你就没有了恐惧。但我执着于那件家具,执着于我的身体、我的经验,我害怕死亡,因而发明了可以保护我的上帝,我膜拜我自己发明的东西。你以为基督教的世界,或者任何一种宗教文化是怎么建立起来的?都是由思想建立起来的。

韦伯：你让这一点听起来是如此清晰、如果合理，甚至是如此简单，然而我们又同意这并不容易。为什么那么难呢？

克：我不会说那很容易，它实际上很复杂。

韦伯：为什么那样生活如此之难？

克：请允许我带着敬意说：你问的是错误的问题。为什么人们过着**这样**的生活，也就是战争、问题、冲突，世上所发生的所有不幸，他们为什么接受了这一切？人们为什么想要这些东西？

韦伯：你又把问题转回来了。

克：当然。

韦伯：你说**这**是一种很艰难的生活方式。

克：这是最**不实际**的生活方式。

韦伯：然而**这**就是我们的选择。这是你说的意思。

克：是的，这是唯一的问题。人们为什么想要这样的生活，夜夜娱乐，无论娱乐的形式是宗教、政治、体育运动还是战争？他们为什么想要那样生活？一部分是因为那是传统。

韦伯：是的。我们习惯了这样，这样似乎容易一些。

克：我们对此已习以为常，那样生活你就不必思考了。

韦伯：是的，那样不太劳神，即使更痛苦一些。

克：当然。不太劳神，但有着各种不幸和痛苦。而他们都希望那样，所有的学院、所有的大学，一切都在附和这种生活方式。

韦伯：是的，尽管我认为你提出的是……

克：这不是一种二分法。

韦伯：不是，不是二分法，但——我怎么说才好——在另一种存在状态下……

克：你瞧，你说"另一种存在状态"。那不是存在。

韦伯：那它是什么？

克：你瞧，它无法被描述。等一下。存在隐含着成为。

韦伯：我不那么认为。存在不是成为，存在就是安于当下。

克：好的，等一下。存在意味着什么？

韦伯：那是一种非二元的状态，我不努力，我没有……

克：那是什么意思？一颗橡果就是一颗橡果，它不会假装变成一个苹果。它**就是**那样，对吗？

韦伯：对。

克：谁能说"它就是那样"，而不是别的什么？你明白吗？

韦伯：不完全明白。

克：你瞧，我们习惯了这种永无休止的、矛盾重重的活动，这种前前后后的活动，它是一场持续的运动。所以处在那种运动状态的人没法说"它就是那样"。只有当那种运动停止了，你才能说，"它就是那样"。

韦伯：确实。但那就是活在某种永恒的东西里了。

克：也就是不再是之前**那种**运动了。不要引入永恒——那就变得太复杂了。但是，如果你说它不是这种永无休止的、焦躁不安的思想活动——是这种活动制造所有这些可怕的混乱……

韦伯：它**就是**那样。

克：你不能那么说，除非你……

韦伯：除非你身处其中。而那时你是不会那么说的。

克：当然，它并非只是一个概念。

我不会推你穿过那道门

韦伯：我明白这一点。但我想问题是我们一开始就提出的那个：有时候人们对它是有过一瞥的，是见过某些蛛丝马迹的。

克：是的，我们探讨过那个问题了。

韦伯：因而他们能够在某种程度上意识到某种不同。

克：不，他们只能意识到他们想要**那样**，那样他们能生活得好一些。你瞧，难道大部分人不就是这样吗：在某件事里享受到了巨大的快乐，一旦那件事过去了，就把它记住，然后说，拜托……

韦伯：他们想让它回来。

克：把它保持在那个水平。看看所有的一切，电影、电视、性——这一点在这里占据着支配地位，每个人都在迎合这一点，女人们穿成那个样子，你知道这整件事。对此我既不支持也不反对，我是说这是他们都喜欢的方式。而我说，好吧，按你的方式来吧，但那种方式将会毁掉你。它将会摧毁地球，通过污染等等，都是因为你的那些活动。我说，我很抱歉，你们都是非常奇怪、非常神经质的人；如果你们不介意，我不想加入你们。

韦伯：你把这个例子提出来，是因为问题在于把某个东西变成欲望的对象。

克：当然。

韦伯：而那要么是一种平静的存在状态，要么是一个目标或者一次性经验……

克：只要你想得到它，你就隶属于那个欲望的对象了。

韦伯：是的。你把它变成了目标，我在这儿，而它在那儿，我想得到它。

克：假设你恨我——我希望你没有！——假设你恨我，反过来我也恨你，这是通常的状态。

韦伯：是的，很不幸。

克：你侮辱我，我也侮辱你。但是如果我说，好了，我不想被侮辱，我也不想侮辱你，别管我，你继续你的做法，如果你愿意往那个方向走，就继续好了。你有没有发现会发生什么？你离开了那股洪流。然后他们说，天哪，他是个非常奇怪的人。要么他是个精神上的怪胎，要么他就是个英雄或者圣人，我们要对他顶礼膜拜，而那就变成了另一种形式的娱乐！这就是实际发生的事情。于是那个人说，请不要做那些事情。如果你想过来，门是开着的，但你必须穿过那道门，我不会推你穿过那道门的，你必须自己来，这取决于你。这并不是冷漠、无情或者缺乏慈悲。事情就是这样，如果你想要，就拿去。食物就在那里，但是如果你不饿，那也没关系。

韦伯：可他们确实饿了。

克：我知道，他们当然很饿，可怜的家伙们，但他们落入了各种各样的陷阱。在这个国家里，你们有一个接一个的古鲁，宗教古鲁，天主教古鲁、新教古鲁、印度教古鲁、佛教古鲁，各种类型的古鲁都来到了这里。

韦伯：无神论的古鲁。

克：还有无神论的古鲁。而我说，很遗憾，你可以都留着他们。或者引用《圣经》——不是《新约》而是《旧约》——说那是"伪神"。我想这实在太简单了，乃至于我们错过了它。我们的心智是如此复杂、如此聪明、如此狡猾——我们习惯了这些。

韦伯：可它真有那么简单吗？

克：也没那么简单。

韦伯：但你刚才说这实在太简单了，乃至于我们错过了它。

克：当然。

韦伯：那怎么办？只是放开自我、停止认同吗？

克：是的，那是开端。

韦伯：那需要克服多年来的局限！

克：不。

韦伯：那怎么可能简单呢？

克：局限就是思想的活动。

韦伯：是的。

克：所以觉察到思想的这整个活动，不去否认它，不要说"我如何才能走出来"——只是觉察这些就好。看看思想在技术上、宗教上都做了什么，它造就了基督教世界所有等级化的架构。你听过这个国家的各种福音传教士说的话！

只有你保证给我"另一个",我才会放弃这个

韦伯: 克里希那吉,我想问你一件事。我们不必把这些录下来,如果你不愿意的话,这由你来决定。这是一个经常出现的问题,我是带着真实而又诚挚的敬意提出的。对于所有多次来聆听你讲话的人来说——也包括我——那个一次又一次出现的问题就是:"为什么它对于一个人来说是如此清晰,可无论那个人多么努力,多么竭尽全力地向别人解释它、澄清它,其他人还是做不到?"你是说每个人都可以做到吗?

克: 我认为如果**一个人**做到了,每个人都可以做到。

韦伯: 但这正是被质疑的。如果真是那样,难道大家不就都去做了吗?

克: 请好好听一听。首先,我们被严重地限定成了基督教徒、佛教徒等等,而这种制约就意味着,你知道,全部的制约。那么,如果我也野心勃勃地想成为一名校长,或者成为这个国家的总统,那么你认为我会放弃那些吗,就为了某种听起来……

韦伯: ……很模糊的东西。

克: 不是模糊,它非常清楚!我从理智上理解了它,它可能是一种非常难以实现的东西,而且它意味着我可能不再想成为总统了。

韦伯: 确实是这样。

克: 所以相对于那个来说,我更喜欢成为总统!

韦伯: 另一方面,我认为成为总统会带给我快乐,可是,如果

能保证那个会带给我更大的快乐，我为什么不做这个交易呢……

　　克：因为没法保证。

　　韦伯：好吧。

　　克：你这是交换。

　　韦伯：没错，这就是我想引出的问题。我必须放开那些然后跳入未知。

　　克：啊，不。**这**是虚妄的！

　　韦伯：**这**是虚妄的？

　　克：所以得离开它。

　　韦伯：但是没有保证。

　　克：当然。

　　韦伯：我们同意这一点。

　　克：我是说，那就像是一个人为了得到什么而放弃什么。

　　韦伯：确实。那是错误的模式，可人们害怕会落入夹缝中，什么也得不到。我会放弃**这个**但我又无法理解或者领悟"另一个"，所以我会一无所有。

　　克：所以，只有你保证给我"另一个"，我才会放弃这个。

　　韦伯：没错。

　　克：所有的宗教架构都是以这个为基础的。

　　韦伯：所以你实际上已经回答了这个问题。你说过，如果人们是极其认真的，那么他们也能做到，他们也能够领悟那个。

　　克：这是如此显而易见。那就像是一个人说，瞧，你不知道怎么游泳，我会帮你学游泳，但你就是不愿意下水，你已经害怕了，你不肯动。但是如果他说，我保证你不会沉下去，因为你有了这个和那个，那么你就会……

韦伯：可他不能那么说，不可能那么说。

克：没错，那么说是亵渎神圣。

韦伯：我明白。那么说是不可能的，而这就是问题。

克：这就是所有古鲁的生财之道！世界上所有的教堂都是那么发财的。

韦伯：你说这如此简单，而我们的头脑已经被弄得乱七八糟了，但一个非常单纯的农夫，他的头脑没有乱七八糟，可他也做不到。

克：当然做不到，因为他很迟钝，那跟"另一个"是相悖的。

韦伯：没错。

克：它需要一颗优良的心，需要对事物有如其所是的清晰洞察。

韦伯：一种不混乱。

克：绝对是这样，如实地看到事物。

韦伯：一颗优良的心，一颗没有被内容塞满的心。

克：被概念塞满。概念能说明问题就足够了，不要被理想、被概念塞满。归根结底，这世上是没有公平可言的。对吗？这太显而易见了。

韦伯：公平非常罕见。

克：根本就没有。因为你更聪明，而我不是。你个子高，我个子矮。你生来富裕，我生于茅舍。你有各种机会，我没有。你开着最好的汽车，而我却步行。你有颗好用的头脑，我没有。你自由，我不自由。这再清楚不过了，根本没有公平可言。我们想要公平，但就是没有。

韦伯：此话从何说起？因此又怎样？大自然分配不公吗？

克：首先要接受这一点，看到没有公平可言，对吗？

韦伯：没有平等可言，我会这么说。

克：没有平等可言。不，是没有公平。

韦伯：好吧，就用那个意思。然后呢？

克：然后就是，当我看到没有公平可言，我身上会发生什么。我是个穷人，这个世界上没有公平。要么我就变得愤世嫉俗、愤怒和暴力。

韦伯：要么变得沮丧。

克：当然，沮丧。所以，如果我完全不做那些事情，我就不会谈论公平，我甚至都不会寻求公平。然后我就是个自由的人了。

韦伯：这一步并不清楚。

克：只要我比较，我就困在了那个陷阱中。

韦伯：那会激起怨恨。

克：我就困在了那个陷阱里。所以我不比较。就我个人而言，我从没比较过。这可能听起来很奇怪，也可能听起来很疯狂，但这是事实。

韦伯：即使你是一个有六个孩子需要抚养的农民，然后你看到地主骑着马四处转悠，你认为你还是不会比较吗？

克：当然，我会感到愤怒。

韦伯：那很自然。

克：会有怨怒，因为我想打倒他，我想像他那样。

韦伯：是的，你想喂饱你的孩子然后……

克：是的，诸如此类的一切就会接踵而至。但是，如果没有比较的感觉——啊，那就是一种完全不同的生活之道了！

韦伯：这很有意思。非常感谢你。

何为冥想?

————————

秋阳·创巴仁波切（Chögyam Trungpa Rinpoche, 后文简称创巴），藏传佛教冥想大师，科罗拉多州那罗帕学院创始人

个人经验对于真理没有任何价值

克里希那穆提：你知道，先生，在所有组织化的宗教及其教义、信条和传统等等之中，个人以及个人经验占据了非常重要的地位。个人变得极其重要，不是教诲以及它们的真实性，而是那个人变得重要。全世界的人都强调上师个人。对他们来说，这个人就代表了传统、权威，代表了一种生活方式，借助他，人们希望达到或者实现开悟、天堂或者无论什么。大多数人都寻求个人经验，而这本身意义甚微，因为它也许只不过是一个人自身的动机、恐惧和希望的投射。所以，个人经验在宗教问题上没什么意义。在关于真理的问题上，个人经验完全没有任何价值。

而否定个人经验就是否定"我"，因为"我"正是所有经验，

也就是过去的核心。当宗教人士开始布道，或者从印度之类的地方来到西方，他们实际上进行的是传教，而那对真理而言毫无价值，因为那样它就变成了谎言。

所以，如果一个人**彻底**摒弃了人类的所有经验，以及他们的体系、他们的修炼、他们的仪式、他们的教条、他们的概念——也就是说，如果一个人真的能这么做，不是从理论上，而是的的确确把那一切都完全抹掉——那么，不再受困于经验迷宫的心将会具有怎样的品质？因为真理不是某种你能经验的东西，真理也不是某种你可以逐渐向它迈进的东西；你无法通过经年累月的修炼、牺牲、控制和戒律来达到它。那样的话，你拥有的就是"个人经验"，而当有了"个人经验"，"我"、这个人与你所经历的东西之间就有了分裂。尽管你努力让自己认同那种经验、那个东西，但分裂依然存在。

看到了这一切，看到了组织化的宗教实际上是如何摧毁真理的——给人们某种荒唐的神话故事，让他们循规蹈矩——如果一个人能够把那一切彻底抛开，那么冥想在这其中有着怎样的地位？向导、古鲁、救世主、牧师又有什么地位？最近我看到从印度来的某个人在宣扬超验冥想，你上他的课然后每天练习，据说你就会拥有更多的能量，最终会达到某种超验经验。这实在是——我怎么强调都不为过——这样的事发生在人们身上，实在是一场巨大的灾难。当他们从印度、中国或者日本来到这里教人们冥想，他们就是在传教。可冥想是一件你每天练习的事吗？也就是说，冥想是遵照某个模式进行模仿和压抑吗？你知道遵从中隐含着什么。对任何模式的这种遵从——无论是什么模式——可能通往真理吗？显然不可能。

那么，如果你真的看清了，不是只从理论上，而是实实在在地看清了修炼某个体系的谬误，看清了无论它多么荒唐、多么高尚，都毫无意义，那么冥想又是什么？首先，传统的冥想是什么？——无论是基督教的、印度教的、佛教的、西藏的还是禅宗的，你知道各式各样的冥想以及它们的学派。在我看来，那些根本不是冥想。那什么是冥想？或许我们可以讨论一下这个问题？

创巴：是的，我想可以。

克：为什么人们要把冥想变成一个问题？我们人类的问题已经够多了，无论是物质上还是心理上，为什么还要再加上一个冥想的问题？冥想是**逃避**自身的问题、回避当下事实的一个渠道吗？因而那根本不是冥想。还是说，冥想是**了解**生活中的问题？不是逃避，而是了解日常生活以及它所有的问题。如果不了解生活，如果不让生活井然有序，那么我可以坐在角落里，仿效某个教我超验冥想或者别的什么荒唐冥想的人，而那根本毫无意义。所以，对你来说，冥想是什么，它意味着什么？我希望没有把这个问题弄得让你太难回答，因为我否定了所有那类冥想，不停重复某句真言的那种修炼，就像他们在印度、在西藏所做的那样，就像他们在全世界所做的那样，念叨"万福玛利亚"或者别的什么字句，重复、重复再重复，那——毫无意义！你会把心智变得比原来更加荒唐、更加古怪。

所以，如果可以，我们就一起来探究这个问题。是不是因为有一种历史悠久的传统，它认为你必须冥想，于是我们就冥想？当我还是个小孩子的时候，我隐约记得，作为一个婆罗门人，我们要执行某种仪式，有人告诉我们要安静地坐着，闭上眼睛冥想，想着这个或那个——整个过程都被设定好了这样进行。所以，如果可以，我们一起来审视并分享冥想是什么，它有什么含义，还有一个人究竟为什么要冥想。因为，如果你把冥想变成了另一个问题，那么看在老天的份上就避开它吧！所以，我们可否一起来探究这个问题？看清传统的方式，看清它们的荒谬。因为，除非人成为自己的光，否则一切都毫无意义，如果你依赖别人，那么你就会永远处于焦虑状态。所以，我们能否首先从传统的角度来审视这个问题？一个人为什么要冥想？

要解决人类的混乱问题，需要冥想吗？

创巴：你难道不认为冥想就是作为人日常生活的一部分发生的吗？

克：先生，一个人有不计其数的问题。他必须先解决那些问题，不是吗？他必须为自己住的房子带来秩序，那所房子就是"我"——我的思想，我的感情，我的焦虑，我的愧疚，我的悲伤——我必须为那里带来秩序。如果没有秩序，我又怎能继续前行呢？

创巴：问题是，如果在试图解决问题的同时，你又在寻求秩序，那不就会招来进一步的混乱吗？

克：所以我不寻求秩序。我探究混乱，我想知道为什么会有混乱，我不想找到秩序，那样的话我就会招来各种古鲁，招来那一大帮人！我不想要秩序，我只想弄清楚为什么自己的生活是如此的混乱和失序。一个人必须自己弄清混乱是否存在，而不是让别人来告诉他。

创巴：哦，从智力上你是无法搞清楚的。

克：智力是整个结构的一部分，你无法否认智力。

创巴：但是你无法用智力解决智力上的问题。

克：没错，你无法从任何一个层面上解决这些问题，除非从整体上解决。

创巴：没错，是的。

克：也就是说，先生，要解决人类的混乱问题，需要冥想吗？——需要人们通常公认的那种冥想吗？

创巴：我认为不是通常或传统意义上的冥想，而是那种非同寻常的冥想。

克：容我问一下，你那么说是什么意思？

创巴：那种非同寻常的冥想，就是把混乱视为方向的一部分。

克：看清混乱。

创巴：如果你愿意，也可以说是把混乱视为秩序。

克：啊，不。看清混乱。

创巴：哦，如果你看清了混乱，那它就会变成秩序。

克：首先我必须看到它。

创巴：看清它。

克：所以那取决于你是如何观察混乱的。

创巴： 不去试图解决它。

克： 当然不是。因为，如果你试图解决它，你就会根据一个既定的模式去解决它……

创巴： 一个既定的模式。

克： ……而那个模式就是你的混乱及其对立面的产物。如果你试图解决混乱，那必定是根据预设的"秩序"概念进行的。也就是说，基督教的秩序，印度教的秩序，无论什么秩序，社会主义的秩序，共产主义的秩序。然而，如果你从整体上去观察，那么混乱又是什么？此时就没有了二元对立。

创巴： 是的，我明白。

克： 一个人要如何观察人类所处的这种整体的混乱？你看电视时见到的那种混乱，那些商业广告，狂热的暴力，各种各样的荒唐事。人类的生活一片混乱——杀戮、暴力，同时又高谈着和平。所以我们就有了这个问题：什么是对混乱的观察？你是不是从"我"的视角去看混乱的，认为"我"与混乱这件事是分开的？

创巴： 那就已经是混乱了。

克： 可不是吗！所以，我是在用充满了偏见、观点、结论、概念和千百年宣传的双眼——也就是"我"——去看混乱的吗？还是说，我不带着"我"去看混乱？那可能吗？这就是冥想。你明白吗，先生？完全不是他们所说的那些垃圾。毫无分别地观察，观察而不带着"我"，也就是过去的核心——那个"我"说："我应该，我不应该，我必须，我一定不能。"那个"我"说："我必须达成，我必须得到上帝。"或者无论什么。所以，能否有一种没有"我"的观察？你知道，如果这个问题提给一个正统的冥想者，他就会说："不可能有，因为'我'就在那里。所以我必须除掉'我'。而要除掉'我'，我就必须练习。"也就是说我在强化"我"！我希望通过练习否定练习，我希望通过练习根除那种练习的产物，而那依旧是"我"，所以我就困在了一个恶性循环里。

因此传统的方法，就像我们在全世界所观察到的那样，是在以非常微妙但又十分强大的方式强化着"我"——那个"我"打算坐在上帝身边——那真是荒唐之极！那个"我"打算体验涅槃、解脱或者天堂、开悟——那毫无意义。所以我们看清了传统的方法实际上把人困在了过去的牢笼中，通过个人经验为他的自我赋予了重要性。真相不是一种"个人"的体验。个人无法经验大海的广袤，它就在那里等你去看，可它并不是你的大海。

如果你把那些抛开，那么这个问题就出现了：究竟有没有可能不带着"我"去看，去观察人类这场整体的混乱，观察他们的生活、他们的生活方式，有没有可能不做分别地观察？因为分别就意味着冲突，比如印度和巴基斯坦，比如中国、美国和俄罗斯，诸如此类。政治上的分别滋生了混乱，心理上的分别滋生了无尽的冲突，无论内在还是外在。而终结这种冲突就要不带着"我"去观察。

创巴：我甚至连"观察"都不会说。

克：观察"现状"。

创巴：可当你观察时，你就会评判。

克：不，那不是我的意思。你可以通过批判、通过评估去观察。那是偏颇的。而整体的观察，其中根本没有任何评判。

创巴：一种整体的观察。那样就没有了观察者。

彻底的秩序就是心的彻底安静

克：那么冥想是什么？

创巴：这就是冥想。

克：这就是冥想。所以，在观察混乱时——那本质上就是冥想——在那份观察中就有了秩序，但不是智力建立起来的秩序。所以冥想并非对个人经验的个人追求。冥想不是寻求某些会带给你更大能量、让你招惹更多是非的超验经验。

冥想不是一项个人成就，比如坐在上帝旁边。冥想是一种"我"缺席的心灵状态，因而那种缺席本身就会带来秩序。而那份秩序必须存在，这样才能走得更远。没有那份秩序，事情就会变得愚蠢。就像那些人转着圈边跳舞边唱诵，重复着"克里希那"以及诸如此类的蠢话，那不是秩序。他们是在制造巨大的混乱！就像基督教徒制造了巨大的混乱，印度教徒、佛教徒也是一样。只要你陷在某个模式中，你就必定会在世界上制造混乱。一旦你说，"美国必须做超级大国"，你就会制造混乱。

所以接下来的问题是：心能否不带时间、不带记忆地观察，也就是没有心中的那些材料？记忆和时间就是心智的材料。它能不带着那两个因素观察吗？因为如果它带着记忆观察，记忆就成了中心，成了"我",对吗？而时间也是"我",时间是脑细胞不断成为什么的进化过程。所以，心能否观察而不带着记忆和时间？只有心彻底安静时，这才可能。而传统的人们认识到了这一点，所以他们说："为了变得安静，我们必须练习！"因此要控制你的心——你知道他们玩的那些把戏。

创巴：我不认为强调心的安静有什么特别的意义，因为如果你能发现非二元地看待事物的方式，那么你就有了更多的能量，它自己就会流淌出来。

克：只有心安静的时候，你才能拥有进一步流淌的能量、更多的能量。

创巴：但是强调安静……

克：不，我们说的是，观察混乱，不带着"我"，不带着它的记忆、它的时间架构，那么在那种状态下就有了一颗正在观察的安静的心。这份安静不是一件练习得来的东西，当你拥有了秩序，它就会自然而然地到来。

你瞧，先生，一个人所能做的，也就只有指出和帮助别人来到门边，那扇门得由他来开启，你没法做更多的事情了。你知道，这整个希望帮助别人的想法就意味着，你变成了一个不切实际的社会改良家。而一个不切实际的社会改良家根本算不上一个宗教人士。我们可以继续探讨这个问题吗？

创巴：我想可以。在你强调绝对的安宁时，还有一件事可以进一步澄清。

克：啊！我说了，先生，彻底的秩序就是心的彻底安静。安静的心就是一颗最为活跃的心。

创巴：*这就是我希望你说的。*

克：它是最有活力的东西，而不是一个死气沉沉的东西。

创巴：*人们可能会误解。*

克：因为他们只习惯于能帮他们**变得如何**的练习——那是死亡。而一颗以这样的方式深入探究了这一切的心，就会变得极其活跃，也因而非常安静。

创巴：*这就是我的意思，是的。*

克：就像一部巨大的发电机。

创巴：*是的。*

克：速度越快，活力就越大。当然，人确实在寻求更多的能量，他想要更多的能量，登上月球，潜入深海，在海底生活。他总是在奋力以求越来越多的东西。而我认为，对更多的追求确实会导致混乱。消费者社会就是一个混乱的社会。前几天我见到了一种纸巾，舒洁牌的，装饰得可真美！

所以我们的问题是：对混乱的观察会带来秩序吗？这的确是非常重要的一点，因为对于我们大多数人来说，需要通过努力才能带来秩序。人类习惯了努力、挣扎、斗争、压抑、强迫自己。而那些都会导致社会上外在和内在的各种混乱。

人类的困难就在于，他们从未毫无分别地观察一棵树、一只鸟。由于他们从未完整地观察一棵树或一只鸟，所以他们也无法完整地观察自己。人看不到他所身处的整体的混乱，而是总有一种想法认为：我有一部分是有序的，是它在看着混乱。所以他们发明了高我，认为它会为混乱带来秩序——上帝就在你心中，对着那个上帝祈祷，他会带来那份秩序的。那种努力始终存在。我们说的意思是，只要有"我"，混乱就在所难免。如果我透过"我"去看这个世界，外在世界或者内心世界，那么就不只会造成分别，还会带来冲突，正是这种分别制造了世界上的混乱和失序。而整体地观察那一切，其中没有任何分别，这样的观察才是冥想。为此你无须练习，你只需觉察内在和外在所实际发生的一切，只是觉察就好。

如何克服丧亲之痛？

――――――――

克里希那穆提在瑞士萨能的一场公开演讲的一名听众

提问者：三年前，我儿子和我丈夫都去世了。我发现自己至今依然很难放开那种极端绝望的回忆。肯定有某种解决办法，也许你会知道。我大老远跑来，从你的讲话中获得了不少帮助——请你谈谈死亡和超脱，好吗？

我们为什么要执着？

克里希那穆提：首先，我们一起来探讨一下执着意味着什么，执着和超脱又有什么差别。执着是什么？一个人为什么执着于一个国家、一个人，执着于某种经验、某种意识形态或者某个明确的结论？为什么全世界的人都这么做？只不过他们的处境、他们的社会和道德环境等等不同罢了。人类一直反反复复地重蹈这个模式。我有了一次经验，它深深地触动了我，为我的生活带来了色彩和意义，于是我抓住那次经验的记忆不放，可它已经过去了，已经消逝了。我们为什么这么做，我的朋友问我：无论生活在哪里，人类为什么都要以这样或那样的方式，执着于自己的土地、自己的产业、自己的财富、自己的妻子、自己的丈夫，等等等等？为什么？请注意，我们是在一起探讨，我的朋友和我——还有你，各位听众，在一起倾听。我们为什么执着，我们为什么依附？"执着"一词来源于意大利语"attaccare"，意思是紧紧抓住某种东西不放。

是不是因为我们自己内心的不足？是不是因为有一种孤独感，有一种占有感，无论是占有一件家具、一座房子还是一个人？占有某种东西，说"那是我的"，带来了大量的快感。是不是因为我们人类，你和我，内心没有什么更深刻、更重要的东西，所以就紧抓住一些非常肤浅的、容易逝去的东西？你下意识地知道，它是转瞬即逝的——但我们依然紧抓不放。我们抓住的也许只是一个幻觉。"幻觉"这个词的词根义就是玩耍。而我们跟幻觉玩耍，似乎还觉得非常满意。要么我们就在另一个层面发明出一个形式微妙的自己，然后抓住不放。

所以我们制造出了所有这些东西，然后紧抓不放。为什么？是不是因为我们害怕自己一无所是，害怕自己无依无靠？是不是因为占有、执着、攀附某些东西，能带给我们大量的安全感、幸福感，因为生活是如此的不确定、危险以及不可思议的残酷？你知道，世界正变得越来越像一个集中营。

那么我们，我们每一个人，为什么都要有所执着？而当我们看着各种形式的执着，为什么我们看不清它的后果——那些恐惧、焦虑和痛苦？看清它，不要等时间来终结它。比如说，我执着于我妻子，而我从理智层面和内心深处都发现，这种执着有许多痛苦而绝望的后果。也许我可以从逻辑上、智力上、道理上明白这一点，但我还是放不开，因为我害怕独自一人，害怕孤独。然而我还是看到了这一切，因为我的朋友和我都非常聪明，我们一起看着它。但是，随后我可能会说，时间会让我摆脱这种执着的，慢慢地我就会了解，慢慢地我就会放开。这种渐进的态度是愚蠢的，因为我要么立刻看清整件事情并终结它，要么我就是个蠢材，喜欢攀附某些东西，抓住僵死的、逝去的记忆不放。

所以，智慧就是看清执着的全部活动，既包括内在也包括外在，看清执着的整个进程，对它的洞察本身就终结了它。智慧不是拖延，不是让时间来钝化心灵和大脑，因为如果你拖延、疏忽和接受，你就活在了一个已经完蛋了的模式中，活在了过去僵死的回忆中。所以大脑是在跟已经完蛋了的东西、已经属于过去的事物一同生活。而只要活在过去，就必定会麻木大脑的品质和活力。

那么我们，你和我，坐在树林里的长椅上，已经审视了执着。现在我们来探究一下什么是超脱。超脱是执着的对立面吗？如果你追求超脱，把它变成了另一种形式的执着，你就在干着跟过去完全一样的事。我希望这一点清楚了。也就是说，如果超脱是我执着的反面，那么就会有冲突，对吗？我的执着和"我应该超脱"之间就会产生冲突。知道自己执着，于是我把全部的注意力或者我的精力都花在了努力实现超脱上面。

　　所以我们必须搞清楚执着和超脱之间是什么关系，如果它们有关系的话。还是说，它们根本没有任何关系？当终结了执着，就不需要用"超脱"这个词了，超脱也终结了。但对我们大多数人来说，我们的大脑就受制于对立面之间的这个过程。

　　而我们必须质疑对立面究竟是否存在。在物质层面是存在对立面的，高矮、宽窄、美丑等等。但在心理上，在内心，究竟是不是存在对立面，还是说只存在"现状"？但我们发明了对立面，为了去除"现状"。我希望你和我，坐在长椅上，一起来探讨这个问题，并且互相达成理解。两个朋友之间没有权威，一起探究这个问题的两个朋友之间也不存在什么主张。所以，这是一种合作式的相互理解。不是一个人在教导另一个人，而是他们两个在一起旅行，沿着同一条路，处在同样的深度，怀着同样的热情。

爱是执着吗？

　　现在，假设这一点我们俩都清楚了：执着和超脱之间没有任何关系，只有执着的终止，别无其他。那么爱是执着吗？我依赖跟我的朋友度过每一个夜晚，坐在长椅上，探讨我的问题。如果见不到他，我就会想念他。所以我们互相问对方：爱是执着吗？爱是占有某个人，紧抓住某个人或某样东西吗？无论是紧抓住上帝的概念，或者解脱、自由的概念，还是这个概念、这个观念：在占有之中爱才会增长。所以我们要问：执着和爱有什么关系？我的朋友结婚了，他之前结过几次婚，每次都非常受伤。他很不开心。他认为自己依然爱着自己的现任妻子。他对我说："我不能失去她，我必须紧紧抓住她，因为如果没有她，我的生活将一片空虚。"这些你都知道，不是吗？他说："我不能放开她。她想做的事与我完全不同，那可能会让她离开我。所以我恳求她，我压抑自己想要其他东西的愿望，跟随着她的脚步。但在内心里，她和我之间一直存在着冲突。"这些你都很熟悉，不是吗？这不是什么新鲜事了，对吗？

于是，我就把那份无边无际的爱——它本是非同寻常的，是我不懂的东西——降格成了如此琐碎的东西。也就是说，我执着，我占有，我不想失去。如果失去了，我就不开心。而我把这称为爱。那么它是爱吗？请不要认同我，不要说它不是。如果它不是，那就结束了。但我们大多数人，就像我的朋友一样，害怕去看其中的复杂性。我的朋友想要转换话题，因为如果他真的看清了执着不是爱，那么他能不能去跟他妻子说，"我爱你，但我不执着于你"？那会怎么样？她也许会朝他扔砖头，要么就会离家出走，因为她的全部生活就是执着，执着于家具、观念、孩子、丈夫——你明白吗？

所以，看到了爱不是执着，不是嫉妒，不是野心，不是竞争，此时我的关系会怎样？对我来说这是一个事实，而不只是一句说辞。我和与我大相径庭的她，会有怎样的关系？继续探索，这是你的问题，不是我的。

她不会接受对我来说是真理的东西。看看这里面隐含了什么，这一切有多么痛苦。它并不是肤浅的东西，它触碰了我生命的核心。

那我该怎么办？耐心以待？耐心并不需要时间，耐心并非时间，而不耐心当中就有时间的特性。好好想一想。当我意识到我的妻子与我不同，她认为我所有的想法都大错特错，而我得和她生活在同一个屋檐下等等，我是不是有耐心，并且认识到耐心不是一个时间过程？我领悟到这一点了吗？不是那种对一切忍气吞声然后让时间来解决的耐心——我什么也做不了，但是或许过几天、过一周、过几年，我们就能达成共识了。于是我忍受那种状况。而这种忍受是爱吗？继续，想想清楚。知道某件事是"错"的——"错"字加引号——然后忍受它，说，"哦，时间会逐渐把它消融的"，那就意味着我其实迫不及待想得到一个结果，所以我才忍受它。那么我该怎么办？请继续探索。离婚吗？离家出走吗？把我的房子、我的财产等等都留给她？说再见，然后消失无踪？

　　还是说我会问：我的爱，以及它的强度，能否在她身上带来一种改变？请注意，是你在问这些问题。在我深刻地懂得了全部真相之后，那份爱、慈悲、智慧的品质能否在她身上带来一种改变？如果她有那么一点儿敏感性，如果她能够留心观察，倾听我说的话，希望我们能够彼此理解，那么她就有可能改变。如果她竖起高墙，就像多数人那样，那我该怎么办？请继续，不要看我，看着你自己。你瞧，我们的特点之一就是想要一个明确的答案，我们希望事情能尘埃落定，因为那样我就自由了，我就可以随心所欲了。这个问题没有明确的答案，它取决于你的注意力、你的智慧、你的爱所具有的品质。

死亡是什么？

然后另一个朋友说："我的儿子和丈夫去世了，我沉浸在对他们的回忆里。我变得越来越绝望，越来越沮丧。我活在过去当中，现在总是被过去所渲染，那我该怎么办？"

所以我们决定谈谈死亡这个问题。你和讲话者坐在长椅上，四周有鸟儿唱着歌，树影婆娑，小河欢快地流淌，发出甜美的声音，然后她提出了这个问题。她说："我很年轻，但每一刻都可能发生意外，可能会有人去世，不仅仅是我儿子和我丈夫，我自己也会死。"她说："我们来谈谈这个问题吧。"

从人们不复记忆的久远年代起，在历史上、文化上，人类一直通过绘画和雕塑询问："死后会发生什么？"我们积攒了大量的经验、知识，一直努力变得品德高尚，禁欲苦修，也深入探索了自己的内心。如果死亡就是终点，那么这一切的意义何在？这所有的挣扎、痛苦、经验、知识、财富意义何在？死亡一直在生命的尽头等着我们。我可能属于某个派别，因此接受了某些习俗，而那又是一个孤立过程。死亡对于我们所有人来说，对古鲁来说，对教皇来说，对世界上不计其数的其他主教来说，都是一个共同的因素。所以说这是一个事实，我们都想了解这件非同寻常的事情的意义和深度——而它确实非同寻常。同时，生与死又有怎样的关系？拜托，我希望你都跟上了——我在问我的朋友。她说，请继续，至少我从字面上是理解了，我明白这一点。

全世界的各个文明都曾试图战胜死亡。他们说死后的生活比现在的生活更重要，所以他们为死亡做着准备。如今还有一些人说，我们必须帮助我们的病人、我们的朋友快乐地死去。我们从不问：更重要、更关键的是什么，是死亡来临之前，死前的若干年，还是死后？我在问我的朋友。她自然会说："是死亡来临之前，是一个人生活过的漫长岁月，也许是十年、十五年、三十年、五十年、九十年——生命终结之前那些漫长的年岁。重要的是活着的那段时间，那比死亡重要多了。"

我们为什么不问问这个问题，而不是死后有什么，或者如何帮我死得开心？而我活了八十年的生命又是什么呢？它是一场旷日持久的战斗，偶尔有些安宁的时刻，没有痛苦，没有挣扎，但那样的事鲜有发生。我生命的其余部分一直是挣扎、挣扎，而我就把那叫作"生活"。这就是我们所有人都在做的事，不只是我的朋友和我，而是所有的人类都是如此，挣扎着找到工作，想得到更多的财富，被某个极权主义国家的暴政所压迫，等等等等。生活就像一座荆棘密布的巨大丛林。这就是我的生活。我紧紧抓住它不放，抓住斗争、痛苦、焦虑、孤独——这就是我拥有的一切。对吗？**那些**变得无比重要。

所以我要问，我们要问问彼此，死去的是什么？这变成了一个相当复杂的问题。我的朋友和我现在有时间，这是星期天的早上，我们不必工作，所以我们可以坐下来探讨它。死去的是那个个体吗？请像朋友一样探询：死去的是什么？除了生物有机体的终结——它饱受折磨，罹患各种疾病，不可避免地走向了终结。你也许会找到一种新药，可以让人活到一百五十岁，但是在那一百五十年的尽头，那件非同寻常的事就等在那里。而我的意识，它的全部，连同它所有的内容，是属于我的吗？也就是说，我的意识就是它的内容，那些内容就是我的信仰，我的教条，我的迷信，我对自己国家的依恋，爱国主义，恐惧、痛苦、快乐、悲伤，等等等等，那一切就是我意识的内容，也是你意识的内容。所以我们两个人，一起坐在那张长椅上，认识到了这个事实：那些内容就构成了意识。没有内容，我们所知的意识就不存在。所以我的朋友和我看到了其中的逻辑性、其中的道理，等等。我们都同意这一点。

　　然后，我紧抓住这个意识不放，把它当作我的意识，我的朋友也紧抓住她的意识不放，认为那是她的意识——我们都称自己为个体——可那个意识跟其他人的意识有什么不同吗？对吗？请搞清楚这一点。也就是说，如果你够幸运，可以四处旅行、观察，与他人交谈，你就会发现他们与你非常相似。他们受苦，他们孤独，他们有数以千计的神明，你可能也有一个神，他们有信仰，他们没信仰，诸如此类。从外围讲，也许有些差别。你可能个子高，或者你个子矮，你可能非常聪明，学识渊博，涉猎丰富，你很能干，会一门技术，做事高效，这些都是周边的、外围的东西。而在内心里，我们都是相似的。这是一个事实。因此，我们所受的制约说我们是个体，是分离的灵魂，但这并非事实。这时我的朋友开始不安起来，因为她不喜欢"她不是一个个体"这个看法。她无法面对这个事实，因为她所受的制约就是那么说的。所以我对我的朋友说，看一看，不要逃避它，不要抗拒它，看看它。运用你的理性，而不是你的感情，也不是你的愿望——只是看着它，看看它是不是一个事实？然后她含含糊糊地接受了。

所以，如果我们的意识与全人类都是相似的，那么我就是人类。你明白吗？请理解这一点，理解它的深度和美。如果我是人类，整个人类，那么死去的是什么？你明白吗？要么我为这整个意识，也就是"我"，添砖加瓦，要么我抛开它，我把我的整个存在从中清洗出来。于是我不再是个体，进而我就是整个人类。

那么，是不是可以清空意识，也就是我的信仰、我的焦虑、我的痛苦、我的诸如此类，清空那一切？那一切可以终结吗？如果我终结了它，这有什么意义？这对于人类会有怎样的重要性或者价值？我是人类，我要问这个问题。在付出了大量的智慧和爱之后，我观察这一点，在那份观察中，那些内容就彻底终结了，而这会有什么价值、什么意义？它有任何价值吗？价值指的是让人类脱离目前的状况。你明白吗？毫无疑问是有价值的，不是吗？只要一桶混乱中有一滴清明，那一滴就会开始发挥作用。

而我的朋友，这位提问者说："我开始理解死亡的本质了。我发现，如果我依附，如果我执着，死亡就会钳制着我。如果每天在它们出现的时候我就放开它们，我就与死亡生活在一起了。死亡就是结束，所以活着的时候，我就在了结我死时将会失去的一切。"所以我的朋友提出的问题是："我能否每天都放开我所积攒的一切，了结它，这样我就可以和死亡共存了，因而就有了一种新鲜感，而不是活在过去、活在回忆里？"

有没有可能活得没有原因？

从这里就出现了一个非常复杂的问题：什么是不朽？这一切都来自同一个问题——抱歉！什么是不朽？——那超越腐朽、超越死亡的东西。正如我们之前所说，只要有原因，就会有个结果。终止了结果，而原因还在，它就会制造另一个结果。这是一种持续的变化。而我们问：有没有一种生活不包含任何因果？拜托，你明白我说的意思吗？我们依赖原因而活——你知道的，我不用详细讲这一点了。我们的整个生活奠基于许许多多的因由。我爱你，是因为你给我了什么。我爱你，是因为你安慰我。我爱你，是因为我得到了性满足，等等等等。这是原因，而结果就是我用的这个词——"爱"，可那并不是爱。我抱有的任何动机都是原因。所以我问我的朋友：有没有可能活得没有原因，不属于任何原因——即组织化的原因——同时自己内心也不抱有任何原因？要懂得这一点：只要有原因，结束就在所难免，而这就是时间。

现在我们要一起去弄清，在我们的日常关系中，在我们的日常行为中——不是理论上的，而是实际的行为——一个人能不能没有原因地活着。审视一下这个问题，我的朋友，不要寄望于我，而是先去看看它，看看这个问题。要明白这一点：只要我说"我爱你"，是因为你给了我回报，那么在这种因果之下，那份关系就不可避免地会结束。所以我们在问彼此，有没有一种生活是没有原因的？先来看看它的美，看看这个问题的深度和活力，而非仅仅停留在字面上。我们说过爱没有原因——显然如此。如果我爱你是因为你给了我什么，那么它就成了一件商品，成了市场上的一种交易。所以，能否有那样一份爱，我能否爱着你，而不想得到任何身体上、精神上、心理上的回报，完全不想得到任何形式的任何东西？那才是爱，它没有原因，因而广袤无边。你明白吗？就像智慧，它没有原因，它是无穷无尽、超越时间的；而慈悲亦是如此。

如果我们的生活中有了那份品质，那么我们的所有行为都会彻底改变。这个问题已经说得够多了。我希望提出这个问题的朋友已经明白了。

你是谁?

─────────

克里希那穆提在瑞士萨能的一场公开演讲的一名听众

提问者: 你是谁?

克里希那穆提: 这是个很重要的问题吗? 还是说,提问者应该问问他是谁,不是我是谁,而是他是谁? 如果我告诉你我是谁,那又有什么重要的? 这个问题只是出于猎奇,不是吗? 那就像是在橱窗那儿念过了菜单,然后你得走进餐馆去吃东西才行。只是站在外面念菜单,那可消除不了你的饥饿。所以,告诉你我是谁,真的毫无意义。

首先,我无足轻重。仅此而已,就是这么简单——我无足轻重。但重要的是: 你是谁,你是什么? 之前提出的那个问题就隐含了有个"了不起"的人物,所以我要模仿你,模仿你走路的样子、你说话的样子、你刷牙的样子,或者不管什么行为。我要模仿你,这就是我们模式的一部分。世上有英雄,或者开悟的人,又或者古鲁,于是你说，"我要拷贝你做的每一件事"——这就变得太过荒唐愚蠢了。模仿别人是非常幼稚的。而我们不就是大量模仿的产物吗？各个宗教都说过——他们不用"模仿"这个词——交出你自己，跟随我，我是这个，我是那个，你要顶礼膜拜。这些就是你实际的样子。在学校里你也模仿，获取知识是一种模仿，当然还有时尚——短裙，长裙，长发，短发，留胡子，不留胡子——模仿，模仿。从内在、从心理上我们也模仿，这些我们全都知道。

但是，去发现你是谁，**"你"** 是谁，而不是讲话者是谁，要重要多了，而要发现你是谁，你就必须去探询。你就是整个人类的故事。如果你真的看到了这一点，它就会带给你巨大的活力、能量、美和爱，因为你不再是挣扎在地球一角的一个渺小的存在体了。你是这整个人类的一部分，于是就有了非凡的责任、活力、美和爱。但是我们大多数人都不愿看到这一点，因为我们大部分人都只关心自己，关心我们特定的琐碎问题、特定的小小苦恼，等等。而要走出这个狭隘的小圈子，看起来几乎是不可能的，因为我们是如此局限、如此程式化，就像电脑一样，我们学不了新东西。如今电脑能够学习，可我们却不能！

看看这其中的悲剧性。我们制造的机器，电脑，能学得比大脑快得多、多得多，而发明了它们的大脑却懒惰、迟缓、愚笨，因为我们总是遵从、服从、追随，古鲁、牧师、富翁大有人在——你明白吗？而当你反抗的时候，就像革命分子和恐怖分子所做的那样，那些做法依然是非常肤浅的：改变政治模式、所谓的社会模式——

社会只不过是人们之间的关系罢了。而我们所谈的革命并非指外在的革命，而是内心的革命，其中没有遵从，没有内在的遵从感。只要有比较，遵从就会存在。而要拥有一颗完全摆脱了比较的心，就要观察深植于你内心的整个人类历史。

出处

你最关心的是什么？美国加州欧亥，1983 年 3 月 7 日

你所讲的不正是佛陀所言吗？英国布洛克伍德公园，1978 年 6 月 22 日

我们如何才能得见至真？加州圣地亚哥，1972 年 2 月 17 日

人类会有怎样的未来？布洛克伍德公园，1983 年 6 月 11 日

谁是经验者？布洛克伍德公园，1984 年 10 月 18 日

人脑与电脑可有不同？欧亥，1981 年 4 月 1 日

心智可有东西方之分？布洛克伍德公园，1983 年 6 月 24 日

有可能终结恐惧吗？布洛克伍德公园，1984 年 6 月 24 日

你的秘诀是什么？布洛克伍德公园，1981 年 5 月 25 日

人能在这乱世上拥有清明吗？加州克莱蒙特，1968 年 11 月

为何你的教诲如此难以实行？欧亥，1983 年 3 月 3 日

何为冥想？圣地亚哥，1972 年 2 月 15 日

如何克服丧亲之痛？瑞士萨能，1982 年 7 月 26 日

你是谁？瑞士萨能，1981 年 7 月 31 日